Xander

PEOPLE ALWAYS LEAVE

Über den Autor:

Alec Cedric Xander wurde am 21.10.1985 in Werne geboren und wohnt in Nordrhein – Westfalen. Der offen schwul lebende Autor ist ledig und interessiert sich u.a. für Mode. In seiner Freizeit – sofern er welche hat – steht er ab und zu als Model vor der Kamera oder zeichnet Bilder von seinen Idolen.

Inspiriert wird Alec nicht von anderen Autoren, sondern von Songs und Personen. Er selbst liest überhaupt keine Bücher.

Mit seinem Debütroman, dem Jugenddrama "Secret Love" (2012), gelang dem jungen Schriftsteller ein Achtungserfolg.

Mehr Informationen über den Autor auf **www.alec-cedric-xander.de** oder **www.homolittera.com**

Alec Cedric Xander

PEOPLE ALWAYS LEAVE

Drama

Bibliografische Information der Deutschen Bibliothek
Die Deutsche Bibliothek verzeichnet diese Publikation in der Deutschen Nationalbibliografie; detaillierte
bibliografische Daten sind im Internet über http://dnb.ddp.de abrufbar

© HOMO Littera Romy Leyendecker e. U.,
Am Rinnergrund 14, A-8101 Gratkorn,
www.HOMOLittera.com
Email: office@HOMOLittera.com

Coverfoto:
Walk in the country © olly – Fotolia.com

Das Model auf dem Coverfoto steht in keinem Zusammenhang mit dem Inhalt des Buches. Der Inhalt des
Buches sagt nichts über die sexuelle Orientierung des Models aus.

Handlung, Charaktere und Orte sind frei erfunden. Jede Ähnlichkeit mit lebenden oder toten Personen ist
rein zufällig.

Originalausgabe: Oktober 2012

Printed in Germany

ISBN Printausgabe: 978-3-902885-13-5

ISBN PDF: 978-3-902885-14-2
ISBN EPUB: 978-3-902885-15-9
ISBN PRC: 978-3-902885-16-6

People Always Leave

I will always remember. The good and the bad ones.

INTERLUDE

*I*rgendwie ist es doch immer das Gleiche. Diese Tage im November – diese frühe Dunkelheit.

Ein junger Mann mit längeren braunen Haaren und blauen Augen kam aus einem großen Gebäude und blieb auf der letzten Stufe der Treppe stehen. Der Blick auf die Menschenmenge in der Innenstadt reichte aus, um die Nervosität in ihm zu steigern. Er rieb seine leicht verschwitzten Hände aneinander und schloss für einen Moment die Augen.

Es sind nur Menschen, versuchte er sich zu beruhigen und betrat, gekleidet in einer engen Jeans, Sneakers und flauschig warmer Jacke, den Bürgersteig.

„Dann wollen wir mal", murmelte er. In sich gekehrt machte er sich auf den Heimweg.

Zum Glück ist heute Freitag. Dann brauche ich mir den Scheiß wenigstens zwei Tage lang nicht antun.

Er sah sich um – schien fassungslos.

Schau sich einer diese Menschenmenge an, wie sie alle daherlaufen. Hektik pur. Egal, wo ich hinsehe. Jeder, wirklich jeder, scheint nach der Arbeit noch etwas erledigen zu müssen. Sie gehen einkaufen – kaufen so viel, als ob am Wochenende die Welt untergehen würde. Andere stehen einfach nur herum und unterhalten sich, trinken Alkohol oder pöbeln. Benehmen sich wie die Assis.

Mit einem verächtlichen Blick auf drei Jugendliche wechselte er schnell die Straßenseite.

Ehrlich, ich verstehe die Menschen nicht. Manchmal, ja, manchmal, da fühle ich mich nicht einmal mehr meiner eigenen Rasse zugehörig.

Nach einer Weile bemerkte er die Gesichter, die ihn heimlich und doch offensichtlich beäugten.

Sie sehen mich an, als sei ich ein Alien. Ihre Worte, leise und doch hörbar ...

Sein Blick schweifte zu einem Obdachlosen, der auf dem Gehweg saß und total verdreckt war.

Ts, in was für einer Welt lebe ich eigentlich? Es ist eine traurige Realität.

„Haben Sie etwas Kleingeld?", bettelte der Mann mit ausgestreckten Händen. Doch mehr als ein kurzer bemitleidenswerter Blick war nicht drin. Er schämte sich zutiefst, der armen Seele nicht helfen zu können. Prompt ging er weiter.

Menschen auf der ganzen Welt leiden, sterben, nur weil die Mächtigen es so wollen. Sie machen die Bevölkerung krank, verschreiben ihnen Medikamente, die nichts bewirken, außer den langsamen Tod. Es würde mich nicht wundern, wenn bald eine Atmungssteuer oder eine Ich-muss-mal-aufs-Klo-Steuer eingeführt werden würde. Zuzutrauen wäre es diesen Besuchern doch.

An einer Ampel blieb er stehen.

Und nun stehe ich hier an dieser verfluchten Ampel, und sie wird einfach nicht grün, dachte er und bemerkte eine alte Dame, die auf der anderen Straßenseite stand. Sie hielt einen Krückstock in der Hand und schien aus der Ferne alles andere als erfreut zu sein.

Sicherlich wird niemand auf die Idee kommen, ihr zu helfen, auch wenn mindestens zehn Leute um sie stehen.

Ein Blick nach links. Er wunderte sich, warum ihn ein Herr mittleren Alters die ganze Zeit dämlich anstarrte. *Habe ich etwa schon wieder einen Pickel in meinem*

Gesicht? ... Oder noch schlimmer ... Ich spreche meine Gedanken laut aus. Mach ich das? Nein, nicht dass ich wüsste ... Und er guckt immer noch.

Spöttisch zog der Fremde eine Augenbraue nach oben, drehte den runden Kopf mit einem infamen Grinsen zur Seite und quasselte irgendetwas vor sich hin.

Es wurde grün. Der junge Mann schüttelte nur noch den Kopf, als er sah, dass wirklich niemand der alten Dame beim Überqueren der Straße half.

Wie ich es sagte: Sie geht allein über die Straße. Ob sie es wohl bis zur Mitte schaffen wird?

Er war überrascht, als er sich umdrehte. Die Frau war gerade noch rechtzeitig auf der anderen Seite angekommen.

Jemand rempelte ihn an. Unabsichtlich war dies sicherlich nicht gewesen.

Arschloch, dachte er, als ihn in der Menge erneut jemand anprallte.

Ich, Nathan, bin schwul und von der Masse der Gesellschaft automatisch ausgeschlossen. Ein Nichts. Ein Unfall. Ein Fehler der Natur. Wie fühle ich mich doch allein ... Es ist ein Scheißleben, das ich führe.

Nathan dachte eine Weile nach, doch er konnte keinen Gedanken richtig fassen. Egal, wo er auch hinsah – an fast jeder Ecke turtelten Verliebte herum.

Irgendwann, wenn ich mal Glück haben sollte, dann werde ich jemanden kennenlernen und wir verlieben uns ineinander. In meinen Träumen habe ich es gesehen – es mir vorm Einschlafen vorgestellt. Jedes Mal. Auf diesen Moment warte ich allerdings schon, seitdem er fort ist. Aber wenn er mir mal über den Weg laufen sollte, dann wird es sicher eine rosige Zukunft für uns. Er wird mir auf ewig treu bleiben, keinem anderen Typen hinterherschauen und sich im Bad niemals einen runterholen. Jeden Tag wird er mich mit einem leckeren Frühstück wecken und mir mindestens einmal die Woche Blumen schenken. Zusammen werden wir alt werden und uns am Ende der Reise über alte Tage unterhalten. Lachen werden wir, und dann stelle ich ihm die Frage, wie die anderen Ärsche denn so während unserer – ach so tollen – Beziehung gewesen sind. Verdutzt wird er mich ansehen und anfangen zu schwitzen. Ach ja ... Mir geht es gut – wirklich. Meine Ärztin sagte mir, dass ich auf dem Weg der Besserung sei. Nach zehn Jahren wird es ja auch endlich mal Zeit.

Nun musste Nathan über sich selbst schmunzeln.

Dauernd rede ich mit mir selbst. Aber mit wem soll ich sonst plaudern?

Unerwartet verspürte er ein Kältegefühl in seinem Bauchraum.

Panik? Nicht jetzt! Das Gefühl kenne ich nun schon seit Jahren, dennoch kann ich mich nicht dran gewöhnen. Sein Herz begann ohne Grund schneller zu schlagen. Hastig griff er in die Jackentasche und führte seine geschlossene Hand zum Mund. Er tat so, als triefe ihm die Nase. Doch in Wirklichkeit schluckte er eine Tablette.

Was mach ich hier nur?, fragte er sich den Tränen nahe. *Ich kann und will es nicht mehr. Zulassen soll ich es – oder mit Tabletten auf der Arbeit unterdrücken ... Diese blöde Arbeit ... Seit Jahren immer das Gleiche. Jeden Tag ... Aber mir geht es gut. Wirklich.*

Seine plötzlich aufkommende Wut hätte er am liebsten herausgebrüllt.

Mir scheint jeden Tag die Sonne aus dem Arsch!

Vor dem Hochhaus angekommen, in dem er wohnte, nahm Nathan die Post aus dem Briefkasten und ging sie durch. *Werbung, Rechnung, Erinnerung, Mahnung und ein gelber Brief. Nichts Neues. Die können mich alle mal. Bei meinem Gehalt bekommen die ihr Geld nie.*

Sein Blick war müde, als er die Haustür aufschloss und zum Fahrstuhl eilte.

Außer, wenn ich nach fünfzig Jahren des Verwesens wieder zum Leben erwachen und während der Zeit Hartz IV bekommen würde ... Aber ich glaube nicht, dass einem Toten solche Leistungen zustehen. Ja, eines Tages ist es so weit. Regungslos werde ich in einem Sarg liegen und mich wehrlos von all den Würmern und Maden anknabbern lassen.

Er drückte den Fahrstuhlknopf und wartete ungeduldig.

Eines Tages wird es so weit sein. Meine kostbare Haut werden sie fressen. Meine schönen blauen Augen zersetzen. An meinen Innereien werden sie sich zu schaffen machen. Sollen sie doch dran ersticken!

Die Tür ging auf und er stieg ein.

Diese Enge, ich kann es nicht ab. Was mache ich nur, wenn der Fahrstuhl stecken bleibt?

Als die Türen sich schlossen, kniff er ängstlich seine Augen zu – mit den Gedanken irgendwo. Im zwölften Stockwerk angekommen, lief er den Flur entlang zu seiner Wohnung. Nathan öffnete die Tür und schloss sie von innen wieder ab. Ein Seufzer folgte, als er seine Jacke in der dunklen Diele ablegte. Langsam begab er sich in sein Reich und ballerte die Briefe auf den Küchentisch. Er blickte flüchtig auf ein Bild, das auf dem Schrank stand und einen jungen Mann mit kurzen braunen Haaren und grünen Augen zeigte.

David, dachte er. *Es ist so lange her – und dennoch verfolgt er mich. Jedes Mal, wenn ich die Augen schließe ... Ich bin so müde, so verdammt müde.*

Nathan atmete tief durch, bevor er zum Hängeschrank in der Küche ging und sich ein Glas herausnahm. Langsam füllte er es mit Wasser und griff dann nach den vielen Medikamenten, die in der Schublade lagen. Ihm wurde bei dem Anblick sofort ganz anders.

Wieso tu ich mir das überhaupt noch alles an? All dieser Stress, dieser Ärger. Allein, immer allein. Da ist niemand in meinem Leben. Niemand.

Die Tränen, die ihm mit aller Macht kamen, versuchte er zu unterdrücken. Widerwillig nahm er die Tabletten ein. Vier Stück waren es.

Eine, um einschlafen zu können, eine für die Angst, eine für angebliche Depressionen und eine fürs Herz. Mein Herz ist doch gesund, wieso diese Angst?

Sein Blick schweifte zu dem Stapel ungeöffneter Rechnungen. Eine Weile starrte er regungslos darauf.

Niemals werde ich in der Lage sein, all diese Forderungen zu begleichen.

Wenige Minuten später spürte er die ersten Nebenwirkungen der Pillen. Sein Magen drehte sich. Hastig rannte er ins Bad. Mit dem Kopf in der Schüssel würgte er sich einen ab. Übergeben musste er sich jedoch nicht.

Wie immer, dachte er und erhob sich langsam. Der Blick in den Spiegel schockierte ihn.

Was ist nur aus mir geworden? Ich erinnere mich an einen jungen, fröhlichen und lebensfrohen Mann, der ich einst mal war. Diese Blässe jetzt und diese Augenringe. Nichts stimmt mehr. Achtundzwanzig Jahre alt und am Ende meiner Kräfte angekommen. Ich will nicht mehr. Kann nicht mehr. Wie soll es nur weitergehen?

Unerwartet sah er für einen Augenblick eine andere Person im Spiegel. „Nathan", wisperte ein junger Mann mit kurzen braunen Haaren und grünen Augen.

Schnell schloss Nathan die Augen. „Er ist nicht hier", flüsterte er verängstigt. „Er ist nicht mehr hier." Erneut blickte er in den Spiegel.

Das bin nicht mehr ich ... Diese Stille ...

Nathan ging zur Dusche und zog sich die Kleider vom Leib. Warmes Nass prasselte auf ihn hinab, plättete seine Haare schnell. Mit geschlossenen Augen versuchte er sich zu entspannen und erinnerte sich an eine Zeit zurück, in der er diesen Moment mit jemand Besonderes geteilt hatte. Hände, die ihn einst von hinten umfassten, ihn streichelten und sanft berührten. Auf seiner Haut konnte er sie spüren. Der angenehme Atem, den er an seiner Wange vernahm, während weiche Lippen an seinem Ohrläppchen knabberten.

„Oh bitte." Schluchzend sank er zu Boden.

„David." Seine Verzweiflung nahm urplötzlich ein Ende. *Ich weiß, was ich tun muss. Es ist die Lösung. Endlich frei sein. Weg von all dem Scheiß. Nie mehr allein.*

Ruckartig verließ er die Kabine, zog sich seinen kostbaren Bademantel über, trocknete die Haare und blickte unverschämt in den Badezimmerspiegel. *Es ist die Lösung für all meine Probleme.*

In der Küche angekommen, griff er rasch in die Schublade, in der sich, neben den Tabletten, die er einnehmen musste, noch weitere Packungen befanden. Nachdem er von jedem der sieben verschiedenen Medikamente drei Pillen ordentlich auf den Küchentisch gelegt hatte, lächelte er. Noch nie hatte er Alkohol zu sich genommen, doch er besaß eine Flasche Whiskey, die ihm einst ein Date mitgebracht hatte. Er füllte das Glas bis zum Rand. Nun fehlte nur noch die Musik. Voller Vorfreude lief er zu der Musikanlage und legte eine CD ein. Angenehme Gitarrenklänge schallten durch seine kleine Wohnung. Der Bass setzte ein – das Schlagzeug erklang. Zum Takt des Liedes wippte er mit dem Kopf und schnippte mit den Fingern. Was die Nachbarn dachten, war ihm egal. Mit dem Whiskeyglas in der Hand setzte er sich vor den Tisch und blickte erleichtert auf die einundzwanzig Tabletten vor sich.

Nun ist es so weit. Endlich keine Schmerzen mehr.

Eine nach der anderen würgte er mit einem heftigen Schluck Whiskey hinunter – bis er die letzte in seiner rechten Hand hielt. Schon jetzt spürte er, wie ihm schwindelig wurde.

Keine Schmerzen mehr, hoffte er erneut.

„Noch eine", flüsterte er und schluckte sie. Plötzlich überfielen ihn heftige Stiche im Bauchraum. Der Schmerz wurde schlimmer – immer heftiger. Nathan krümmte sich. Alles um ihn herum begann sich zu drehen. Ein kräftiger Krampf zog durch seine Arme. Die Atmung wurde immer unregelmäßiger.

Was habe ich getan?!

Panisch taumelte er zur Musikanlage, drehte sie noch lauter, um das Pulsieren in seinen Ohren zu übertönen. Ein kurzer Blick aus dem Fenster folgte.

Wieso sieht der junge Mann aus der Tiefe zu mir herauf? Kennt er mich etwa?

Sein Herz begann heftig zu stolpern. Die Panik wurde von Sekunde zu Sekunde intensiver. So laut die Musik auch war, er bekam sie kaum noch mit. Nathan hörte nur noch die Worte: „Underneath The Stars …", bevor sich ein unerträglicher Schmerz in seiner Brust bemerkbar machte und er auf die Knie fiel. Angstverzerrt fasste er sich an seinen Oberkörper. Es brannte und stach. Irgendetwas schien er zu hören.

Donnert es da etwa gegen meine Haustür?, fragte er sich. *Oder ist es mein Herz?*

Er wusste es nicht. Alles schien so unreal – als ob alles nur ein schlechter Traum innerhalb eines noch viel schlimmeren Traumes wäre. Ihm wurde schwarz vor Augen.

„Nun öffnen Sie endlich diese Scheißtür!", fuhr die Nachbarin den Hausmeister an.

„Ich bin dabei!", meckerte er zurück und schloss sie auf. Stürmisch liefen sie in die Wohnung und fanden Nathan bewusstlos auf dem Boden vor. Sofort kniete sich der Hausmeister nieder und tastete nach Nathans Halsschlagader.

„Rufen Sie einen Krankenwagen, los!", forderte er.

Sie war erschüttert. „Ach du meine Güte!"

„Nun machen Sie schon!"
Sie nickte heftig und rannte zum Telefon.

Wo bin ich nur?, fragte sich Nathan, als er sich am Rande einer Brücke, umgeben von dichtem Nebel, wiederfand. Seinen Körper schmückte nichts – außer ein schmales, weißes Tuch, das um seine Hüfte gewickelt war. Verdutzt sah er hinunter und versuchte das Wasser in der Tiefe zu erkennen. Sein Blick schweifte in die Ferne – hinaus über das endlose Meer.

„Nathan!", hörte er plötzlich seinen Namen rufen. Fragend drehte er sich um. Doch durch die dichten Schwaden konnte er nur eine schattenhafte Gestalt erkennen. „Es ist zu früh", sagte diese bekannte männliche Stimme.

„Nein", flüsterte Nathan angsterfüllt und ließ sich, ohne darüber nachzudenken, in die Tiefe fallen.

„Blutdruck weiter fallend!", hörte er jemanden sprechen, als seine Füße den Grund des Meeres berührten. Kurz darauf registrierte er einen Stich im linken Arm.

Die geheimnisvolle Finsternis, die ihn umgab, war alles andere als angenehm.

Ich will das nicht. Ich will hier weg.

Er blickte über sich. Mit all seiner Kraft schwamm er hinauf und lächelte erleichtert, als er frische Luft in seine Lunge atmen konnte.

Doch wo war die Brücke? Verwirrt sah er um sich. *Überall nur Wasser.* Auf einmal wurde alles um ihn herum immer heller – bis ihn das grelle Licht erfasste. Für einen kurzen Augenblick fühlte er sich wie weggetreten.

Gestrandet auf einer kleinen Insel, kam Nathan wieder zu sich. Zerstreut stand er auf und musterte die Umgebung. Die Sonne schien angenehm herab und ließ das Grün der vielen Palmen und Blumen idyllisch funkeln und glitzern. Vögel zwitscherten, Papageien flogen umher.

In unmittelbarer Nähe lachten mehrere Personen. Leicht verwirrt blickte er nach links zu zwei Männern, die in einem Hauch von Nichts herumalberten und sichtlich glücklich waren.

Ist dies etwa das Paradies? Er machte ein paar Schritte nach vorn und sah den beiden Verliebten eine Weile zu. Sie schienen so zufrieden zu sein, dass er sich automatisch mit ihnen freuen musste. Nathan lächelte, doch dann hörte er ein seltsames Geräusch hinter sich. Es klang nach einem Summen – einem Schwarm wütender Wespen, der sich ihm näherte. Das Brummen wurde lauter und lauter. Stockend drehte er sich um. Erneut traf ein viel zu blendendes Licht auf ihn. Sekunden später erfasste es ihn. Da war er wieder – Schmerz. Laut schrie er auf.

Löse ich mich jetzt etwa in Luft auf?

1. KAPITEL

Wirklich alles um Nathan herum war schwarz. Nichts konnte er erkennen. Doch war da dieses seltsame Geräusch. Es kam ihm bekannt vor – was war es? Er spürte, wie seine Stirn sich zu runzeln begann. Langsam öffnete er die Augen und beugte sich ein Stückchen hoch.

Wo bin ich nur? Ein flüchtiger Blick in ein leicht verschwommenes, schattenhaftes Gesicht folgte, bis ihn Schwindel überrollte und er die Augen gezwungenermaßen wieder schließen musste. Nathan versuchte zu verstehen. Abermals öffnete er vorsichtig die Lider und schaute nach rechts auf ein großes Fenster, das gekippt war. Fahles Licht schien durch die Scheibe, das trotzdem viel zu grell war. Er blinzelte. Dieses seltsame Geräusch, welches er zu kennen meinte, kam von Vögeln, die draußen umherflogen und zwitscherten.

Plötzlich sagte jemand seinen Namen: „Nathan?" Bis er realisierte, was um ihn herum geschah, dauerte es einige Sekunden.

Stutzend sah er an sich hinab. Erst jetzt erkannte er, dass er auf einem Bett lag. Angespannt blickte er auf den Schlauch vom Tropf, der an seinem Arm befestigt war.

Tot bin ich anscheinend nicht – und wenn doch, dann ist es die Hölle.

„Nathan?", erklang die tiefe Stimme erneut. Unruhig blickte Nathan zu dem Fremden, der sich langsam von einem Stuhl erhob, der vor dem Bett stand.

„Willkommen zurück", lächelte er.

„Hä, was?", murmelte Nathan.

„Sie haben es geschafft", erklärte der Mann.

Voller Hoffnung gingen Nathans Mundwinkel nach oben. „Echt?"

„Ja."

„Bin ich tot?", freute er sich schon.

„Nein, wir konnten sie zurückholen."

Jeder normal denkende Mensch wäre wohl über diese Worte glücklich gewesen – Nathan aber nicht. Beleidigt wie ein Kleinkind verschränkte er die Arme.

„Wo bin ich?", wollte er wissen. Doch der Fremde zögerte und blickte stattdessen nach rechts. Nathan folgte der Gestik. Eine weitere Person stand dicht neben ihm.

Wow, dachte Nathan für einen Augenblick, als er den Jüngeren kurz musterte. Ein markantes Gesicht, kurzes Haar und grüne Augen. Mehr erkannte er nicht – außer, dass der Typ irgendetwas in seinen Händen hielt.

Wieder blickte Nathan zu dem Älteren. „Wo bin ich?!"

„Man hat Sie, nachdem Sie von der Intensivstation kamen, hierher verwiesen."

Verwiesen? Was meint er? „Was meinen Sie mit verwiesen? Wo bin ich?!"

Der Mann verstummte kurz. „Terces."

„Terces?", wiederholte Nathan fassungslos. „Sie meinen …?"

Der Unbekannte nickte wortlos.

„Eine Irrenanstalt", wisperte Nathan entgeistert und warf dem Typen einen bösartigen Blick zu. „Irrenärzte."

„Nun ja", lächelte der Mann versöhnlich, ohne näher darauf einzugehen. „Wenn Sie das so sehen. Ich bin der Chef dieser Klinik, Doktor Schlaus. Und zu Ihrer Linken sehen Sie Doktor Harris – Internist und Psychotherapeut."

Ist ja wie im Zoo hier. Und zu ihrer Linken sehen Sie den Tod auf Raten.

„Sehr interessant", nuschelte Nathan desinteressiert. „Seit wann dürfen Sie Leute hier ohne deren Erlaubnis reinstecken?"

„Ihre Eltern gaben ihr Okay."

„Meine Eltern?!", sagte er entsetzt.

Verunsichert warf Doktor Schlaus seinem Kollegen einen Blick zu.

„Wenn, dann meinen Sie meinen Vater und dessen Frau, und nicht meine Eltern", zickte Nathan. „Sie ist nicht meine Mutter."

„Ich weiß", gab der Arzt höflich zurück.

Ein kalter Schauder lief Nathan über den Rücken.

Teufel ... ist dieser Ort, dieses Zimmer ... kalt. Richtig tot. Keine Farben. Alles steril, so grau.

„Wissen Sie, wie Sie heißen?", begann der Chefarzt erneut das Gespräch.

„Eine noch dämlichere Frage hätten Sie mir jetzt nicht stellen können, oder? Sie haben mich doch schon beim Namen genannt."

„Ich würde das aber gerne von Ihnen wissen", meinte der Arzt und griff unbeeindruckt von den Worten nach einem Klemmbrett, auf dem ein paar Blätter hafteten, sowie nach einem Stift. „Wie heißen Sie?" Ein ernster Blick traf Nathan. Der Kugelschreiber war bereit, um benutzt zu werden.

„Wie Sie schon sagten: Nathan."

Doktor Schlaus nickte verständnisvoll. „Und Ihr Nachname?"

„Schuster. Nathan Schuster", antwortete er genervt.

„Okay, Nathan. Wann sind Sie geboren?"

„Vielleicht würden Sie sich erst mal entscheiden, mich mit Nathan oder mit Herr Schuster anzusprechen?"

„Wie Sie es wünschen."

„Ach – mir egal", meinte Nathan mit einer abwertenden Handbewegung.

„Also, Nathan?"

„Was?!"

„Wann bist du geboren?"

Die Zahlen waren zum Greifen nah. „Ich, ähm", überlegte er kurz. „1. Oktober 1982."

„Was machst du beruflich?"

„Ich arbeite bei einem Verlag. Achtzehntausend im Jahr. Nicht die Welt, aber ich kann damit gerade so überleben."

„Krankenversichert?"

„Ich liege doch schon in Ihrem Bett, nicht?"

„Richtig."

„Aber ja – ich bin krankenversichert. Mein Vater hatte damals sogar mal eine Extraversicherung für mich abgeschlossen."

„Was für eine?"

Peinlich berührt verzog Nathan das Gesicht. „Zahnversicherung."

„Gut, aber Zahnprobleme hast du ja jetzt nicht, oder?"

„Nein", stammelte er. „Aber ich kann ganz schnell welche bekommen. Ich brauche nur mit dem Kopf vor die Wand laufen oder die Treppe runterfallen, und schon sind die Zähne futsch." Dass Ärzte nichts mit Sarkasmus anfangen konnten, hätte er sich denken können.

„Nur ein Scherz", gab Nathan kleinlaut zurück. Was anderes blieb ihm bei dem finsteren Gesichtsausdruck auch gar nicht übrig.

„Der Name deines Vaters?", wollte der Arzt übergangslos wissen.

„Hendrik", seufzte er.

„Welche Haarfarbe hat dein Vater?"

„Er hat ..." Nathan stoppte, denn er wusste es nicht mehr.

Fragend sah Doktor Schlaus ihn an. „Welche Haarfarbe?", wiederholte er.

Beschämt blickte Nathan zu Doktor Harris, der einen kleinen Schritt nach vorn machte und sich heimlich ins Haar griff.

„Dunkelblond?", grübelte Nathan.

„Sicher?", hakte Doktor Schlaus nach.

„Ja, ganz sicher", sagte Nathan, als der junge Mann ihm zuzwinkerte. Nathan nahm ihn etwas genauer unter die Lupe. Ein Dreitagebart, ein ansehnlicher rosa Kussmund und glänzende Augen, die trotz allem betrübt wirkten.

„Genug der Fragen." Blitzartig riss er sich von dem Internisten los. „Was soll das Ganze hier?!"

„Hier", mischte sich nun Doktor Harris ein. Er trat näher und reichte Nathan einen langen, schmalen Zettel. Ahnungslos starrte Nathan auf das Papier.

Er zuckte mit den Achseln. „Ein EKG … und?" Es war nicht das erste Mal, dass er so etwas sah. Schließlich hatte er schon oft EKGs über sich ergehen lassen, konnte sie jedoch nie auswerten. „Was soll mir das jetzt sagen?" Nachdenklich blickte er Harris in die Augen.

Der Internist räusperte sich. „Es ist dein Ergebnis", erklärte er. Seine Stimme klang sanft – gleichzeitig aber auch bedrückt. Irgendwie konnte Nathan nicht aufhören, dem jungen Arzt in die Augen zu schauen.

„Es ist dein Ergebnis, Nathan", warf Schlaus nun ein.

„Sagt mir trotzdem nichts", gab er leicht gereizt zurück.

„Du lagst drei Wochen im Koma, Nathan."

Was sagte er da? Drei Wochen?

„Und in diesen drei Wochen ist sehr viel geschehen … zu viel."

„Was soll das heißen?"

„Nachdem man dir den Magen ausgepumpt und eine Blutsäuberung vorgenommen hatte, stellte man fest, dass dein Herz einen erheblichen Schaden abbekommen hat."

„Und?"

„Dein Herz", fuhr der Attraktive fort, „hat eine Weile nicht mehr geschlagen. Man konnte dich aber reanimieren, jedoch …" Er zögerte.

„Was?"

„Es ist ein Aneurysma entstanden."

„Das heißt?"

„Der Schaden lässt sich nicht operativ beheben."

„Wir werden dir fortan ein Mittel spritzen, welches deinem Herzen helfen wird", erklärte Schlaus.

„Sterbe ich also doch noch, ja?", fragte er erfreut in die Runde und blühte innerlich auf.

Warum sehen mich diese Typen jetzt so bemitleidenswert an?! Sie kennen mich doch überhaupt nicht.

„Und?", ging er nun wieder auf das Thema ein und ignorierte die Blicke. „Wie lange habe ich noch zu leben? Ein Jahr?"

Stille herrschte.

„Sechs Monate?", grinste er etwas unsicher. Wieder keine Antwort.

„Drei Monate?", murmelte Nathan kleinlaut.

„Leider", begann Doktor Schlaus mit gedämpfter Stimme, „kann es jederzeit so weit sein."

Damit hatte er nun nicht gerechnet. „Wenn ich sowieso nur noch ein paar Tage oder Wochen habe, wieso töten Sie mich dann nicht jetzt gleich?!"

„Wir sind hier, um dir zu helfen, um dich zurück ins Leben zu führen", ergriff der gut aussehende Arzt mit einem Mal das Wort und nahm auf dem Bett Platz. „Wir werden alles daran setzen, dass du solange wie nur möglich lebst."

Entgeistert schüttelte Nathan den Kopf. „Sicher – wenn ich es schon nicht selbst geschafft habe, dann tun Sie mir doch endlich den Gefallen und bringen mich auf der Stelle um!"

„Wir werden dich nicht einfach so aufgeben, Nathan", sagte Doktor Harris dezent. Waren das Wutränen in Nathans Augen oder bekam er einfach nur Angst?

Will ich überhaupt sterben?, fragte Nathan sich mit einem Atemzug. *Sicher will ich das! Keinen Bock mehr auf diesen verfickten Scheiß!*

„Wir beginnen mit der Therapie, indem wir dir nun eine Spritze verabreichen, die dich zwar ermüden lässt, dafür aber dein Herz schont", erläuterte der Chefarzt und blickte zu Doktor Harris. „Dean?"

Der Schönling heißt also Dean. Netter Name – doch irgendwie interessiert es mich gerade weniger.

Dean erhob sich und griff zu einem Tablett, auf dem einige Spritzen lagen.

„Nathan?", fragte Doktor Schlaus. Nathans Blick sollte alles sagen. „Wir werden uns morgen zum Gespräch sehen. Doch für heute ist erst einmal Schluss. Du musst schlafen und dich erholen." Kaum beendete er seinen Satz, da setzte Dean auch schon die Spritze an.

„Au!", maulte Nathan.

„Entschuldige", gab Dean kleinlaut zurück und lächelte, als er die Nadel wieder aus dem Arm zog. In Nathans Kopf begann es zu taumeln. Sofort schloss er die Augen. Übelkeit machte sich bemerkbar.

„Eine Schwester holt dich morgen ab", erklärte Schlaus. Seine Stimme klang mit einem Mal so fern. „Sie bringt dich dann zu mir."

„Lassen Sie mich allein", forderte Nathan mit schwacher Stimme.

„Wenn du etwas brauchst, dann …", begann der Arzt erneut, doch Nathan fiel ihm sofort ins Wort.

„Gehen Sie einfach!"

„Bis morgen dann", verabschiedete Doktor Harris sich und warf seinem Vorgesetzten einen kurzen Blick zu, bevor er voranging.

Zum Nachdenken kam Nathan nicht mehr, denn um ihn begann sich alles zu drehen. Seine Augenlider wurden immer müder – immer schwerer. „Wieso ich?", murmelte er, kurz bevor er vom Schlaf übermannt wurde.

2. KAPITEL

Anscheinend war Nathan wirklich nicht tot, denn das schmatzende Geräusch, welches er vernahm, raubte ihm den Verstand. Dermaßen entkräftet hatte er sich schon seit einer Ewigkeit nicht mehr gefühlt.

Wie lange habe ich denn nichts mehr zu essen bekommen?

Er kannte das Gefühl, Hunger zu haben, nur zu gut, schließlich war er lang genug arbeitslos gewesen und musste mit weniger als Nichts auskommen. Eine Woche lang nur Brot zu sich zu nehmen, war manchmal noch purer Luxus gewesen.

Das Gesumme in direkter Nähe wollte einfach nicht aufhören. Es nervte ihn so herb, dass er sich mit einem Satz hochstemmte und entsetzt nach vorn blickte.

„Hi!“, lächelte ihn eine dürre junge Frau an und winkte ihm zu. Ihr braunes Haar hing schlaff nach unten, als ob sie es seit etlichen Tagen nicht mehr gewaschen hätte. „Bist du auch endlich wach, ja?“ Sie grinste mit zugekniffenen Augen.

Lass mich doch endlich tot sein, wünschte er sich.

„Ich bin die Jennifer, und du bist Nathan, nicht?“

Belustigt hob er die Augenbrauen. Ihr Dauergrinsen ging ihm total auf die Nüsse, deshalb antwortete er auch nicht, sondern guckte sich nur etwas verwirrt um. *War ich nicht vorher in einem anderen Zimmer gewesen?*

„Ich bin die Sandra“, griente sie und stand plötzlich auf. Mit dem, was jetzt kam, hatte er nun wirklich nicht gerechnet. Sie knickste wie eine Prinzessin und setzte sich rasch wieder. Verblüfft starrte er sie an.

Sagte sie nicht gerade noch, dass ihr Name Jennifer sei?

„Wir sind jetzt Zimmergenossinnen.“

„Hä, was?“, stutzte er. *Genossinnen? Was will mir diese bescheuerte Gans denn damit sagen?*

„Was mache ich hier?“, fragte er, ohne auf deren Worte einzugehen. „Wo bin ich?“

„Man hat dich zu mir gebracht.“

„Aus welchem Grund?“

„Ich schätze, dass das an unserem Status liegt.“

Wieder verstand er sie nicht. „Hä?“

„Unser Status bei der Krankenkasse. Privatpatientinnen bekommen ein Einzelzimmer, und da du hier bist, musst du wie ich ein Kein-Privatpatient sein.“

Wirres Zeug, was die Olle da labert. „Aha“, murmelte er.

„Du hast einen Herzfehler“, feixte sie frech.

Sofort sah er sie böse an. „Woher weißt du das?!“

„So etwas spricht sich hier schnell herum“, schwatzte sie und kaute weiterhin auf ihrem Kaugummi herum – oder was auch immer das sein mochte.

„Ich bin Jennifer, und du bist der Nathan.“

„Kannst du dich auch mal entscheiden?“, mäkelte er, bei dem verzweifelten Versuch, vom Bett aufzustehen.

„Ich bin hier.“

Kurz schaute er zu ihr rüber. „Ja, das sehe ich – bin ja nicht blind.“

„Sie sagen, ich habe eine multiple Persönlichkeitsstörung, aber mir geht es dank der Behandlung schon viel besser.“

Als ob es mich interessieren würde, was diese Verrückte hat. „Aha.“

„Ja, wirklich“, meinte sie etwas ernster und stand auf. Für einen Moment dachte er, dass sie gleich auf ihn zugerannt käme und ihm eins überbraten würde, doch plötzlich lächelte sie wieder. „Ich, Königin von England, bekomme nämlich regelmäßig EKTs.“

„Was ist das denn?", unterbrach Nathan sie, als er endlich auf seinen Füßen stehen konnte.

„Klingt netter als Elektrokrampftherapie", erklärte sie geduldig und setzte sich wieder.

„Ich habe keine Ahnung, wovon du da quatschst." Desinteressiert ging er zum Fenster. Kurz blickte er in den kleinen Park, der zur Psychiatrie gehörte und durch die zunehmende Dämmerung bereits beleuchtet war.

„Welcher Tag ist heute?"

„Und gleich fragst du mich, welches Jahr wir denn haben", witzelte sie.

„Wie lange bin ich schon hier?"

„Keine Panik", sagte sie. „Du bist erst vor ein paar Stunden ins Zimmer gekommen."

Stunden waren für ihn schon zu viel. Er musste sich auf dem schnellsten Weg etwas überlegen, um dem ganzen Spuk ein Ende zu bereiten.

„Hast du etwas?", fragte er rasch.

„Ob ich was habe?", stutzte sie.

Sie sieht aber auch schrecklich aus. Als würde sie neben ihren vielen Persönlichkeiten auch noch magersüchtig sein. „Ja, hast du was?"

„Habe ich – was?!"

„Irgendetwas, damit es endlich vorbei ist." Nathan wurde langsam ungeduldig.

„Du willst dir wieder das Leben nehmen", verstand sie endlich, ohne eine Miene dabei zu verziehen.

„Du hast es erraten. Und, hast du nun was?"

„Es bringt dir doch nichts, wenn du dir das Leben nimmst. Gott hat dir beim ersten Mal geholfen, es zu überstehen. Du solltest ihn nicht auf die Probe stellen."

Nathan rollte mit den Augen. Dieses Gesülze über Gott konnte er noch nie tolerieren, und jetzt erst recht nicht. „Verschon mich bitte mit Gott!"

„Du bist nicht gläubig", erkannte sie.

„Oh, vergib mir. Ich bin ungläubig und nicht getauft. Kannst du mir jetzt helfen?"

Mit ernster Miene sah sie ihn an. „Zieh dir was Warmes an. Wir gehen raus."

„Wieso?", bohrte Nathan sofort nach. *Und starke Stimmungsschwankungen hat sie auch – so holt mich doch endlich hier raus!*

„Na, du möchtest doch, dass ich dir helfe. Und dazu musst du erst einmal die wichtigsten Leute kennenlernen."

Er nickte verstehend und schmunzelte. *Es ist doch überall dasselbe – man braucht eben nur die richtigen Kontakte.* Nathan blickte an sich hinab. Perplex sah er zu Jennifer, die sofort wusste, was ihm am Herzen lag.

„Du hast ein paar Sachen dort vorne", plapperte sie und warf einen Blick zum Schrank, der nur wenige Schritte vom Bett entfernt stand.

Kann sie etwa meine Gedanken lesen? Die Frage verflog jedoch schnell wieder, als Nathan jene Klamotten fand, die er getragen hatte, als er vergeblich versucht hatte, sich das Leben zu nehmen. Sie waren frisch gewaschen und sogar gebügelt. Er staunte kurz, zuckte dann mit den Achseln und schlüpfte in die Kleider.

„Bist du endlich fertig?"

„Ja – sofort!"

„Lange haben wir nämlich nicht mehr."

„Was meinst du?"

„Wir dürfen in der Regel nur bis acht draußen bleiben. Im Sommer auch mal länger."

Er kräuselte die Nase. „Und?"

„Wir haben schon kurz nach sechs."

„Oh!", staunte er heuchlerisch. „Schon so spät, ja?"

Ihr Blick sagte alles. Nathan schmunzelte.

Zusammen mit Jennifer begab er sich auf direktem Weg durch die Flure zum Park, der nur von wenigen Lichtern erhellt war.

Die frische Luft tut irgendwie gut, füllt meine Lungen mit frischem Leben.

„Lass uns auf die Bank", meinte sie und zeigte mit dem Finger darauf, während sie sich eine Zigarette anzündete. „Auch eine?", fragte sie dann und rieb Nathan die Packung regelrecht unter die Nase.

Dankend lehnte er ab und fragte grinsend: „Ihr dürft hier rauchen?"

„Die sehen das hier nicht so schlimm … ein paar vielleicht, aber nicht alle. Es dürfen ja auch nicht alle qualmen", antwortete sie.

„Aha", meinte er.

„Und du willst sicher keine? Ganz sicher nicht?"

„Nein, ich habe vor einiger Zeit aufgehört", sagte er und nahm auf der Bank Platz. Als sie sich neben ihn setzte, fing sie plötzlich zu lachen an.

„Was hast du?", stutzte er.

„Du bist mir schon eine", kicherte sie.

Braucht sie eine Brille? Wie ein Mädchen sehe ich nun wirklich nicht aus, auch wenn mein braunes Haar etwas länger ist.

„Du willst doch sowieso sterben", neckte sie und schüttelte die Packung mehrmals hin und her. Nathan überlegte und kam zu dem Entschluss, dass sie recht hatte. Wortlos nahm er sich einen der Sargnägel, riss ihr förmlich das Feuerzeug aus der Hand und zündete sich den Glimmstängel an. Tief atmete er das Gift ein und besudelte seine Lungen nach zwei Jahren Pause erneut mit Nikotin und anderen schädlichen Stoffen. In Sekundenschnelle dröhnte es in seinem Kopf. Kurz musste er husten und stellte fest, dass Zigaretten als neuer Nichtraucher so überhaupt nicht schmeckten. Dennoch qualmte er sie schweigsam zu Ende.

„Geht doch." Sie zuckte mit den Schultern und beobachtete ihn, wie er einen Zug nach dem anderen nahm – bis zum Schluss. Erneut hielt sie ihm die Schachtel unter die Nase. Zögernd starrte er darauf.

„Nun nimm schon. Ich sehe doch, dass du es möchtest." Ihre Worte waren aufdringlich, doch er konnte der Versuchung einfach nicht widerstehen.

Schon jetzt spüre ich, wie mein Herz höher und kräftiger schlägt – aber im Gegensatz zur ersten Kippe schmeckt diese schon etwas besser. Nicht so sehr nach Aschenbecher.

„Scheiße, tut das gut", flüsterte er schließlich erleichtert und blickte zu einem jungen Mann, der mit dem Rücken zu ihm einige Meter entfernt auf der Wiese hockte. Er machte nichts, außer auf die wenigen Blumen zu starren. „Wer ist das?", wollte er nach einer kleinen Ewigkeit wissen. Nach wie vor musterte er den Fremden.

„Der da?", fragte Jennifer und zeigte mit dem Finger auf den jungen Mann mit den kurzen dunklen Haaren. Nathan nickte.

„Das ist Alexander, unser Freak", lästerte sie.

Wer in dieser Anstalt hat denn bitte schön keinen an der Waffel?!, höhnte er innerlich. Abgesehen von mir. Verrückt bin ich nicht, nein. Ich will einfach nur nicht mehr.

„Wieso ist er hier?"

„Ach", lachte sie. „Alexander ist mal dies und mal jenes."

„Hä? Wie jetzt?"

„Sie wissen nicht wirklich, was er hat. Er ist schon seit drei Jahren hier."

Drei Jahre?

„Man fand ihn an einer Unfallstelle. Alle Insassen des Wagens kamen ums Leben. Er war der einzig Überlebende. Schon damals hat er nicht gesprochen. Sie gehen davon aus, dass er Autist ist, weil sonst würde er ja reden."

„Aber wenn Sie wissen, wie er heißt, dann müssten Sie doch in der Lage sein …"

„Nein", unterbrach Jennifer und kicherte kurz. „Sie gaben ihm den Namen."

„Wie meinst du das?"

„Alexander stand einfach nur neben dem brennenden Auto und sagte kein Wort. Zuerst dachten die Ärzte, dass er unter Schock stehen würde, doch die Diagnose änderte sich, nachdem er Wochen später noch immer nichts sagte. Und da sie auch keine Papiere fanden, konnten Sie auch nicht herausfinden, wie er heißt. Und da niemand ihn als vermisst gemeldet hatte, gaben sie ihm einfach den Namen Alexander."

Nathans Gesichtszüge entgleisten. „Und was, wenn er gar nicht Alexander heißt?"

„Wird wahrscheinlich auch so sein", gab Jennifer zurück. „Aber du brauchst es gar nicht erst zu versuchen. Wenn du ihn anguckst, schielt er an dir vorbei, und wenn du mit ihm reden möchtest, dann sagt er rein gar nichts. Vergiss ihn also."

„Und was macht er da?"

„Er starrt meistens nur auf völlig seltsame Dinge."

„Blumen?", grübelte er.

„Ja, ne!", sagte sie mit einem wahnsinnigen Blick. „Blumen sind echt total verrückt. Ich meine, sie sind im Gras oder Boden verankert und machen nichts, außer steif herumzustehen."

Hat sie das gerade etwa wirklich gesagt?, schmunzelte er mit ernster Mimik. „Aha", wisperte er und lies seinen Blick schweifen. Eine Frau unterhielt sich mit einer anderen Patientin unter dem Vordach.

„Ach ja", lächelte Jennifer wie ausgewechselt und sah ebenfalls in dieselbe Richtung. „Das ist Bärbel, die von unseren Nachbarn – den Außerirdischen – entführt wurde. An die musst du dich halten, wenn du weiterkommen möchtest. Und die andere daneben … das ist unsere verrückte Ebby. Sie wurde in ihrer Kindheit so sehr vernachlässigt, dass sie nun jeden und alles infrage stellt. Vertrauen kann sie niemandem. Freunde dich ja nicht mit ihr an, sonst könnte sie dir gefährlich werden."

„Gefährlich?", wiederholte Nathan unbeeindruckt. „Wieso denn gefährlich?"

„Ich sage nur – lass dich nicht auf sie ein."

„Bringt sie mich sonst um?", kicherte er. Sofort wurde er mit einem grimmigen Blick aus Jennifers Richtung bestrafft. „Ist ja schon gut!" Schnell wandte er sich wieder dem Autisten zu, der seine Ohren anscheinend gespitzt hatte und ihnen zuhörte. Für eine Millisekunde drehte er sich um und schaute Nathan interessiert an.

Nathan schluckte schwer. Dermaßen geschockt war er schon lange nicht mehr gewesen. Der fremde junge Mann sah aus wie David. Dieselben grünen Augen, die gleichen kurzen braunen Haare, sogar die Gesichtskonturen stimmten. Kreidebleich blickte er wieder zu Jennifer.

„Was hast du denn?", fragte sie. „Hast du etwa einen Alien gesehen?" Sie gluckste laut und zog an ihrer Kippe.

„Ich … ich ...", stotterte sich Nathan einen ab und stand ruckartig auf.

„Was hast du?"

„Ich muss jetzt gehen", gab er ohne Erklärung zurück und eilte schnell davon, jedoch nicht, ohne noch ein letztes Mal zu Alexander zu sehen.

Diese Ähnlichkeit, dachte er verblüfft.

„Komisches Mädchen", raunte Jennifer und erblickte eine Fliege. Voller Freude begann sie mit ihr zu kommunizieren. „Ja, wer bist du denn? Du bist ja ein schöner Vogel." Es war ein sehr einseitiges Gespräch. „Voll süß." Sie grinste dämonisch und zog ein weiteres Mal an ihrer Zigarette.

❧

Nathan war inzwischen wieder in der Klinik und sah sich voller Neugier um. Überall liefen seltsame Menschen herum, die ihm ein wenig Furcht einflößten.

Denen will ich nun wirklich nicht auf der Straße begegnen. Verrückte. Einfach nur Verrückte. Man kann nicht anders, als sie anzustarren. Beängstigend. ... Was mache ich nur hier? Bin ich etwa auch so?

„Ha!", meinte urplötzlich ein fast einen Kopf größerer Mann Ende zwanzig. Fragend blickte Nathan ihn an, doch der Kerl schielte an ihm vorbei und starrte irgendetwas anderes an. Dem Blick folgend, schaute Nathan nun auf eine Wand.

„Das finde ich sehr inspirierend", staunte der Fremde unerwartet.

Verwirrt sah Nathan um sich. Er war sich nicht sicher, ob der Typ mit ihm sprach oder nicht. Da er weiterhin jedoch an ihm vorbeischielte, konnte unmöglich er gemeint sein. *Oder meint er doch mich? Vielleicht hat er ja auch nur einen Augenfehler.*

„Inspirierend?", wiederholte Nathan mit gerunzelter Stirn.

„Diese Sinnlichkeit und Schönheit in diesem Bild", lobte der Unbekannte. „Einfach wunderschön."

Was zum Teufel meint er, und mit wem spricht er?

„Danke", sagte er nun. „Das wünsche ich Ihnen auch", lächelte der junge Mann.

Seine braun verfärbten Zähne waren zu viel des Guten. Mit einem angewiderten Blick auf dessen Hauer suchte Nathan das Weite. Kurz drehte er sich noch einmal um. Verstehen konnte er den seltsamen Menschen nun wirklich nicht. Dennoch wollte der Schrecken einfach kein Ende nehmen. Kaum wandte er sich wieder ab, stieß er auch schon mit einem fülligen Mann Mitte vierzig zusammen.

„Oh – mein Fehler", entschuldigte Nathan sich höflich.

„Jaja ... das sagen alle", heulte der Kerl beinahe. Dabei sah er Nathan nicht einmal an. Stattdessen glotzte er auf den Boden.

„Alles in Ordnung?", erkundige Nathan sich, doch die Frage hätte er sich auch sparen können.

Als ob mich das Wohlbefinden eines Fremden noch interessieren würde.

„Die Frauen rauben einem den letzten Nerv", schluchzte der Mann nun und ging in gebeugter Haltung weiter. Wieder stellte Nathan sich die Frage: *Was zum Teufel mache ich hier eigentlich?*

Zurück in seinem Zimmer überkam ihn augenblicklich leichter Schwindel. Taumelnd begab er sich zu seinem Bett.

Vielleicht liegt es an den zwei Zigaretten ... oder vielleicht an meinem Herzen?

Die Unsicherheit trieb ihn fast in den Wahnsinn.

Kurze Zeit später kam Jennifer zurück. Sie wirkte, als hätte sie noch etwas anderes als Nikotin in ihrem Blut.

Sie fliegt ja fast schon durchs Zimmer.

„Mit den singenden und tanzenden Elfen, die in den Blumen wohnen", sang sie gut gelaunt.

Erstaunt sah er ihr unauffällig zu.

„Ihr tanzet alle mit mir – um mich herum, wir, eine Familie ..."

20

Plötzlich ging die Tür auf und Doktor Dean Harris kam herein. Skeptisch musterte er Jennifer.

„Wir tanzen alle", trällerte sie währenddessen weiter. Dean musste sich das Lachen verkneifen. Etwas aufgeregt schloss er die Tür und lief ausgelassen zu Nathan.

„Ist die immer so?", wollte Nathan sofort wissen.

„Ja, leider", gab Dean zurück und lächelte freundlich, als er sich zu ihm aufs Bett setzte.

Nun sieht er mich an. Mann, hat der Augen, schwärmte Nathan auf der Stelle.

„Wie geht es dir?", erkundigte Dean sich mit sanfter Stimme.

„Ich bin in einem Irrenhaus", gab Nathan schweren Herzens zurück.

„Nicht alle hier sind verrückt", meinte er, als Jennifer immer lauter zu leiern begann.

„Pisslinchen, Kacklinchen, Kotzlinchen und Würglinchen. Ihr alle seid meine Freunde. Weicht nie von meiner Seite. So lasset uns tanzen und fröhlich sein!"

„Ach", staunte Nathan, „immer noch sicher?"

„Nun ja", philosophierte Dean und blickte über die Schulter. Resigniert hob er die Hände.

Grinsend streckte Nathan das Kinn vor. „Sagte ich doch." Er lächelte herausfordernd und studierte dabei Deans Miene. „Zeigen Sie mir einen, der nicht verrückt ist."

„Hm", überlegte der Therapeut und zeigte dann mit seinem Finger auf ihn. „Du."

Nathan schwieg für einen Moment. „Ja, ich nicht. Ich will mir nur das Leben nehmen." Peinlichst berührt verzog Nathan sein Gesicht. Das angenehme Gefühl, das er bekommen hatte, als Dean hereingekommen war, verschwand urplötzlich.

Dean zögerte. „Ich habe hier deine Medizin." Er zückte eine Spritze.

„Klasse", murrte Nathan. „Der Mann, der mir mit Drogen das Leben retten will."

„Es ist keine Droge, Nathan. Es wird dir helfen – deinem Herzen."

„Wozu die Mühe? Ich meine, ich sterbe doch sowieso, also."

„Mach bitte den Arm frei", forderte Dean ihn unhöflich auf. Nathan fühlte sich unter Deans herbem Blick absolut unwohl und kam der Aufforderung lieber nach.

Es pikste kurz.

„Das hätten wir." Dean erhob sich wieder.

„Ähm", überlegte Nathan und hielt den Arzt zurück. Er musste unbedingt mehr über Alexander in Erfahrung bringen.

„Ja?"

„Dieser Alexander", begann Nathan neugierig, „ist …"

„Ein Autist."

„Und da sind Sie sich sicher?", hakte Nathan nach. Unerwartet wurde er total müde.

Dean nickte. „Glaub´ mir."

„Wenn Sie das sagen", murmelte Nathan. Die Augen konnte er kaum noch offen halten.

„Wir sehen uns", lächelte Dean ihn an und begab sich dann zu der Tanzenden. Was er allerdings bei ihr wollte, bekam Nathan nicht mehr mit, denn innerhalb von Sekunden fiel er in einen tiefen Schlaf.

3. KAPITEL

Nathan hatte absolut keine Lust darauf. Aber er musste ja – wobei *müssen* in seinem Wortschatz eigentlich gar nicht mehr existierte. Da saß er also nun auf diesem gemütlichen Sessel, in diesem echt großen Zimmer, mit diesen ultrahohen Decken. Und vor ihm ein Schreibtisch, auf dem sich die Papiere stapelten. *Wen wundert´s? Immerhin gibt es ja auch genügend Verrückte in diesem Schuppen hier … Wie der mich ansieht. Teufel, wie ich das hasse. Warum schaut dieser bekloppte Arzt mich so an?*

Doktor Schlaus sagte nichts, Nathan sagte nichts. *So langsam nervt es!*

„Wollen Sie mich jetzt die ganze Zeit anstarren?", wollte Nathan nach einer halben Ewigkeit wissen. Keine Antwort, nichts. Stattdessen sah der Doktor ihn weiterhin an, schnippte mit dem Kugelschreiber zwischen seinen dicken Wurstfingern hin und her und lehnte sich gemütlich in seinem Stuhl zurück. Nathans gespieltes Lächeln nervte ihn selbst, und gerade als er etwas sagen wollte, fuhr Schlaus ihm einfach ins Wort.

„Nathan."

Gespannt sah Nathan ihn an. *Lasst mich doch endlich tot umfallen.* „Ja?"

„Wie fühlst du dich?"

Als ob es ihn wirklich interessieren würde. „Danke, selbst?", gab er schnippisch zurück.

„Mit diesem Verhalten kommen wir nicht weiter", sprach Doktor Schlaus tatsächlich.

„Mit diesem Verhalten?", wiederholte Nathan erbost. „Wir würden vielleicht weiterkommen, wenn Sie endlich mal etwas sagen würden."

Der Doc räusperte sich, sagte aber wieder nichts.

„Ähm, hallo? Doktor Schlaus?" *Nun runzelt er auch noch wortlos seine Stirn. Genug des Guten.* Nathan stand auf. „Wissen Sie, ich würde ja gerne weiterhin hier meine Zeit vergeuden, aber ich habe Besseres zu tun." Er wollte gerade das Weite suchen, als Doktor Schlaus plötzlich meinte: „Und das wäre?"

„Hä?", stutzte er und sah ihn mit gerunzelter Stirn an.

„Du sagtest, dass du etwas Besseres zu tun haben würdest, als deine Zeit hier zu vergeuden."

„Genau."

„Und das wäre?"

„Ich, ähm …", zögerte Nathan und versuchte schnell eine Ausrede zu finden, doch ihm fiel nichts ein. „Ich …"

„Setz dich, Nathan!", forderte Schlaus.

Brummend setzte er sich wieder hin und schlug die Beine übereinander. Sofort fing sein rechter Fuß an, sich auf und ab zu bewegen.

„Nathan", begann der Arzt und blickte etwas ernster in eine Mappe.

Irgendetwas scheint dort über mich zu stehen, doch was es ist, weiß ich nicht – und es nervt mich, dass ich es nicht weiß. Zu gern wüsste ich es.

„Was haben Sie da?", fragte er neugierig.

„Deine Unterlagen."

„Darf ich mal sehen?"

„Nein."

„Oh", murmelte Nathan, „wieso denn nicht?"

Schlaus schloss die Mappe und sah Nathan wieder mit diesem seltsamen Blick an. „Ich habe mir deine Krankenakte angesehen und sie studiert."

Oh ho, dachte er. *Er hatte sie studiert.* Gleichgültig zuckte Nathan mit den Schultern.

„Bis zu deinem achtzehnten Lebensjahr warst du so gut wie nie beim Arzt. Ab und zu mal, als du vierzehn warst – wegen Kopfschmerzen, aber erst mit achtzehn schien es bei dir loszugehen."

„Was ging bei mir los?"

„Deine Probleme."

„Sie sind ja einer von der ganz schlauen Sorte", bockte Nathan und blickte nach rechts zum Fenster. *Wie gern würde ich doch jetzt woanders sein. Am Strand oder einfach nur tot.*

Der Chefarzt öffnete die Mappe wieder und holte einen Entlassungsbericht hervor. „Herr Schuster stellte sich bei uns stationär vor, nachdem er seit drei Wochen über Herzrasen klagte", begann Schlaus vorzulesen. „Begleitend mit subjektiver Luftnot und Übelkeit. In der Praxis von Doktor Braun war er präkollaptisch. Bei einer 24-Stunden-Blutdruckmessung fielen auffällig schwankende Blutdruckwerte zwischen 250/60 und 70/40 auf."

„Hören Sie", unterbrach Nathan genervt. „Ich habe das schon zigmal gehört und selbst gelesen. Sie brauchen mir das nun echt nicht mehr unter die Nase zu reiben."

„Hör mir einfach nur zu, Nathan – einfach nur zuhören", sagte Schlaus und sah ihn an, als ob er ihm noch etwas Wichtiges mitzuteilen hätte.

„Wenn's denn sein muss", klagte er und wippte weiter mit seinem Bein auf und ab.

„In der Zusammenfassung steht, dass es sich bei der ersten Blutdruckmessung in der Praxis, in der du zuvor warst, um ein Artefakt handelte."

„Ja, ein Fehler, ich weiß", warf Nathan desinteressiert ein.

„Du hattest eine selbstlimitierende, kurz andauernde Sinustachykardie mit einem Maximum von hundertneunundcreißig Schlägen in der Minute. Bei der Aufnahme warst du allerdings ebenfalls tachykard, mit einem Dauerpuls von hundertvierzehn in der Minute."

„Und mir ging es echt verdammt übel", erklärte er mit starrem Blick auf den Schreibtisch. Die Erinnerung von damals kam stückchenweise zurück und sie gefiel ihm überhaupt nicht.

„Du warst eine Woche in diesem Krankenhaus und man fand eigentlich nichts."

Nickend stimmte Nathan ihm zu.

„Was dich allerdings nicht davon abhielt, einen Mediziner nach dem anderen zu konsultieren, nicht?"

„Was hätte ich sonst machen sollen?!", wollte er ernsthaft von ihm wissen.

„Du hast dich in die Behandlung von drei Internisten begeben, und alle drei fanden rein gar nichts. Dein Blut war in Ordnung, das EKG und so weiter", meinte Doktor Schlaus und legte das Blatt zur Seite.

Und noch mehr Blätter, dachte Nathan genervt.

„Drei Monate später und nach mehreren Ärztebesuchen überwies dich ein Doktor Heinz zu einer Darmspiegelung", grübelte er und sah Nathan leicht stutzend an.

„Jupp."

„Wieso?"

„Wieso was?"

„Wieso wollte er, dass du eine Darmspiegelung machen lässt?"

„Ist doch egal."

„Ich wüsste es aber gerne", forderte er leicht forsch.

„Was weiß ich. Keinen Plan", log er, als Schlaus plötzlich einen Zettel in der Hand hielt. *Ach du meine Güte … dieser Zettel … ich kenne diesen …*

„Du schriebst Doktor Heinz eine Liste mit Symptomen, die du hattest …"

Bitte lies jetzt bloß nicht weiter, hoffte Nathan und wäre am liebsten im Erdboden versunken.

„Du sagtest ihm sogar, dass du die Befürchtung hättest, dass du …"

„Schon gut!", unterbrach er ihn. „Sie müssen mir das jetzt nicht vorlesen. Ich weiß schließlich, was ich ihm damals geschrieben habe!"

„Dachtest du das wirklich?"

„Vor zehn Jahren schon!", raunzte Nathan, als Doktor Schlaus kurz auflachte. „Ja, sehr lustig!"

„Du hattest dir natürlich nichts gerissen", schmunzelte der Arzt. „Dennoch wollte der Doktor sichergehen und überwies dich erneut. Dieses Mal sollte dein Bauch geröntgt werden. Hätte ja sein können, dass du irgendwo ein Loch hast", witzelte er in einem sarkastischen Ton. „War aber auch nichts, nicht?"

„Nein."

„Weißt du, was ich mich frage?"

„Was weiß ich", murmelte Nathan ermüdet vor sich hin.

„Dir war seit Monaten schlecht, und niemand kam auf die Idee, mal eine Magenspiegelung durchzuführen?"

Eine Antwort gab Nathan dieses Mal nicht. *Du hast doch meine Akte vor dir liegen. Wozu soll ich also antworten, hä?!*

„Im Juni des gleichen Jahres ließt du dich erneut in ein anderes Krankenhaus einweisen. Eine Woche lang."

„Erinnern Sie mich jetzt nicht daran!"

„Zuerst fanden die Ärzte nichts, doch kurz vor deiner Entlassung machte man dann eine Magenspiegelung, und plötzlich gab es einen neuen Befund."

„Jupp."

„Man gab dir Tabletten, und wie es aussah, ging es dir danach besser?"

„In der Tat – so war es."

„Du nahmst über Jahre Betablocker und ein magensafthemmendes Medikament ein. Jeden Tag."

„Ja, jeden Tag und mir ging es gut", erklärte Nathan mit leiser Stimme.

„Vier Jahre lang hattest du also keine Probleme damit?"

„Nein, hatte ich nicht."

„Und dennoch hast du mehr von den Betablockern genommen, als du solltest."

„Hören Sie", sagte Nathan und fasste sich kurz an die Stirn. „Ich habe die Betablocker genommen, sobald ich merkte, dass mein Herz höher oder schneller schlug."

„Und das war ziemlich häufig. Bis zu zwanzig Milligramm am Tag?"

„Kann schon sein."

„Nach den Unterlagen hier bist du fast alle drei Wochen zu deinem Arzt gegangen und hast dir eine neue Packung Betablocker geholt."

„Ja, ich weiß", wiederholte er erneut.

„In einer Packung waren einhundert Tabletten à zehn Milligramm."

„Wollen Sie mir das jetzt etwa vorhalten?"

„Ich versuche nur zu verstehen."

„Na denn", seufzte Nathan und lehnte seinen linken Ellbogen auf die Lehne, um seinen Kopf abzustützen.

„Du hast also bis zu drei, manchmal auch vier Tabletten am Tag genommen?"

„Nein", antwortete er, „das waren nicht so viele."

„Aber nach deinen Unterlagen …"

„Ich weiß, aber das stimmt nicht."

„Was stimmt denn dann?"

„Die Tabletten waren manchmal echt bröselig."

„Und das soll ich dir jetzt glauben?"

„Glauben Sie doch, was Sie wollen."

„Okay. Angenommen, das stimmt, dann hattest du also über all diese Jahre keine Probleme?"

„Wie ich schon sagte … mir ging es echt gut damit."

„Was ist dann passiert?"

Nun zögerte Nathan.

„Nathan?"

„Es ging alles so schnell", erinnerte er sich.

„Was meinst du?"

„Diese Panik, diese Angst."

„Du meinst, dass dein Herz zu schlagen aufhören könnte?"

Ein leises „Ja" flog über Nathans Lippen.

„Wie ich sehe, wurdest du einen Tag, nachdem du einen Psychotherapeuten aufgesucht hattest, mit dem Krankenwagen ins Krankenhaus gebracht und am nächsten Tag sofort wieder entlassen."

Nathan erinnerte sich. *Es kommt mir vor, als wäre es nur wenige Wochen her, dabei sind schon Jahre vergangen.* „Ja."

„Subjektives Herzrasen und Hyperventilation", sagte Schlaus mit fragendem Blick.

„Ja, subjektiv", gab Nathan zurück und lachte kurz.

„Was ist so witzig?"

„Mein Herz", begann er mit ernster Mimik, „es stolperte ohne Ende und raste und raste …"

„Pure Panik", unterbrach der Arzt.

„Nein, bittere Realität."

„Nein."

„Ich weiß ja wohl noch, wie es mir ging."

„Es war der Anfang eines erneuten Ärzte-Marathonlaufs", erklärte der Doktor.

„Ich weiß", sagte Nathan – wie so oft.

„Blutuntersuchungen, EKGs, Ultraschalle, mehrere Kardiologen und keiner konnte auch nur das Geringste feststellen."

Muss er mir das jetzt wirklich alles erzählen? Schließlich weiß ich es doch schon.

„Irgendwann haben die Facharztbesuche allerdings aufgehört und du gingst nur noch zu deinem Arzt, um dir Beruhigungsmittel zu holen."

„Jupp."

„Benzodiazepine."

Nathan stöhnte kurz, doch dann fiel ihm auf, dass er seit seinem Aufenthalt kein einziges Mal an Tabletten gedachte hatte.

„Was ist?", fragte Doktor Schlaus.

„Ich habe diese Tabletten täglich über sechs Jahre eingenommen, vielleicht sogar sieben, doch seit ich hier bin, da …"

„Verspürst du nicht mehr den Drang nach Sedativa?"

„Es ist seltsam, aber Sie haben recht", stimmte er dem Arzt zu.

„Ich kann dir sagen, woran das liegt. Nachdem du versucht hattest, dich umzubringen, lagst du über Wochen im Koma, und genau in dieser Zeit hat sich dein Körper von all dem Gift erholt, das du dir tagtäglich eingeschmissen hast. Die Nebenwirkungen, die man eigentlich hat, wenn man solche Tabletten über einen längeren Zeitraum einnimmt und dann prompt absetzt, hast du also nicht wahrnehmen können, da du wie gesagt im Koma lagst."

„Soll das etwa heißen, dass ich diese ganzen Tabletten nie wieder brauche?", fragte Nathan und freute sich sprunghaft.

„Menschen mit einer Herzneurose haben meist oder immer kein wirkliches Leiden. Im Gegenteil. Sie leben sogar länger als Menschen mit Erkrankung. Doch das spielt ja jetzt auch keine Rolle mehr, nicht?"

Nathan sagte nichts, denn ihm wurde bewusst, dass er nicht mehr lang zu leben hatte.

„Leider kam alles anders als erwünscht, nicht?"

„Mir auch egal", gab er trotzig zurück.

„Ist es das?"

„Ja!"

„Was glaubst du, was deine Eltern …", sagte Schlaus, stoppte aber wieder, als Nathan ihn erbost ansah. „Entschuldige, ich meinte, was dein Vater oder deine Familie allgemein davon halten, dass du dir dein kostbares Leben nehmen wolltest?"

„Mir egal."

„Dir ist es egal, was sie denken?"

„Ja, ist es!"

„Wieso so grantig?"

„Ich habe, außer mit meinem Vater, nichts mit ihnen zu tun", erklärte er und machte sich mit einem Mal Sorgen. „Weiß er es?"

„Was meinst du?"

„Mein Dad? Weiß er, dass ich bald sterben werde?!"

„Nein."

„Gut, ich will nicht, dass er es erfährt."

„Das musst du ihm selbst sagen."

„Haben Sie mir gerade nicht zugehört? Ich sagte doch, dass ich nicht will, dass er es erfährt."

„Wieso nicht?"

„Er soll sich nicht unnötig sorgen."

„Aber irgendwann musst du es ihm sagen."

„Ich weiß", antwortete Nathan betrübt. „Nur nicht jetzt."

„Dein Vater und seine Frau sind hier", behauptete der Arzt unerwartet.

„Was?!", belferte Nathan geschockt. „Ich will nicht, dass er mich so sieht."

„Sie haben den weiten Weg gemacht, um dich zu besuchen, Nathan. Du solltest ihnen die Möglichkeit geben, sich mit dir zu unterhalten."

„Unterhalten", wiederholte Nathan spöttisch. „Nein."

„Sie hatten einen echt langen Weg."

„Ist mir egal! Dann sollen sie eben wieder zurückfahren! Ich will das nicht. Nein, ich kann das nicht … nicht jetzt …"

Erschrocken sah Nathan den Doktor an, der plötzlich zum Telefonhörer griff. *Was hat er vor?*

„Harris?", sagte er in den Hörer. „Sie können sie reinschicken." Er legte wieder auf.

Meint er damit etwa meinen Vater? Zum ersten Mal seit seinem Aufenthalt spürte Nathan wieder das Adrenalin in seinem Körper. Hastig sprang er auf. *Mein Bauch wird ganz kalt, mein Herz beginnt zu rasen!*

Abrupt öffnete sich die Tür.

„Nathan", wisperte sein Vater erleichtert und ging schnurstracks auf ihn zu.

„Dad?", erwiderte er leise und wich einen Schritt zurück.

„Ach, Nathan …" Er war dem Heulen nahe und drückte ihn rasch an sich. „Was machst du nur?"

„Hallo", meinte Bianca, Hendriks Frau, zum Doktor und schüttelte seine Hand.

„Hallo", lächelte Doktor Schlaus zurück. „Setzen Sie sich doch." Ihr aufgetakeltes Auftreten schien den Arzt zu begeistern.

„Ja, klar." Bianca machte es sich bequem. Nathan war baff und setzte sich wieder.

„Herr Schuster", sagte Schlaus. Der leicht verschwitzte Vater mit dem kurzen Haar blickte ihn flüchtig an. „Nehmen Sie doch Platz."

Hendrik fand die Idee nicht schlecht. Schnell griff er nach Nathans Hand.

„Freut mich, dass Sie zu uns gefunden haben."

„War ja auch keine lange Strecke", plapperte Bianca in einem sarkastischen Unterton.

„Wie lang sind Sie denn gefahren?"

Bianca sah ihren Mann an. „So vier Stunden ungefähr – nicht, Schatz?"

„Ja", nickte er mit einem Lächeln zu Nathan. Die Freude, die Angst und Hoffnung in Hendriks Augen brachten Nathan fast zum Weinen. Noch nie hatte er es gemocht, wenn sein Vater heulte. Und jetzt erst recht nicht.

„Wie geht es dir?", fragte Hendrik. Kurz blickte Nathan zum Doktor und hoffte, dass er nichts sagen würde.

„Mir geht es gut", versicherte er ihm.

„Das freut mich", flüsterte er und drückte seinen Sohn erneut an sich.

„Ja, Herr Schuster", begann Doktor Schlaus, „Nathan geht es so weit ganz gut."

„Was machst du auch für Sachen?", wollte Bianca, die an ihrem kurzen Top zupfte, ernsthaft von ihm wissen. Eine Antwort gab Nathan ihr nicht, denn nach ihrer Frage zog Bianca spöttisch die Augenbrauen nach oben und grinste mit einem Kopfschütteln.

„Du weißt doch", sagte Hendrik, „wenn du Probleme hast, dann kannst du jederzeit zu uns kommen. Ich bin immer für dich da."

Seine Worte klangen so real und echt, dass Nathan es eigentlich nicht wahrhaben wollte.

„Herr Schuster", sprach der Doktor.

„Ja?", gab Hendrik mit einem erleichterten Blick zurück.

„Wir werden alles tun, damit Ihr Sohn wieder auf die richtige Bahn kommen wird. Doch das geschieht natürlich nicht von heute auf morgen. Es ist ein langer und steiniger Weg."

Was zum Teufel redete er da? Versuchte er da etwa gerade meinem Vater Hoffnungen zu machen? Wenn er wüsste, dass ich nicht mehr lange leben werde, dann …

„Ja, schon klar", warf Bianca verständnisvoll ein. „So etwas geht natürlich nicht von heute auf morgen. Wenn man psychisch am Ende ist, dann braucht man eben Zeit, um alles zu verarbeiten."

Frau Klugscheißerin höchstpersönlich, wütete Nathan innerlich.

„Da haben Sie vollkommen recht", stimmte Doktor Schlaus ihr zu, während sein Blick schwermütig auf Nathan fiel.

Eine unerwartete Stille trat ein. Niemand sagte mehr etwas. Nur kurze Blicke – ein kleines Lächeln.

„Das ist doch lächerlich!", tönte es unerwartet aus Nathan.

„Was denn, mein Schatz?", fragte Hendrik. „Was hast du?"

Nathan sah zu Schlaus und musterte kurz dessen eigenartige Miene. „Ach, nichts."

„Ich nehme an, dass Sie nicht lange hier sein werden?", erkundigte sich Schlaus.

„Nein, wir haben ja noch eine lange Heimreise vor uns", stöhnte Bianca.

„Nathan?", flüsterte Hendrik.

„Ja?"

„Geht es dir gut?"

„Wird schon."

Hendrik war erleichtert. „Das freut mich."

Wenn er wüsste, dachte Nathan.

„Ich nehme an, dass Sie etwas allein mit Ihrem Sohn sein wollen."

„Ja, bevor wir gleich wieder fahren müssen", klagte Hendrik mit einer trügerisch gut gelaunten Mimik.

„Gut, dann kann ich Ihnen nur die Cafeteria empfehlen." Der Doktor erhob sich von seinem Platz.

Hastig tat es ihm Bianca gleich. „Gibt es da auch Kaffee?"

„Den besten."

„Ah, sehr gut!"

Nathan schüttelte den Kopf. *Eine noch blödere Frage hätte sie dem Arzt einfach nicht stellen können.* Hendrik stand auf und zog seinen Sohn regelrecht mit hoch.

„Nathan?", sagte der Arzt.

„Ja?"

„Wir sehen uns dann morgen zur gleichen Zeit." Nathan nickte. „Und du bist dir sicher, dass du deinem Vater nicht noch irgendetwas Wichtiges sagen möchtest?"

„Ja", gab Nathan mit bitterernstem Unterton zurück.

„Was denn?", wollte Hendrik sofort wissen. „Stimmt irgendetwas nicht?"

„Es ist alles bestens, Vater." Er warf Schlaus einen gehässigen Blick zu. „Alles ist bestens."

„Gut, dann bleibt mir vorerst nichts weiter, als Ihnen alles Gute zu wünschen."

„Dito", meinte Bianca und verabschiedete sich mit einem kurzen Händedruck.

„Und passen Sie gut auf meinen Sohn auf, ja?", bettelte Hendrik schon fast.

„Machen Sie sich keine Sorgen. Er wird wieder", gab Schlaus mit einem auffordernden Blick zu Nathan zurück. Doch der schüttelte nur seinen Kopf.

Hendrik folgte seiner Frau.

„Irgendwann werden sie es erfahren", flüsterte Schlaus, nachdem die Schusters den Raum verlassen hatten.

„Ich weiß – nur nicht jetzt", stellte Nathan leise klar und verschwand ebenfalls aus dem Zimmer.

In der Cafeteria angekommen, bestellten Hendrik und seine Frau erst einmal einen Kaffee sowie ein Stückchen Kuchen. Nathan hingegen hatte überhaupt keinen Hunger. Viel zu sagen hatten sie sich anscheinend auch nicht. Hendrik sah ihn immer wieder mal kurz an, während Biancas Blick fast schon im Minutentakt auf ihrer Armbanduhr klebte.

Nach einer knappen halben Stunde verabschiedeten sie sich auch schon wieder. Bianca reichte ihm die Hand, während sein Vater ihn an sich drückte. So wirklich wollte Nathan ihn gar nicht mehr loslassen. Ein kurzes Lächeln, bis sein Dad mit seiner blondierten Perle davonging. Nathan sah ihnen mit einem lachenden und einem weinenden Auge nach und wäre seinem Vater am liebsten hinterhergelaufen. Er wusste nicht, ob es das letzte Mal gewesen war, mit ihm gesprochen zu haben. Der Gedanke machte ihm Angst.

Noch einmal sah Nathan ihnen nach. Sie verschwanden einfach, ließen ihn zurück. Tränen schossen ihm in die Augen. Er konnte nicht mehr und rannte schluchzend davon.

Dean, der sich in unmittelbarer Nähe befand, starrte ihm hinterher. Am liebsten wäre er dem Traurigen nachgegangen, doch seine Vernunft hielt ihn davon ab. Stattdessen begab er sich zu Doktor Schlaus. Ohne anzuklopfen, öffnete Harris die Tür und erschreckte Schlaus unabsichtlich.

„Dean?! … Was kann ich für dich tun?"

„Sie haben mir mal von einem Projekt erzählt – nun ja, zumindest davon, dass Sie eines vorhaben, und ich frage mich gerade, ob Sie es schon begonnen haben … dieses Projekt?"

„Wenn die Zeit reif ist, dann werde ich es dir vielleicht mal erklären."

„Hat es etwas mit Nathan zu tun?", sinnierte Dean.

„Nein!", stellte Schlaus sofort klar.

„Okay", nuschelte Dean verwirrt.

„Wenn du mich jetzt bitte entschuldigen würdest?"

„Ja, klar – sicher doch." Nachdenklich verließ Harris das Zimmer.

Schlaus setzte sich vor seinen Computer und begann nach kurzer Überlegung etwas zu tippen. *DNA …*

4. KAPITEL

Nathan lag mit angezogenen Beinen auf seinem Bett und schluchzte. Vorsichtig öffnete Dean die Zimmertür und schloss sie hinter sich. Kurz blickte er zu Jennifers Ecke. *Zum Glück*, dachte er, als er sah, dass sie nicht anwesend war.

„Hey", flüsterte er dem Heulenden zu. „Alles in Ordnung?" Für diese Frage hätte er sich selbst ohrfeigen können. *Sicher ist nicht alles in Ordnung*, brummelte er innerlich und ging langsam auf ihn zu. „Nathan?"

„Lass mich in Ruhe!", forderte Nathan jammernd.

Dean blieb mit den Worten: „Willst du reden?", stehen.

„Nein! ... Lass mich einfach nur in Ruhe!"

„Okay", stockte Dean mit hochgezogener Augenbraue und wollte gerade wieder gehen, als er es sich doch anders überlegte. Er drehte sich um, setzte sich aufs Bett, winkelte sein Bein an und wartete auf eine Reaktion.

„Was an den Worten *'Lass mich einfach nur in Ruhe'* haben Sie nicht verstanden?!", motzte Nathan und zog seine Rotze hoch.

„Du kannst mich ruhig duzen", sagte Dean ungetrübt.

„Klasse", murrte Nathan. „Davon habe ich ja auch etwas, wenn ich Sie duze!"

„Ich kann deine Sorgen nachempfinden", meinte Dean.

„Bitte?!", fauchte Nathan und richtete sich auf. „Du kannst meine Sorgen nachempfinden, ja?!"

Fragend sah Dean ihn an. „Ja, das kann ich ...."

„Aha", nickte Nathan mit abwertendem Blick. „Wenn dem so ist, dann weißt du ja, was ich will."

Dean stutzte. „Weiß ich das?"

„Besorg mir irgendetwas, damit es endlich vorbei ist!", forderte Nathan keinesfalls höflich. Jetzt musste Dean kurz lachen.

„Was gibt es da zu lachen?!"

„Nichts", räusperte Dean sich, „gar nichts."

„Und dennoch hast du dieses ekelhafte Grinsen im Gesicht?!", beschwerte Nathan sich.

„Du willst also, dass ich dir etwas besorge?"

„Wow – du kannst mir also doch folgen, ja?"

„Ho, ho! Sei mal nicht so herabwürdigend. Ich habe dir schließlich nichts getan. Und wenn du denkst, dass ich dir etwas besorgen würde, damit du dir das Leben nehmen kannst, dann hast du dich aber so etwas von getäuscht!"

„Was wollen Sie dann hier?!", quengelte Nathan und drehte sich wieder um.

„Dir helfen", gab Dean mit sanfter Stimme zurück. „Außerdem waren wir schon per Du."

„Ts, mir helfen", murmelte Nathan. „Niemand kann mir helfen."

„Wieso glaubst du, dass dir niemand helfen kann?"

„Weil ... weil ..."

„Siehst du", unterbrach Dean ihn, „du weißt es selbst nicht."

„Sicher weiß ich es!", meckerte Nathan entgeistert.

Dean wartete gespannt.

„Ich, ich ... ich weiß es einfach!"

„Aha", schmunzelte Dean. „Willst du reden?"

„Nein!"

„Sicher nicht?"

„Ja."

„Ganz sicher?"

„Kann schon sein", grübelte Nathan und schloss mit gerunzelter Stirn seine Augen. Dabei wollte er mit Dean reden, doch er war einfach zu unsicher, um es zuzugeben.

„Na denn", seufzte Dean und stand vom Bett auf. „Dann gehe ich mal wieder."

Dean war kurz davor, die Türklinke zu berühren, als Nathan sich schlagartig umdrehte und sagte: „Warte!"

Desinteressiert sah Dean ihn an. „Ja?"

„Ich, ähm", flüsterte Nathan mit geschlossenen Augen.

„Ja?"

Gedankenvoll blickte Nathan ihn an. „Vielleicht habe ich ja doch Lust ... also, zu reden ..."

Allerdings schien Dean jetzt nicht mehr zu wollen. Er zuckte nur mit den Achseln.

Nathan verstand die Welt nicht mehr.

„Nur ein Scherz", spaßte Dean und ging auf ihn zu. „Über was möchtest du denn mit mir reden?", fragte er und setzte sich wieder.

Nathan lehnte sich gegen die Wand, zog die Beine an und fuhr sich mit seiner Hand durchs Haar.

„Und?", fragte Dean, als Nathan ihn kurz ansah, jedoch nichts sagte. „Nathan?"

„Wieso?"

„Wieso?", wiederholte Dean verwirrt. „Wieso – was?"

„Wieso ist mein Leben so, wie es ist?", wollte Nathan mit einem traurigen Blick wissen. Tief schaute er Dean in die Augen. Das funkelnde Grün verursachte ein seltsames Gefühl in ihm.

„Wenn ich es dir sagen könnte, würde ich es tun – ehrlich."

Nathan schloss seine Augen wieder und murmelte: „Ach, was soll's."

„Du kannst mit mir über alles reden, hörst du?"

„Ja, sicher", knatschte er und sah Dean erneut kurz an. Er schüttelte den Kopf. „Ist doch sowieso immer das Gleiche mit euch kack Psychotherapeuten."

„Zum einen finde ich es echt nett, dass du mich mit Scheiße vergleichst, und zum anderen kann ich dir sagen, dass dies ein privates Gespräch ist und ich dir einfach nur helfen will. Keine Absichten. Versprochen."

„Sicher. Fällt mir ja mit dem Blick auf deinen weißen Kittel auch so etwas von leicht", beschwerte sich Nathan.

„Da ich sowieso Pause habe, kann ich ihn auch ausziehen", meinte Dean und erhob sich. Er musterte Nathans heimliche Blicke, als er sich den Kittel auszog und hinter sich aufs Bett legte. Nathan schien fasziniert zu sein, als er auf das eng anliegende, dunkelgrüne Shirt stierte, das er trug. Und falls er sich nicht irrte, dann hatte Nathan sogar nervös geschluckt – zumindest sah er jetzt schüchtern zur Seite. „Alles in Ordnung?", wollte Dean wissen.

„Ja, sicher."

„Nun bin ich nicht mehr im Dienst. Du kannst also mit mir reden."

„Weißt du, was ich an Typen wie dir hasse?"

Dean zuckte ratlos mit den Achseln. „Dass wir so unverschämt gut aussehen?", schäkerte er.

Grimmig sah Nathan ihn an.

„Das war ein Scherz", erklärte Dean sofort. „Verstehst du? Ein Scherz." Doch Nathan sagte nichts. „Vergiss es! Was hasst du an Typen wie mir?"

„Genau das."

Nun stutzte Dean. „Verstehe ich nicht."

„Ihr haltet euch alle für so allwissend, so toll, so schlau – so unwiderstehlich."

„Nun ja", meinte Dean, „ich bin nicht allwissend … und unwiderstehlich … kommt darauf an, aus welchem Licht man mich sieht." Seine Mundwinkel gingen leicht nach oben. Er kratzte sich kurz an seinem Dreitagebart.

Genervt rollte Nathan mit den Augen.

„Hey", lächelte Dean. „Komm schon. Lass uns wie zwei erwachsene Menschen miteinander reden."

Nathan blickte nach unten, sagte wieder nichts.

„Was ist geschehen, Nathan?"

„Denk nicht, dass ich irgendetwas Privates über mich preisgeben werde", stellte Nathan klar.

„Das verlange ich doch gar nicht. Ich versuche nur, dich zu verstehen, und das kann ich nicht, wenn du mir überhaupt nichts über dich erzählst."

„Du hast doch sicherlich meine – ach so tolle – Krankenakte gelesen, also."

„Was die anderen geschrieben haben, interessiert mich nicht."

Nathan hatte sichtlich Probleme damit, die Fassung zu bewahren, denn in Deans Gegenwart fühlte er sich irgendwie wohl. Am liebsten hätte er ihm alles erzählt oder sich schluchzend an ihn gelehnt. *Ja nicht anfangen zu heulen*, dachte er und atmete tief durch.

„Mich würde es nur interessieren, wie es so weit kommen konnte", rätselte Dean und winkelte sein Bein wieder an.

„Was willst du wissen?", fragte Nathan und krampfte die Hände ineinander.

„Nur das, was du mir mitteilen möchtest – ja?"

Nathan kratzte sich am Kopf und blickte kurz nach oben.

„Und wenn du mir nichts erzählen willst, dann ist es auch okay."

„Ich will das alles nicht mehr", flüsterte Nathan. Er verstummte, versank in Gedanken und versuchte, nicht in Tränen auszubrechen.

„Hey", sagte Dean sanft und setzte sich etwas näher zu ihm. „Alles wird gut – versprochen."

„Ich weiß echt nicht mehr, was ich noch tun soll", begann Nathan zu erzählen. „Mein Leben … nichts ist mehr so, wie es einmal war. Ich wünschte, ich könnte die Zeit zurückdrehen und diese Tage ungeschehen machen." Unerwartet spürte er Deans Hand auf seinem Oberschenkel. Was er davon halten sollte, wusste er nicht.

„Ich war noch so jung."

Gespannt hörte Dean ihm zu.

„Ich erinnere mich, als wäre es gerade einmal ein paar Tage her. Achtzehn Jahre war ich alt. Ich war allein zu Hause, als ich plötzlich ein heftiges Stechen in meinem Bauchraum verspürte. Es war das erste Mal in meinem Leben, dass ich mein Herz schlagen hörte. Es donnerte gegen meinen Brustkorb. Rasch setzte ich mich hin und begann am ganzen Leib zu zittern. Mir wurde mit einem Schlag so übel, dass ich zuerst dachte, ich sei eventuell unterzuckert. Hastig begab ich mich in die Küche und machte mir ein Brot mit fetter Wurst. Dazu ein Glas Cola. Ich trank es mit einem Satz leer und stopfte es mir in Sekundenschnelle ins Maul. Doch es wurde nicht besser – im Gegenteil. Mein Herz raste immer schneller. Noch nie zuvor hatte ich auf irgendeine Art und Weise Notiz von meinem Herzen genommen, bis zu diesem Tag. *Vielleicht werde ich einfach nur krank*, dachte ich und ging ruckartig zurück in mein Zimmer. Ich machte den Fernseher und das Licht aus. Kurz schloss ich meine Augen und begab mich dann prompt auf meine Schlafcouch. Durch die Matratze hindurch konnte ich mein Herz spüren, und es war alles andere als angenehm. Es dauerte allerdings nicht lange, bis ich einschlief."

Es war spät in der Nacht, als ich mit einem Mal mit Luftnot aufwachte. Mein Herz raste aus unerklärlichen Gründen. Ich zitterte am ganzen Leib, schwitzte, und dennoch war mir kalt. Mir war übel, und nur langsam schaffte ich es, von der Couch aufzustehen. Als ich am Lichtschalter ankam, kam mir alles so unreal vor – als ob ich mich in einem Fieberzustand befinden würde. Mit zitternder Hand betätigte ich den Schalter. Es war viel zu grell. Schnell schloss ich meine Augen, und als ich sie wieder öffnete, blickte ich mich völlig verwirrt um. *Was ist hier los?*, fragte ich mich furchtsam und ging aus meinem Zimmer. Mein Vater und seine Frau waren noch nicht wieder von ihrer Feier zurück – dabei war es schon nach zwei Uhr morgens.

Langsam ging ich den Flur entlang und sah dort völlig entsetzt in den Spiegel. Noch nie hatte ich so blass ausgesehen. „Aber was?", erschrak ich bei meinem Anblick und hörte plötzlich mein hämmerndes Herz in meinen Ohren pochen. *Ich sollte einen Notarzt rufen,* dachte ich, doch dann erinnerte ich mich daran, dass ich überhaupt nicht versichert war.

Angsterfüllt schlurfte ich ins Bad. Ein kurzer Blick zur Dusche, bis ich mir meine Hotpants auszog und mich drunterstellte. Das kühle Nass half, wenn auch nur ein wenig. Meine Hand zitterte, als ich nach dem Handtuch griff und mich abtrocknete. Zurück in meinem Zimmer schloss ich die Tür und blickte völlig benommen um mich. „Was ist mit mir los?", schluchzte ich total besorgt und löschte das Licht. Immer wieder spielte ich mit dem Gedanken, den Notarzt zu rufen, doch hätte ich es getan, wäre mein Vater auf die Barrikaden gegangen. So ließ ich es bleiben und legte mich hin. Schmerzen hatte ich keine, dennoch krümmte ich mich wie ein Kleinkind. Nur wenige Minuten später schlief ich ein.

„Moment mal", unterbrach Dean ihn stutzend.

Erschrocken sah Nathan ihn an. „Ja?"

„Du willst mir sagen, dass du nicht krankenversichert warst?"

„Genau das habe ich dir gerade gesagt."

„Aber …"

„Willst du wissen, wie es weiterging, oder nicht?"

„Entschuldige – natürlich möchte ich es wissen", meinte er und rückte noch etwas näher an Nathan heran.

„Na denn", seufzte Nathan mit kurzem Blick auf Deans gepflegte und recht attraktive Hand, die noch immer auf seinem Oberschenkel ruhte. Kurz schluckte er, dann erzählte er weiter. „Ich war total mit Angst erfüllt, trotzdem schlief ich rasch ein."

Am nächsten Tag, so gegen zehn Uhr morgens, klopfte es plötzlich an meiner Zimmertür. Ich stand total neben mir, jedoch schien es mir schon etwas besser zu gehen. Auf Besuch hatte ich allerdings wenig Lust. „Ja?!", fluchte ich und stemmte mich langsam hoch. Mit dem Blick zur Tür konnte ich meinen Augen nicht trauen. Es war Lisa, meine beste Freundin. Sie kam ins Zimmer, schloss die Tür und grinste mich saufrech an.

Lisa war etwas fülliger, wobei *etwas* gut ist. Ihre langen blonden Haare hingen schlaff nach unten, als sie auf der Couch Platz nahm und ihre Umhängetasche abstellte.

„Was ist?", rätselte sie und zog sich ihre Jacke aus. Automatisch musste ich ihr auf die Fingernägel gucken, die vollkommen abgeknabbert waren. Nach kurzer Überlegung schnappte ich nach einer Zigarette, zündete sie an und begann zu erzählen …

„Ach du meine Güte!", sagte sie, als ich endete. „Und jetzt?"

„Keine Ahnung", gab ich zurück. Dass Lisa auf dem Weg zum Klo später meinem Dad davon erzählte, konnte ich nicht erahnen.

Sofort bekam ich eine Standpauke von ihm. Ich sollte doch gefälligst mehr essen und so einen Schwachsinn. Irgendwie wollte er nicht kapieren, dass ich essen konnte, was ich wollte. Zunehmen war noch nie drin gewesen.

Später musste ich sogar noch die Mutter von der Frau meines Vaters im Krankenhaus besuchen. Lisa kam natürlich nicht mit und wollte stattdessen fernsehen und auf mich warten. Mir war es nur recht, doch auf dem Weg zur Klinik fühlte sich das Alleinsein auf einmal so anders an – fremd. Alles um mich herum kam mir wie ein schlechter Traum vor. Nichts schien real. Doch war es keiner dieser Träume, die man gerne träumte. Es war beängstigend. Die Bäume, die Autos, sogar die Luft – und als ich endlich ankam und dieses Gebäude betrat, wurde mir ganz anders. Es war der Tod, der um mich schlich. Man konnte ihn förmlich riechen … und für einen Moment spielte ich mit dem Gedanken, mich untersuchen zu lassen. Doch die Realität holte mich schnell wieder ein. Wie hätte ich es machen sollen? Schließlich war ich nicht versichert.

Als ich wieder zu Hause war, ging es mir seltsamerweise wieder etwas schlechter, und ich bat Lisa, zu gehen. Sie war natürlich angepisst, doch es war mir egal. Schließlich sahen wir uns jeden Tag, und wenn es mir mal nicht gut ging, dann wollte ich einfach nur allein sein. Klappte nur nicht. Schließlich wohnte ich noch zu Hause, und das bedeutete Stress und Ärger.

Am Abend musste ich zum Griechen latschen und Essen für uns alle holen. Es war das erste Mal, dass ich mich so dermaßen seltsam fühlte, und es wurde nach dem Speisen nicht besser – im Gegenteil. Kaum aß ich etwas, wurde mir total übel. So kam es, dass ich mich wieder ins Bett legte und ziemlich früh einschlief.

Am Sonntag kam Lisa erneut zu Besuch, doch dieses Mal schmiss ich sie raus. Ich wollte Ruhe, bekam aber keine. Montag, als die Schule wieder begann und ich mich abends auf den Weg zur Abendschule machte, war ich noch voller Hoffnungen, denn mir ging es gut. Doch als ich ankam, spürte ich immer wieder diese seltsamen Stiche im Bauch. Ich begab mich in die Klasse, aber fragte schon nach wenigen Minuten, ob ich aufs Klo gehen dürfe. Natürlich gestattete man es mir, doch hielt ich es nicht mehr länger aus. Zurück in der Klasse, bat ich sofort: „Kann ich gehen? Mir geht es nicht besonders."

„Dann pack deine Tasche", meinte der Lehrer. Dies tat ich und ging zurück nach Hause. Mein Vater dachte natürlich sofort, dass ich einfach nur keinen Bock mehr auf die Schule hätte, was allerdings nicht stimmte. Schließlich hatte ich super Noten und obendrein auch noch jede Menge Freunde. Irgendwie wollte er aber nichts anderes glauben. Dad dachte nur an die vergangenen Zeiten, in denen ich gern mal der Schule fern geblieben war. Er konnte es nicht verstehen, da er nicht in meiner Situation war. Eine Weile saß ich im Wohnzimmer neben Hendrik, doch ich schien ihm total egal zu sein. Als es mir immer schlechter ging, schlich ich zurück in mein Zimmer und legte mich hin. Tagelang lag ich mit Herzrasen und Übelkeit im Bett. Machte nichts, außer mich mit meiner Spielekonsole zu beschäftigen.

Nathan stoppte und sah Dean vorsichtig an.

„Alles in Ordnung?", fragte Dean voller Sorge. „Geht es dir nicht gut?"

Nathan schüttelte nachdenklich den Kopf. „Wenn ich mich an diese Spielekonsole erinnere, dann …"

„Was? Was meinst du?"

„Ich bekomme Angst", zitterte Nathans Stimme.

Dean verstand nicht, weshalb. „Wieso? Schlechte Erinnerungen?"

„Als Kleinkind habe ich immer mit meinem Vater gezockt. Es war genau diese Konsole wie zu der Zeit, als es mir schlecht ging. Später spielte ich immer mit meinen Freunden … meinen ehemaligen Freunden …"

Nun verstand Dean endlich. „Die guten Zeiten schmerzen dich, weil du sie vermisst, richtig?"

„Ich weiß es nicht", flüsterte Nathan. „Ich weiß es nicht."

„Darf ich fragen, wann du das letzte Mal damit gespielt hast?"

„Im Herbst – kurz nach meinem dreiundzwanzigsten Geburtstag."

Dean war überrascht, dass Nathan all die Daten so genau in seiner Erinnerung hatte. Am liebsten hätte er ihn in die Arme genommen und getröstet, doch er musste sich einfach zurückhalten – schließlich war er der Arzt, und er war sich noch nicht sicher, ob Nathan der war, für den er ihn hielt. „Was ist dann geschehen?"

„Hä?"

Dean fühlte sich leicht neben der Spur. „Lagst du wirklich tagelang im Bett und niemand hat sich für dein Wohlbefinden interessiert?"

„Ja, niemand …", murmelte Nathan in Gedanken vertieft. Er blickte Dean erneut in die smaragdfarbenen Juwelen und hoffte rasch, dass der Attraktive die kleine Schwärmerei für ihn nicht mitbekam. Verstummt sah er schnell zum Fenster.

„Wenn du nicht willst, musst du nicht weitererzählen", warf Dean ein.

„Ist schon in Ordnung", lächelte Nathan. „Ich sterbe doch sowieso. So weiß wenigstens einer, was wirklich geschehen ist."

Dean schloss bei den Worten kurz seine Augen, atmete tief ein und wieder aus. Er fuhr sich durchs Haar und sagte: „Ich werde wirklich alles versuchen, um dich zu retten."

Nathan lächelte wieder. „Danke – aber das ist echt nicht mehr nötig. Ich will nicht mehr. Dennoch, danke."

Dean schüttelte den Kopf. „Ich werde es nicht zulassen, dass du …"

„Auf jeden Fall …", unterbrach Nathan ihn mit einem Blick zum Fenster, „lag ich eine Woche lang mit Herzrasen im Bett. Mir war jeden Tag übel."

Ich wünschte, ich könnte dir helfen, dachte Dean und hörte ihm weiter zu.

„Ich erinnere mich an diesen Samstag", erzählte Nathan leicht schockiert.

Ich lag auf meiner Schlafcouch und versuchte das Herzrasen und die Übelkeit zu akzeptieren, damit umzugehen, auch wenn ich nicht wusste, wieso ich mich so fühlte. Es war gegen zwanzig Uhr, als plötzlich ein wildfremder Mann in mein Zimmer kam und die Tür hinter sich schloss. Mein Vater hatte wie so oft eine Party gegeben und ein paar Leute eingeladen. Das war ich gewohnt, und es war ja auch nichts Verwerfliches daran, doch das, was dann kam, schockte mich total.

„Du bist Nathan, richtig?", fragte mich dieser Fremde.

Angespannt stemmte ich mich hoch und sah ihn an. „Ja – und?"

„Ich habe da mal eine Frage an dich, und zwar …"

Ich konnte meinen Ohren nicht trauen, als er sagte: „Würdest du für uns mal eben zum Kiosk gehen und uns ein paar Flaschen Bier, so zehn Stück, holen?"

„Ganz bestimmt nicht", antwortete ich entsetzt. Er bettelte mich regelrecht an, doch ich blieb dabei. „Ich bin krank, und wenn ich jetzt bitten dürfte!", zürnte ich mit einem auffordernden Blick zu meiner Tür.

„Schade", seufzte er und verschwand. Ich war erschüttert und brauchte eine Zigarette. Doch nur wenige Minuten später kam mein Vater ins Zimmer und lächelte mich leicht angeheitert an.

„Was ist?!", wollte ich völlig aufgebracht wissen – dabei wusste ich, was er wollte.

„Nathan", meinte er mit Dackelblick.

Wie ich es doch hasste. Sofort schüttelte ich den Kopf.

„Bitte. Darfst dir auch eine Flasche Cola mitbringen."

„Sag mal!", begann ich entsetzt. „Siehst du nicht, dass es mir nicht gut geht?! Ich liege hier und fühle mich scheiße! Wenn ihr Bier haben wollt, dann holt es euch gefälligst selber!"

„Ach, Nathan", schmollte er.

„Nichts ach Nathan!", fauchte ich. Das größere Selbstbewusstsein hatte ich durch Lisa bekommen. Sie sagte immer, was sie dachte, und ließ sich von niemandem etwas vorschreiben. Meistens zumindest, und sie war diejenige, die mir beibrachte, dass ich mich gefälligst mal durchsetzen sollte. Und genau das tat ich an diesem Abend. „Nein!"

„Geht es dir echt so mies?", fragte mein Vater mich tatsächlich.

Ich schüttelte fassungslos den Kopf. „Hast du mich das gerade etwa gefragt? Nein, nicht wirklich, oder?"

Hendrik seufzte und ging wieder aus meinem Zimmer. Meine Wut auf ihn wurde immer größer, und ich spürte, wie meine Halsschlagader pulsierte. Ein unangenehmes Gefühl, und ich wusste nicht, wie ich damit umgehen sollte. Die Tränen kamen von ganz allein …

Nathan stoppte erneut und sah wieder zu Dean. „Wie auch immer."

„Was geschah dann?"

„Der Sonntag verlief wie die Tage zuvor. Ich lag im Bett, mein Herz raste und mir war schlecht. Doch ich wusste, dass es so nicht weitergehen konnte."

Früh am Montagmorgen zog ich mich an, um zum Sozialamt zu gehen. Ich wollte endlich zum Arzt. Mein Herz – es raste während der ganzen Zeit, und kaum beim Sozialamt angekommen, dachte ich, dass ich mich übergeben müsse. Es dauerte eine ganze Weile, bis mich diese unfreundliche Frau aufforderte, in ihr Büro zu kommen. Auf dem Stuhl Platz genommen, fragte sie mich: „Was kann ich für Sie tun?"

Ihre überhebliche Art ging mir von Beginn an auf die Nüsse. Als ob sie etwas Besseres wäre.

„Ich brauch´ eine Krankenversicherung", sagte ich und dachte ernsthaft, dass ich gleich kotzen müsse. Mein Herz wollte einfach nicht aufhören zu rasen.

„Wie ist ihr Name, und was meinen Sie damit?!"

„Nathan, Nathan Schuster", entgegnete ich nett. „Und ich bin nicht krankenversichert."

„Wie, Sie sind nicht krankenversichert?! Was machen Sie denn beruflich?!"

„Ich gehe noch zur Schule."

„Und wie alt sind Sie?!"

„Achtzehn", antwortete ich freundlich, auch wenn die Frau mit dem kurzen braunen Haar ziemlich übellaunig war und sichtlich überfordert zu sein schien.

„Und Ihre Eltern?!"

„Mein Vater ist Hausmann, und seine Frau ist selbstständig."

„Wenn die Frau Ihres Vaters selbstständig ist, muss sie Sie mitversichern."

„Sie hat mich nicht adoptiert, und auch so habe ich nichts mit ihr zu tun."

„Ja, trotzdem! Das geht nicht einfach so!"

„Hören Sie", sagte ich, „ich bin krank und muss zum Arzt. Seit einer Woche fühle ich mich mies. Ich muss wirklich zu einem Doktor."

„Dann müssen Sie mit der Frau Ihres Vaters reden und dann …"

„Das geht nicht!", unterbrach ich sie etwas forsch. Mein Magen drehte sich.

„Sie können doch nicht einfach hierherkommen und denken, dass ich Sie mal eben so krankenversichern kann."

„Ich habe kein Einkommen, bin krank und habe keine Krankenversicherung. Soweit ich weiß, können Sie es doch!"

Sie diskutierte noch eine Weile mit mir, doch ich ließ einfach nicht locker.

„Ich komme gleich zurück." Sie gab nach und verließ den Raum.

Jaja, dachte ich, *geh du mal mit deinem Chef sprechen. Der wird dir schon sagen, was geht und was nicht.* Eine halbe Stunde später kam sie endlich zurück.

„Und?", fragte ich.

Sie begann etwas in ihren Computer zu tippen. „Ich brauche Ihren Ausweis."

Geht doch, freute ich mich und überreichte ihr meine Personalien. Sie tippte erneut. Plötzlich spürte ich, wie mir übel wurde. „Haben Sie hier ein Klo?", fragte ich rasch.

Abwertend sah sie mich an.

„Haben Sie hier eine Toilette?"

„Sie können doch noch eben warten", meinte sie. „Aber ja, die haben wir."

Ich versuchte mich zu beruhigen, klappte irgendwie nur nicht wirklich. So nervös war ich noch nie zuvor gewesen. Mein Bein wippte auf und ab. Meine Finger bewegten sich ständig, als ob ich in Windeseile einen Roman verfassen müsste. Blitzartig stand sie auf und ging zum Drucker. Gespannt starrte ich darauf. Ein Schein kam heraus.

Diese Scheine kannte ich von früher, als mein Dad noch alleinstehend gewesen war. Da hatte er auch ständig diese Sozialscheine bekommen, damit auch wirklich jeder erkennen konnte, dass er arbeitslos war.

Nachdem ich das große Blatt Papier an mich gerissen hatte, ging ich sofort zurück nach Hause, um einen Zettel zu verfassen, auf dem stand, was für Symptome ich hatte. Sprechen fiel mir aus irgendeinem Grund immer schwerer. Denn jedes Mal, wenn ich zu reden begann, wurde mir nur noch schlechter. Nachdem ich alles aufgelistet hatte, ging ich schnurstracks zu einem Arzt. Da ich zuvor nie wirklich bei einem Mediziner in meiner Stadt gewesen war, entschied ich mich für den erstbesten. Es war ein Mann, und ich kam sofort dran. Nun ja, zumindest am gleichen Tag. Es dauerte nur ein paar Stunden. Sein Name war Doktor Braun. Er sah mich an und bat mich in seinen Behandlungsraum.

„Hallo, Herr Schuster", sagte er und nahm Platz.

„Hallo", murmelte ich mit schwacher Stimme.

„Wie kann ich Ihnen weiterhelfen?" Kurz zögerte ich, bis ich den Zettel aus meiner Jeanstasche nahm und ihm diesen überreichte.

„Okay", grübelte er und begann zu lesen. Irgendwie war es mir total peinlich, nicht selbst zu sprechen. Mit dieser ständigen Übelkeit und diesem seltsamen Gefühl im Halsbereich blieb mir jedoch nichts anderes übrig.

„Aha", staunte Herr Braun und stand plötzlich von seinem Schreibtischstuhl auf. „Ihnen ist also den ganzen Tag über schlecht, und ihr Herz rast andauernd?", fragte er und griff nach dem Stethoskop. „Machen Sie bitte einmal den Oberkörper frei."

Ich nickte, legte meine Jacke ab und zog mir das Oberteil hoch.

So ein seltsames Gerät, dachte ich. Es war das erste Mal, dass ich so etwas sah. Er legte es an meine Brust und horchte.

„Ja", bemerkte er, „ist wirklich etwas schnell." Noch einmal horchte er.

„Schnell, aber ich höre nichts", erklärte er und legte das Stethoskop zur Seite. Nun griff er nach dem Blutdruckmessgerät und legte es mir um meinen rechten Arm. Angespannt sah ich ihm dabei zu. Er pumpte diesen komischen runden Ball auf, und die Manschette drückte immer fester zu.

„Ein bisschen hoch", staunte er, als er die Luft rausgelassen hatte. „Hundertvierzig zu neunzig."

Mir sagte das alles überhaupt nichts.

„Aha", seufzte ich. Wieso hatte ich nur etwas gesagt? Diese seltsamen Stiche in meinem Bauchraum kamen prompt zurück.

Wieder hatte der Arzt etwas anderes in seiner Hand. Es sah aus wie ein Kugelschreiber. Ein leuchtender Kugelschreiber, mit dem er in meine Augen schaute.

„Okay", rätselte er und sah mit diesem komischen Löffel in meinen Mund.

„Okay", stammelte er erneut und begab sich zurück auf seinen Platz. Er begann etwas in seinen Computer zu tippen „Ihr Puls ist etwas erhöht und liegt bei einhundertundzwanzig."

„Und was wäre normal?", wollte ich rasch wissen.

„Kommt immer darauf an. Also, in der Ruhephase sollte dieser in ihrem Alter bei circa siebzig oder achtzig liegen."

Ich schluckte unüberhörbar.

„Aber ich konnte nichts hören", warf er rasch ein. „Wir machen jetzt ein EKG, und dann nehmen wir Blut ab. Morgen kommen Sie dann bitte wieder, damit wir ein Langzeit-EKG-Gerät anlegen können."

„Was ist das?"

„Das ist ein Gerät, welches ihr Herz vierundzwanzig Stunden lang abhört und alle fünfzehn Minuten ihren Blutdruck misst. Wie dies ungefähr aussieht, werden sie gleich bei dem kurzen EKG sehen." Nachdem er noch einige Wörter langsam in seinen Rechner getippt hatte, folgte ich dem Doc in einen anderen Raum. „Oberkörper ganz frei machen und die Socken ein Stück herunterziehen." Schnell war er wieder über alle Berge. Es war viel zu kalt und ich zitterte am ganzen Leib. Plötzlich kam eine ziemlich große Brünette mit kurzem Haar herein.

„Legen Sie sich bitte auf die Liege und bewegen Sie sich nicht", meinte sie und griff nach seltsamen Noppen. Alles war so neu für mich.

„Wird kurz kalt", warnte sie mich freundlich vor, als sie eine kleine Flasche in die Hand nahm. Sie sprühte auf meiner Brust, meinen Handgelenken und meinen Fußknöcheln herum. Viel kälter als der Raum an sich war es jedoch nicht. Wortlos packte sie diese Saugnäpfe auf meinen Oberkörper. Irgendwie fühlte es sich bescheuert an, und an der Herzstelle war es total eklig. Mein Herz klopfte stark. Man konnte sogar sehen, wie sich der Saugnapf auf und ab bewegte.

„Jetzt nicht rühren", sagte sie, als das Gerät die Daten ausdruckte.

„Schon geschafft", lächelte sie nach einer knappen Minute und entfernte diese Dinger wieder von meinem Körper. Geschockt blickte ich auf meinen Brustbereich. Überall waren rote Abdrücke.

„Sie können sich wieder anziehen und zurück zum Doktor gehen."

Ich war vollkommen verängstigt, als ich in das Zimmer des Arztes kam und die Tür hinter mir schloss.

„Setzen Sie sich", sagte er mit dem Blick auf einen langen – sehr langen Zettel. „Das EKG sieht eigentlich ganz normal aus, bis auf die Tatsache, dass Ihr Herz ziemlich schnell schlägt."

„Und was soll das heißen?", bangte ich.

„Das kann ich Ihnen jetzt noch nicht sagen. Wir nehmen gleich Blut ab." Kurz überlegte er. „Vielleicht ist es eine verschleppte Grippe oder so etwas." Dass er es selbst nicht wusste, sah ich ihm sofort an.

„Folgen Sie mir", bat er, stand auf und ging hinaus. Wieder lief ich ihm nach.

„Hier rein", winkte er mich in einen kleinen Raum. „Es kommt gleich jemand und nimmt Ihnen Blut ab."

„Okay", lächelte ich und nahm auf dem schwarzen Stuhl Platz. Der Arzt schloss die Tür, und ich wartetc zappelig.

Angst machte sich in mir breit, als die Brünette sich wieder zu mir gesellte.

„So", sprach sie freundlich. „Ich werde Ihnen jetzt Blut abnehmen."

Nachdem zwei kleine Röhrchen meines Blutes abgezapft waren, sollte ich erneut zum Doc. *Schlimmer als jeder Sport.*

Viel zu sagen hatte er mir allerdings nicht mehr. „Kommen Sie bitte morgen für das Langzeit-EKG wieder. Das Blutergebnis ist allerdings dann noch nicht da. Das bekommen Sie erst am Mittwoch, wenn sie mir das EKG-Gerät zurückbringen."

„Ist okay", stammelte ich und wollte gerade aufstehen, als er plötzlich fragte: „Brauchen Sie noch eine Krankschreibung für die Schule oder die Arbeit?"

„Ja, wäre nett", sagte ich rasch.

Zu Hause angekommen, erzählte ich meinem desinteressierten Vater von meinem Arztbesuch, doch für ihn war die Sache ganz klar.

„Jaja. Du willst nur nicht mehr zur Schule gehen!"

Aufgebracht begab ich mich in mein Zimmer und tat nichts weiter, außer herumzuliegen …

Unerwartet ging die Zimmertür auf, und Jennifer kam herein. Nathan stoppte und blickte zu ihr.

„Ach", staunte sie. „Sieh einer an. Der Arzt und der Kranke. Wie knuffig."

Fragend sah Nathan zu ihr, während Dean abwechselnd zu ihr und Nathan schaute.

„Ich sage euch", stöhnte sie und nahm auf ihrem Bett Platz, „das ist ein Leben hier." Sie lachte unerwartet.

Nathan war sofort genervt und hätte sie am liebsten hinausgeworfen. Er wollte Dean unbedingt mehr erzählen – mit ihm allein sein. Umso überraschter war er, als sich Dean wieder zu ihm wandte und sagte: „Was geschah dann?"

Kurz musterte er Jennifer, dic ihn irr anglotzte und schüttelte den Kopf. „Spielt keine Rolle."

„Aber …"

„Ich bin sowieso ein schlechter Erzähler", murmelte Nathan und legte sich auf die rechte Seite.

Dean räusperte sich kurz und griff abrupt nach seinem Kittel. „Wenn du mir etwas zu sagen hast, das Gefühl bekommst, wieder mit jemandem reden zu müssen, …"

„Lassen Sie es gut sein", unterbrach Nathan ihn mit leiser Stimme. Den Therapeuten zu duzen, wagte er nicht mehr.

„Okay", murmelte Dean. Er wusste, wenn Jennifer nicht gekommen wäre, hätte er mehr über Nathan erfahren. „Wir sehen uns dann später." Mit einem Blick über die Schulter sah er zu Jennifer und verließ dann fluchtartig das Zimmer.

Jennifer grinste, während Nathan versuchte, nicht zu heulen.

∼⚬∽

Schlaus stand am Fenster und beobachtete Alexander, der draußen auf einem Baumast saß und in die Luft starrte. Nach kurzer Überlegung begab er sich gemächlich ins Freie und gesellte sich zu ihm.

„Alexander", sagte er und blickte hinauf. Auf eine Antwort wartete er vergebens. „Möchtest du nicht da runterkommen und mit mir reden?"

Wieder folgte keine Reaktion. „Alexander?"

Stillschweigend kletterte Alexander herunter und vergrub rasch die Hände in seinen Hosentaschen, als er sich mit gesenktem Blick zum Arzt stellte.

„Willst du mir vielleicht heute etwas sagen? ... Alexander?"

Mit regungsloser Miene beäugte Alexander die Wiese. Er fühlte sich unter Schlaus´ prüfendem Blick nicht wohl.

Doch Schlaus wollte nicht aufgeben. „Nathan", sagte er. Alexanders Schultern zuckten leicht auf. „Du hast ihn gesehen ..."

„Doktor!", unterbrach ihn eine Krankenschwester aus der Ferne.

Fragend drehte er sich um. „Ja?"

„Ebby macht mal wieder Probleme! Wir könnten Sie hier echt gut gebrauchen!"

„Ich komme sofort!", gab er zurück und drehte sich wieder zu dem Schweigenden um. „Vielleicht ein anderes Mal", lächelte Schlaus ihn an und verschwand.

Alexander wartete einige Sekunden, bevor er heimlich rauf zu Nathans Zimmer sah. Ein seltsames Gefühl machte sich in ihm breit. Ein Gefühl, an das er sich nicht erinnern konnte. Es ängstigte ihn dermaßen, dass er hastig das Weite suchte und sich in einer dunklen Ecke versteckte.

5. KAPITEL

Alles um sich kam Nathan mehr als nur unheimlich vor. Verschlafen, wie er war, begab er sich bekleidet mit einer schlabberigen hautfarbenen Schlafhose und einem eng anliegenden weißen Shirt – sein Vater hatte ihm Kleidung mitgebracht – ins Erdgeschoss in Richtung Aufenthaltsraum. Seine Füße wurden von weißen Tennissocken und schwarzen Sneakers gewärmt. Immer wieder blickte er verängstigt zu den wenigen Patienten und den Krankenschwestern, die im Flur herumstanden, umherliefen, sich unterhielten oder schwiegen. An der Treppe blieb er kurz stehen und sah hinab. Er zögerte, bis ihm fröstelte und er seine Oberarme warm zu rubbeln versuchte. Ein kurzer Blick zurück nach links, bis er gemächlich nach unten schritt. Vor dem offenen Raum angekommen, der direkt zum Flur und weiter in unerforschtes Gebiet führte, blieb er stehen. Gespannt blickte er hinein. Überall saßen Patienten. Allein oder zu zweit. Manche saßen einfach nur da und starrten auf den Tisch vor sich. Andere wiederum liefen langsam umher, aßen ihr Frühstück oder sahen auf einer Couch sitzend fern. Nur eine stand am Fenster und blickte hinaus.

Soll ich da jetzt etwa wirklich rein?, überlegte Nathan und zauderte. Irgendwie war ihm nicht wohl bei dem Gedanken, sich unter all die Kranken zu mischen. *Niemals*, dachte er und wollte gerade zurückgehen, als Jennifer ihn plötzlich mit einem lauten „Hi!" überraschte. Er erschrak, fasste sich an die Brust und sagte: „Heilige Scheiße", als er ihr breites und unheimliches Grinsen sah.

„Nathan!", lächelte sie. „Du willst doch nicht etwa schon wieder gehen, bevor du überhaupt gekommen bist?"

„Nein, wie könnte ich", stammelte er genervt und ließ sich gegen seinen Willen von ihr ins Zimmer zerren.

„Freut mich", meinte sie. „Und?"

Verdutzt starrte er sie an. „Hä?"

„Hast du heute gut geschlafen?"

„Hä, was?", stutzte er erneut, als sie ihn auf die Couch schubste. Sie setzte sich neben ihn und grinste schäbig.

„Hat dein Dauergrinsen auch etwas zu bedeuten?", wollte er rasch wissen.

Sofort sah sie ihn böse an.

„Entschuldige, ich meine ja nur."

„Wir sind nicht hier, um über mein Lächeln zu sprechen", sagte sie und bekam wieder diesen unheimlichen Gesichtsausdruck.

„Sondern?"

„Ich lasse dich jetzt mal mit deinen Suizidgedanken allein", neckte sie ihn unerwartet, stand auf und verschwand. Verwirrt guckte er ihr nach und schaute dann nach links zu einem Mann Mitte vierzig, der ihn abwertend ansah. Schnell blinzelte Nathan nach vorn. Nach kurzer Überlegung schüttelte er den Kopf und stand auf.

„Das ist nun wirklich nicht meine Welt", flüsterte er genervt und wollte erneut gehen, als er Alexander bemerkte, der allein an einem Tisch saß und ein Bild zeichnete. Eigentlich wollte er zurück in sein Zimmer, doch seine Neugierde war größer. Vorsichtig ging er auf Alexander zu, der mit dem Rücken zu ihm saß. Bedachtsam lugte er ihm über die Schulter und runzelte die Stirn. Alexander war der geborene Künstler, und es beeindruckte Nathan auf eine gewisse Art und Weise. Auf der anderen Seite war er verwirrt. *Wieso zeichnet er denn mich?*

„Wow", staunte er. Alexander erschrak und hielt panisch seine Hände vor das Bild.

„Nein, nein", lächelte Nathan sanft und nahm neben ihm Platz. „Das sieht wirklich gut aus. Hast du das ganz allein gemalt?" Er bekam keine Antwort. Stattdessen warf Alexander ihm nur einen flüchtigen Blick zu.

„Was ist?", wollte Nathan freundlich wissen. „Darf ich es noch einmal sehen?" Er versuchte nach dem Bild zu greifen, doch Alexander drückte es schlagartig gegen seine Brust, sah ihn völlig verstört an und suchte dann abrupt das Weite. Total zerstreut blickte Nathan ihm nach, bevor er lautlos auflachte. Er schüttelte den Kopf und stand auf.

„Wie ich schon sagte", nuschelte er strapaziert, „nur Verrückte." Gerade als er aus dem Raum gehen wollte, rief jemand seinen Namen. Die Stimme kam ihm bekannt vor. Etwas durcheinander schaute er sich um, doch er erkannte nur Patienten.

„Hier bin ich", rief die Stimme freundlich.

„Was? Wer? Wo?", stutzte Nathan leise und drehte sich suchend im Kreis.

„Hier", winkte Dean ihn zu sich.

Urplötzlich verspürte Nathan ein leichtes Kribbeln in seinem Bauch. „Dean", wisperte er.

Dean, der gerade dabei war, einen seiner Patienten zu füttern, musterte ihn mit diesem verlockenden Grinsen. Nathan war froh, dass er anwesend war. *Endlich mal kein Verrückter*, dachte er und ging zu ihm.

„Hey", grüßte er leicht verlegen.

„Na, Nathan. Wie geht es dir?" Mühevoll versuchte er einen Löffel mit Suppe in den Mund der Frau zu bekommen.

„Gut", murmelte er und sah auf die Patientin. Irgendwie kam sie ihm bekannt vor. „Wieso isst sie denn nicht allein?"

Dean legte den Löffel zur Seite, stand auf und streckte sich kurz. Dass sich dabei sein weißes Shirt nach oben schob und ein Stück seines Bauches zu sehen war, bemerkte er nicht. Nur Nathan – es machte ihn total verlegen.

„Das ist Bärbel", meinte Dean.

Nathan erinnerte sich an sie. Jennifer hatte von ihr erzählt.

„Die Bärbel, die von den Außerirdischen entführt worden ist?", stichelte er. Böse sah Bärbel zu ihm auf.

„Genau die", bestätige Dean mit gedämpfter Stimme. Nathan musste sich ein Schmunzeln verkneifen und wandte sich um.

„Ich komme gleich wieder", sagte Dean zu Bärbel. „Nicht weglaufen, ja?"

Bärbel antwortete nicht, sondern saß einfach nur regungslos da.

„Was hat sie?", wollte Nathan neugierig wissen.

„Lass uns ein Stückchen gehen", gab Dean fordernd zurück.

„Klar, immer doch."

„Sie steht unter dem Einfluss von Medikamenten", erklärte Dean und blieb einige Meter entfernt wieder stehen.

„Wieso?"

„Wie du schon sagtest."

„Hä?"

„Bärbel leidet unter Wahnvorstellungen."

„Das habe ich schon mitbekommen."

„Und wenn wir ihr am Morgen keine Medikamente verabreichen, dann dreht die durch."

„Die?"

„Sie", korrigierte Dean sich rasch. „Ich meinte sie – sie dreht dann durch."

„Und du musst sie füttern, ja?"

„Wenn ich es nicht mache, dann macht es jemand anderes."

„Verstehe", schmunzelte Nathan.

„Ich finde das nicht lustig", warf Dean ein.

Vorbei war es mit Nathans einigermaßen guter Laune. „Entschuldige", brummte er und blickte verlegen zu Boden.

„Und?", sagte Dean nach kurzer Betrachtung.

„Hm?"

„Wie geht es dir heute?"

Über sein Wohlbefinden wollte er nun wirklich nicht reden. Stattdessen sagte er: „Alexander."

„Alexander?", sinnierte Dean.

„Er saß vorhin hier und hat ein Bild gezeichnet."

Dean rollte mit den Augen und fragte sich, wieso Nathan sich nach Alexander erkundigte. „Ja, der …", flüsterte er angestrengt.

„Was?", fragte Nathan konfus.

„Alexander ist Autist."

„Ja, das weiß ich … glaube ich zumindest. Jennifer hat es mir erzählt. Wieso eigentlich?"

Nun musste Dean grienen.

„Wieso grinst du?"

„Das wäre genau das Gleiche, als ob ich dich jetzt fragen würde wieso."

„Wieso?"

„Wieso du dir dein Leben nehmen wolltest oder immer noch willst?", fragte er mit hochgezogener Augenbraue.

Nathan ging nicht darauf ein – wozu auch? Es hatte doch sowieso keinen Sinn.

„Okay", meinte Dean. Er musste einfach das Thema wechseln und klatschte auf einmal in seine Hände. „Hast du Hunger?"

„Irgendwie schon", gestand Nathan.

„Gut … dann werde ich dir etwas holen. Was möchtest du denn gerne?"

„Hm?"

„Brot oder Brötchen, sofern diese noch warm sind …"

Warme Brötchen, dachte Nathan und musste plötzlich an Deans blanken Hintern denken. Er wusste nicht einmal, wieso. Dabei hatte er Dean noch nie nackt gesehen. Knallrot lief er an und hoffte, dass Dean es nicht mitbekam.

„Nathan?", stutzte Dean, als keine Antwort kam.

„Egal. Hauptsache Wurst und Margarine", stotterte er mit dem Blick auf den Boden.

Warum Nathan plötzlich nervös wurde, verstand Dean nicht. „Okay – dann such dir doch schon einmal einen freien Platz", gab er verunsichert zurück und ging davon.

Automatisch und ohne es zu wollen, musterte Nathan das Hinterteil, das leider von dem weißen Kittel komplett bedeckt war.

Ob der wohl kahlrasiert ist? „Teufel!", fluchte er leise und suchte sich einen Platz. Dass der Gedanke an Deans Po ihn dermaßen aus der Fassung bringen würde, hätte er nicht gedacht. Immer wieder sah er sich aus Unsicherheit um, blickte auf seine Finger – bis er sie registrierte: Ebby. Ein Blick reichte, um sie wütend zu machen. Ihre mit hasserfüllten Augen beobachteten ihn.

„Was guckst denn so bescheuert?!", giftete die kleine, leicht pummelige junge Patientin ihn an, doch darauf ließ er sich erst gar nicht ein. Stattdessen zupfte er an seiner Hose, als ob überhaupt nichts gewesen wäre.

„Ich habe dich etwas gefragt!", maulte sie ihn erneut an und stand auf.

Redet diese Ziege etwa mit mir?, fragte er sich mit verwirrter Miene.

„Was starrst du mich so bescheuert an, hä?!", schrie sie durch den Raum.

„Jetzt geht es los", jammerte Markus, der in unmittelbarer Nähe von Nathan saß. Er hatte ihn schon einmal getroffen. „Diese Frauen. Sie machen einen nur fertig."

Abfällig sah Nathan zu ihm, dann wieder zu Ebby, die langsam auf ihn zukam. *Was hat die denn für ein Problem?*, fluchte Nathan innerlich und rollte mit den Augen. Er blickte nach rechts und hoffte, dass Dean endlich zurückkommen würde. Mit einem Satz kickte Ebby ihm plötzlich gegen das Schienbein.

„Au!", klagte er und erhob sich. „Was willst du Durchgeknallte denn von mir?!"

„Was?!", keifte sie. „Was hast du gesagt?!", schnauzte sie mit gehässigem Blick. Sie hätte niemals eine Chance gegen ihn gehabt, dennoch wandte er sich von ihr ab.

„Ich rede mit dir, du Schwuchtel!", brüllte sie und zerrte plötzlich an seinen Haaren.

„Verfluchte Scheiße!", schimpfte Nathan und riss sich von ihr los. „Was hast du kleines Miststück für ein Problem?!" Erbost sah er auf die einen Kopf Kleinere hinab.

„Was ist hier los?", mischte Jennifer sich ein und stellte sich neben Ebby. Sofort gesellten sich mehr Patienten zu ihnen.

„Dieser Kleine hier versucht mich umzubringen!"

Darüber konnte Jennifer nur lachen. „Ach, Ebby", sagte sie und blickte feindselig zu Nathan. „Wenn er jemanden versucht umzubringen, dann nur sich selbst – aber selbst dazu ist er zu blöde."

„Die Außerirdischen kommen", meinte Bärbel plötzlich völlig panisch.

Nathan spürte, wie sein Herz immer schneller schlug und ihm mit einem Mal schwindelig wurde. Hastig schloss er die Augen. „Das brauche ich mir hier echt nicht anzutun."

Er wollte gehen, doch Ebby holte nun mit der Hand aus und verpasste ihm eine – mitten ins Gesicht. Aus irgendeinem Grund verlor Nathan das Gleichgewicht und knallte auf den Boden. Jennifer brach in Gelächter aus. „Ich habe dich doch vor ihr gewarnt!"

Nathan wollte schnellstens aufstehen, aber aus unerklärlichen Gründen waren seine Kräfte komplett aufgebraucht.

„Mich bringt niemand um!", keifte Ebby und trat andauernd in Nathans Bauch.

„Sie wird ihn umbringen", heulte Markus und knabberte mit zittriger Hand an seinen Fingernägeln.

„Die Außerirdischen", schwatzte Bärbel angsterfüllt.

„Niemand!", lärmte Ebby und kickte weiter ihren Fuß gegen Nathans Körper.

Jubel brach aus und Ebby wurde angefeuert.

Eine Krankenschwester blickte flüchtig zum Aufenthaltsraum. „Was ist denn da los?", rätselte sie.

„Huch, was denn?", fragte auch Dean sich, der gerade mit einem Tablett ankam: ein aufgeschnittenes Brötchen, drei Scheiben Wurst, Butter, ein Glas mit frischem Vitaminsaft, dazu eine kleine Blume, die in einem Becher stand. Viel Mühe hatte er sich gegeben.

„Die prügeln sich!", erkannte die Krankenschwester entsetzt und düste zu der Gruppe.

„Was, wer?", meinte Dean völlig verwirrt, als er Nathan zusammengekauert auf dem Boden liegen sah.

„Auseinander!", forderte die Schwester und versuchte mit aller Macht Ebby von Nathan fernzuhalten. Doch Ebby wehrte sich und strampelte herum.

„Nathan", wisperte Dean geschockt – er ließ das Tablett fallen und hetzte hastig zu ihnen. „Lass ihn in Ruhe!"

Die Menge jubelte, lachte. Ebby befreite sich aus den Klauen der Krankenschwester und ging wieder auf Nathan los. Ruckartig sprang Dean auf sie, packte sie und riss sie zu Boden. Er hatte sichtlich Probleme, die Kleine festzuhalten.

„Los! Ein Sedativum, schnell!", verlangte er. Seine Kollegin eilte davon, als Ebby ihm ins Gesicht spuckte. Auch wenn er ihr am liebsten eine gedonnert hätte, musste er sich zurückhalten. Als Arzt war es nun mal seine Pflicht, sich um seine Patienten zu kümmern. Zurückspucken galt nicht. Schlagen schon mal gar nicht.

Alexander, der von dem Lärm neugierig geworden war, betrat den Raum und erzitterte, als er Nathan dort liegen sah. Ohne zu überlegen, ging er auf ihn zu und half ihm vorsichtig hochzukommen. Er war sichtlich geschockt, als er Nathans blutende Lippe bemerkte.

Ihre Blicke trafen sich – sie verstummten. Dieses unbekannte Gefühl, welches Alexander wahrnahm, fühlte sich seltsam und doch angenehm an.

Nathan musterte das Gesicht genau. Seine unerwarteten Empfindungen – der Drang, Alexander um den Hals zu fallen – verwirrten ihn zutiefst.

Zwei Ärzte stürmten in das Zimmer und eilten Harris zu Hilfe.

„Die Außerirdischen!", schrie Bärbel.

„Nein, nein, nein", jammerte Markus, als die Nadel der Spritze in Ebbys Arm eindrang.

„Habt ihr sie?!", fluchte Dean, als einer seiner Kollegen sie fest zu Boden drückte. Der Arbeitskamerad nickte. Schnell blickte Dean zu Nathan, der sichtlich Probleme dabei hatte, aufzustehen. „Nathan!", rief er und rannte zu ihm.

„Hey." Er kniete sich hin. „Alles in Ordnung?"

Nathans Blick wandte sich nur langsam von Alexander ab. „Klar, sicher doch", log er.

Dean bemerkte Alexander nicht einmal, als er Nathan die helfende Hand reichte. Er hatte nur Augen für den Verletzten, und das gefiel dem Autisten überhaupt nicht. Das erfrischende Gefühl in ihm verschwand mit einem Mal. Schnell suchte er das Weite.

„Ich hab dich", meinte Dean, als Nathan endlich auf seinen Füßen stand und heftig zu schwitzen begann. Er lächelte zaghaft. Dann geschah es. Schlagartig sackte er zusammen und verlor das Bewusstsein.

„Nathan!", rief Dean panisch und hielt ihn ruckartig fest. „Ich brauche Hilfe!"

❧⋰

„Wieso lassen Sie mich diese Untersuchung nicht durchführen?", wollte Dean, der neben dem Bett stand, vom Chefarzt wissen.

„Weil ich es schon tat!", antwortete Doktor Schlaus.

„Aber, ich …"

„Nein!", unterbrach ihn der gereizte Doktor. „Er hatte einen leichten Infarkt, und wenn ich dir sage, dass ich die Untersuchungen schon durchgeführt habe, dann hast du das gefälligst so hinzunehmen!"

„Vielleicht hatte er aber auch keinen Infarkt, und Sie haben sich getäuscht …"

„Schluss jetzt!"

„Hä, was?", nuschelte Nathan, der nur langsam seine Augen aufbekam und alles verschwommen sah. „Wer hatte was?"

Dean blickte zu Nathan, der sich gerade hochzustemmen versuchte. „Nathan?"

Nathan verspürte unerwartet einen heftigen Schmerz im Bauchraum. „Au! … Was zum Teufel?!", fluchte er mit schwacher Stimme und warf die Bettdecke von sich.

Langsam zog er sein weißes Shirt hoch und starrte geschockt nach unten. „Mein … mein Bauch!", stotterte er und richtete sich schleppend auf.

Dean warf Schlaus einen unverzeihlichen Blick zu – doch der Chefarzt ging ohne darauf einzugehen davon. Warum er Nathan nicht untersuchen durfte, war ihm ein Rätsel, welches er nicht verstehen konnte. Am liebsten hätte er Nathan auf den Kopf gestellt und jeden Zentimeter seines Körpers erforscht.

„Was ist mit meinem Bauch geschehen?", wollte Nathan wissen. Ihm wurde schlagartig schwindelig.

„Leg dich wieder hin", meinte Dean rasch und setzte sich zu ihm.

„Was ist geschehen?", fragte Nathan abermals, als er sein Shirt wieder hinunterzog und sich zurücklehnte.

„Erinnerst du dich nicht mehr?" Dean deckte ihn zu.

Etwas verwirrt sah Nathan ihn an. Er verstummte und versank in Gedanken. „Ebby", flüsterte er.

„Nicht nur Ebby", gab Dean bestürzt zurück.

„Ich verstehe nicht", stammelte Nathan.

„Du hattest einen kleinen …" Er stoppte, holte tief Luft und sagte dann: „Herzinfarkt."

Doch Nathan verstand immer noch nicht. „Einen was?"

„Nachdem ich Ebby bändigen konnte, bist du plötzlich zusammengebrochen."

„Einen Herzinfarkt?"

„Tut mir leid."

Nathan stöhnte. „Wieso lebe ich dann noch?"

„Das hast du Doktor Schlaus zu verdanken. Er hat dich gerettet."

„Verstehe", flüsterte Nathan wütend.

„Was hast du?", fragte Dean, als er in Nathans gereiztes Gesicht blickte.

„Nichts, was sollte ich denn schon haben?!", grantelte er, während er starr geradeaus schaute.

„Es klingt nicht so, als würdest du darüber glücklich sein."

„Sollte ich das etwa?!"

„Nathan, ich bitte dich …"

„Nein, Dean!"

Niedergeschmettert sah Dean ihn an. „Willst du mir jetzt etwa sagen, dass es dir lieber gewesen wäre, wenn …"

„Natürlich!", unterbrach Nathan ihn. „Was denkst du denn?!"

„Nathan …"

„Hast du etwa schon vergessen, warum ich überhaupt hier gelandet bin?!"

„Nein, … aber …"

„Kein aber!"

„Schluss damit!", brummelte Dean schließlich und fuhr sich mit seiner Hand durchs Haar. „Du willst dir dein Leben nehmen, obwohl du gar keinen Grund dazu hast – und das nervt mich wirklich!"

„Oh, es nervt ihn", höhnte Nathan.

„Du findest das Ganze auch noch lustig, nicht?!"

Gehässig sah Nathan ihn an. „Ich glaube nicht, dass es deine Entscheidung ist, was ich will und was nicht. Ich könnte eigentlich sofort aufstehen und hier rausmarschieren, aber dank unserer – ach so tollen – Gesetze werde ich eingesperrt und behandelt, als sei ich …", er stoppte und blickte aufs Bett.

„Als seist du was?"

„Ein Kleinkind – ein Niemand. Andere entscheiden für mich, doch niemand fragt, was ich eigentlich will."

„Und was möchtest du?", wollte Dean mit sanfter Stimme wissen.

„Dass das alles endlich ein Ende hat", schluchzte Nathan plötzlich und brach in Tränen aus.

Dean konnte nicht anders und nahm ihn sofort in die Arme. Unerwartet geriet Nathans Herz aus dem Rhythmus.

„Was hast du?", rätselte Dean, als Nathan kurz aufzuckte.

„Mein Herz", meinte Nathan panisch.

Schnell griff Dean nach dem Stethoskop, das sich in der Tasche seines weißen Kittels befand, zog Nathan das Shirt nach oben und horchte.

Warum macht er das?, fragte Nathan sich, als sein Herz erneut stolperte und er wieder ängstlich zuckte.

„Ja, es stolpert", bemerkte Dean. „Aber ich kann nichts Schlimmeres hören." Ohne darüber nachzudenken, tastete er Nathans Bauch ab.

„Was machst du da?", wollte Nathan ernsthaft von ihm wissen. „Das tut weh!", jammerte er, als Dean begann, etwas fester zu drücken. „Aua!"

„Ist wahrscheinlich nur Luft", lächelte Dean mit einem Zwinkern und blickte kurz auf die wenigen blauen Flecke, die den Bauch schmückten. Seine Augen erfassten automatisch die feinen Haare, die vom Nabel weiter nach unten verliefen.

„Was meinst du mit Luft?"

Dean räusperte sich. „Du kannst das Shirt wieder nach unten ziehen."

„Was meinst du mit Luft?!"

„Manchmal, wenn jemand zu viel Luft im Darm oder im Bauch hat, dann kann diese nach oben drücken, und das wiederum kann das Herz zum Stolpern bringen."

„Und das soll mich jetzt beruhigen – ja?"

Dean zuckte gleichgültig mit den Schultern. „Du willst doch sowieso sterben. Von daher."

Nathan wurde bei den Worten direkt unwohl. Beschämt sah er nach rechts.

„Ich werde dich dann mal allein lassen. Das ist schließlich das, was du möchtest." Er beachtete Nathan nicht einmal mehr, als er sich vom Bett erhob.

„Nein, bitte", flüsterte Nathan hasenfüßig.

„Hä?", stutzte Dean, der so tat, als würde er nicht verstehen. „Was sagtest du?" Aufhorchend zog er die Augenbrauen hoch.

„Bitte, geh nicht", murmelte Nathan, dem die Tränen erneut in den Augen standen.

Fragend sah Dean ihn an. „Ich soll nicht gehen?"

Nathan schluckte, schüttelte den Kopf.

„Aber ich habe noch andere Patienten, die auf mich warten", erklärte er.

Alles wollte Nathan hören – nur das nicht. *Immer allein,* dachte er und blickte betrübt zum Fenster.

„Aber natürlich könnten sich auch rein theoretisch andere um diese Leute, meine Patienten, kümmern. Kommt ganz darauf an. Willst du mir denn etwas sagen?", hakte Dean neugierig nach und setzte sich wieder aufs Bett.

Nathan blinzelte auf Deans Hand und schaute ihm dann in die erwartungsvollen grünen Augen. Innerlich bekam er dieses Gefühl der Sehnsucht. Das Bedürfnis, sich Dean gegenüber zu öffnen. Ihm wurde ganz warm.

„Nathan?"

„Hättest du etwas dagegen, wenn ich mich für einen Moment, nur ganz kurz, an dich lehnen würde?"

Verwirrt starrte Dean ihn an.

„Nur für einen Moment … bitte."

Dean rückte näher und gab ihm mit seiner stummen Geste zu verstehen, dass es in Ordnung sei.

„Danke", flüsterte Nathan und lehnte seinen Kopf an Deans Schulter.

❧

Doktor Schlaus war außer sich und wütete durch sein Arbeitszimmer.

„So etwas wie eben sollte in Zukunft nicht mehr geschehen!", fauchte er die völlig entgeisterte Krankenschwester an. „Sie müssen dafür sorgen!", begann er mit bösem Blick und sah in das verstörte Gesicht der jungen Frau. Er versuchte sich zu beruhigen und setzte sich. „Sorgen Sie dafür, dass Ebby … von nun an … keine Möglichkeiten mehr hat, in Nathans Nähe zu gelangen."

Sie nickte. „Ist gut … aber wie soll ich das anstellen? Die Patienten treffen immer wieder mal aufeinander."

„Behalten Sie die beiden einfach im Auge."

Das Verhalten ihres Chefs war ihr ein Rätsel. „Werde ich", versprach sie dennoch.

„Nathan ist zu kostbar, um ihn an eine Verrückte zu verlieren", murmelte er in Gedanken vertieft.

„Bitte?", fragte die Schwester neugierig. „Das habe ich eben nicht ganz verstanden."

„Ohne Bedeutung", gab er zurück. „Sie können dann jetzt gehen."

Wortlos begab sie sich aus dem Raum.

„Dean", flüsterte Schlaus überlegend und lehnte sich erschöpft zurück.

6. KAPITEL

Langsam riss sich Nathan wieder zusammen. „Es tut mir leid."

„Es tut dir leid?", wiederholte Dean fragend.

Nathan nahm etwas Abstand. „Das hier", sagte er.

„Hey", lächelte Dean. „Jeder von uns braucht mal eine starke Schulter." Er zwinkerte.

Deans liebevolle Art war zu viel für Nathan. Die Tränen konnte er nicht länger zurückhalten.

„Hey, hey", versuchte Dean ihn zu besänftigen und nahm ihn in seine Arme. „Ist schon gut." Sanft lehnte er sein Kinn auf Nathans Kopf. Er fühlte sich ihm gegenüber verantwortlich und wollte alles tun, um diese einsame Seele zu beruhigen, sie zu retten.

Zeig deine Gefühle nicht, erinnerte Nathan sich an die Worte eines jungen Mannes. *Andere könnten sie ausnutzen und sie gegen dich verwenden.*

Ruckartig wich Nathan zurück. „Tut mir leid."

„Schon gut – kann jedem mal passieren."

Unsicher blickte Nathan aufs Bett. Für sein Verhalten schämte er sich, dennoch hatte er den Drang, seinem Gegenüber alles zu erzählen, auch wenn er nicht wusste, wieso. „Möchtest du es noch wissen?", fragte er schließlich verschüchtert.

„Wissen?", wiederholte Dean überrascht.

„Du wolltest doch wissen, wie es weiterging."

„Du meinst deine Geschichte?"

„Nur wenn du es natürlich willst … nicht, dass ich dich nerve mit meinem …"

„Gerne", unterbrach Dean ihn mit einem Zwinkern.

„Wenn ich dich aber nerven sollte, dann …"

„Tust du nicht", versicherte Dean und lehnte sich zurück. „Du brauchst dir echt keine Gedanken machen. Alles, was du mir sagst, wird vertraulich behandelt."

„Soll heißen?"

„Dass alles, was du mir anvertraust … kein Dritter erfahren wird."

„Okay", meinte Nathan und versuchte sich zu sammeln. „Diese Zeit …", erinnerte er sich zurück und begann zu erzählen.

Als ich das Langzeit-EKG-Gerät von meinem Arzt verpasst bekam und zurück nach Hause ging, verhöhnte mich mein Vater mit den Worten: „Du tust auch wirklich alles, um nicht mehr zur Schule gehen zu müssen, nicht?"

Niedergeschmettert sah ich ihn an und verschanzte mich darauf in meinem Zimmer. Es war das erste Mal für mich, dass ich dieses Gerät umhatte, und es war wirklich alles andere als angenehm. Am nächsten Morgen, als ich es dem Arzt zurückbrachte, erhielt ich sofort die Blutergebnisse.

„Ihr Blut ist so weit in Ordnung. Die Lymphozyten sind ein wenig erhöht, aber das bedeutet nichts."

Wie ich später herausfand, lag der Normwert bei vierzig. Meiner lag bei sechsundvierzig. Was auch immer dies bedeutete. Am nächsten Tag sollte ich zurückkommen, um mir das Ergebnis des Kardiogramms abzuholen.

„Das sind ja fast schon tödliche Werte!", erschreckte mich der Arzt. Fassungslos sah ich ihn an. „Boah!", ängstigte er mich weiter. „Das ist ja unfassbar!"

Verzweiflung machte sich in mir breit, und ich wusste nicht, was ich darauf sagen sollte. Er verschwand kurz aus dem Zimmer und kam wenig später wieder.

„Und Ihnen ist immer noch übel?", fragte er.

Ich nickte.

„Dann werden wir Ihnen gleich einmal ein Mittel gegen die Übelkeit spritzen." Irgendetwas tippte er in seinen Computer ein und bat mich dann wieder in diesen kleinen Raum. Während er sich um seinen nächsten Patienten kümmerte, wartete ich nervös. Ich saß auf diesem schwarzen Stuhl, als die Arzthelferin die Spritze fertig machte. Sie setzte die Nadel an und weiße Flüssigkeit drang in meine Blutbahn. Nur wenige Sekunden später begann mein Herz plötzlich wie wild zu rasen. Mir wurde schwindelig, alles kribbelte.

Die Arzthelferin war alarmiert. „Was haben Sie?"

„Mir ist schwindelig", gab ich kraftlos zurück. Schwarze Pünktchen begannen den Raum zu schmücken.

„Ich hole sofort Doktor Braun", meinte sie sorgenvoll. Sie war völlig überfordert und ratlos. Als der Arzt endlich kam und einige Schritte von mir entfernt stehen blieb, meinte er: „Ich werde Ihnen eine Überweisung fürs Krankenhaus ausstellen, denn so kann es ja nicht weitergehen. Dort gibt es viel mehr Möglichkeiten, als ich sie hier habe."

Erst nach einer Weile schaffte ich es, aufzustehen und zurück nach Hause zu gehen. Als ich dort ankam, saß mein Dad auf der Wohnzimmercouch und sah fern. Ängstlich setzte ich mich neben ihn und zeigte ihm die Überweisung. Kurz sah er drauf, sagte aber nichts. Das Programm im Fernsehen schien wichtiger – als ob es ihm nichts ausmachen würde, als ginge es ihn nichts an. Nach ein paar Minuten der Verwirrtheit begab ich mich ins Badezimmer, verschloss die Tür und brach in Tränen aus.

„Er hat nichts dazu gesagt?", staunte Dean ergreifend.

„Nein, er saß einfach nur da. Er regte sich nicht einmal."

Dean machte große Augen. So wirklich konnte er das nicht glauben.

Nathan runzelte nachdenklich die Stirn. „Es ist ein Jahrzehnt her, und dennoch kommt es mir so vor, als ob es weniger wäre. Viel weniger …"

„Eigentlich ist es so, dass wir Menschen das Schlechte verdrängen und uns einfach nicht daran zurückerinnern. Doch du …"

„Mein Hirn tickt wohl anders", unterbrach Nathan ihn mit einem leichten Lächeln.

„Was geschah dann?"

„Am nächsten Morgen bat ich meinen Vater mich ins Krankenhaus zu bringen, doch er schüttelte nur den Kopf."

„Wie jetzt?"

„Er meinte, dass die Ärzte am Wochenende sowieso keine Untersuchungen durchführen und ich doch bis Montag warten könne."

„Das hat er nicht gesagt, oder?!"

„Hat er."

Fassungslos schüttelte Dean den Kopf, als wieder einmal Jennifer ins Zimmer platzte und störte.

„Ach, sieh einer an", staunte sie. „Der Arzt und der, der einfach nicht sterben kann."

Nathan verdrehte genervt seine Augen.

„Na, wieder ein Psychogespräch?", frotzelte sie und nahm auf ihrem Bett Platz.

„Jennifer!", meinte Dean forsch. „Was machst du hier?"

„Falls ich mich nicht täusche, lieber Doktor Harris, ist dies auch mein Zimmer."

„Und soweit ich mich nicht täusche, hast du gleich eine Behandlung", gab Dean mit einem Blick auf seine Armbanduhr zurück.

„Ich weiß", lächelte sie feindselig. „Ich wollte mich nur kurz umziehen." Sie stand vom Bett auf und begann sich urplötzlich vor ihnen zu entblößen. „Kleopatra will schließlich gut aussehen", erklärte sie, während die beiden Männer keinen Augenblick zu ihr schauten. Eine nackte Frau wollte keiner der beiden sehen – niemals.

„Was für eine Behandlung?", wollte Nathan leise von Dean wissen.

„EKT."

„EKT?", rätselte Nathan.

„Elektrokrampftherapie."

„Aha", murmelte er.

„Erkläre ich dir später einmal."

„Schon okay."

Jennifer grinste dämonisch. „Und gefällt euch, was ihr seht?"

„Klar, sicher doch", gab Nathan zurück. „Deine Brüste sehen aus wie zwei gammelige Quarktaschen, die nach unten hängen und mit überdimensional großen Warzen bedeckt sind. Der Traum eines jeden Mannes."

Dean musste sich einen Lachkrampf verkneifen, während Jennifer ihn mit bösen Blicken förmlich zerfleischte. Schnell war sie angezogen und aus dem Zimmer verschwunden.

„Ein kleiner Zyniker, was?", schmunzelte Dean.

Nathan zuckte mit den Achseln. „Ich kann sie nicht leiden."

„Nach der Behandlung wird sie sich sowieso an nichts mehr erinnern", erklärte Dean.

„Wie meinst du das?"

„Ein EKT wird bei Patienten mit starken depressiven oder psychischen Störungen angewendet. Das Wirkprinzip solch einer Behandlung besteht in der Auslösung eines epileptischen Anfalls durch Verabreichung von elektrischem Strom am Schädel des narkotisierten Patienten. Suizidalität gehört auch oft zu diesem Krankheitsbild."

Nathan schluckte.

„Aber du brauchst dir keine Gedanken machen. Das würde ich nun wirklich nicht zulassen."

„Wie viel Erinnerung geht denn bei so einer Behandlung verloren?", wollte Nathan neugierig wissen.

„Stunden … manchmal Tage."

„Ach so …"

„Wieso fragst du?"

„Nur so."

Dean erkannte Nathans Gedanken sofort. „Es würde dir nichts bringen."

„Was?", stellte Nathan sich bewusst dumm.

„Du weißt ganz genau, was ich meine. Ein EKT bringt dich nicht weiter."

„Ich habe es ja auch nicht vor."

„Will ich auch hoffen – und selbst wenn, würde es gar nicht so weit kommen."

„Weil du es verhindern würdest, schon verstanden. Habe ja kein Alzheimer."

„Nein", sagte Dean. „Menschen mit einer Herzschwäche oder einer allgemeinen Herzkrankheit sollten und dürfen sich solch einer Behandlung nicht unterziehen. Abgesehen davon halte ich von dieser Behandlungsmethode überhaupt nichts."

„Ich habe es verstanden", murrte Nathan ungehalten.

„Ich wollte dich nur darüber informieren."

„Ich weiß, danke."

„Und?", fragte Dean.

„Hm?"

„Wie ging es weiter?"

Ein sanftes Lächeln flog Nathan über die Lippen, denn Dean ließ einfach nicht locker. Jeder andere Typ wäre schon längst über alle Berge, wusste er – nur Dean nicht. Lag es vielleicht einfach nur daran, dass Dean Psychotherapeut war und gar nicht anders konnte, außer, alles über ihn erfahren zu müssen – oder war da mehr, als dieses übliche Geschwatze zwischen Therapeut und Patient?

Dean erinnerte sich, dass Nathan die Kleidung von Ärzten nicht leiden konnte, und plapperte hastig: „Ich ziehe auch gerne meinen Kittel aus."

Gesagt, getan. So schnell konnte Nathan gar nicht gucken, da saß Dean normal bekleidet wieder neben ihm.

„Besser?", fragte er mit einem unschuldigen Dackelblick.

Nathan lächelte. „Danke dir."

Dean zwinkerte.

Tief atmete Nathan durch.

„Lass dir Zeit", hauchte Dean ihm besorgt zu.

„Geht schon", wisperte er und fuhr mit seiner Geschichte fort.

Gespannt hörte Dean zu.

„Als ich aus dem Bad ging und mich wieder einmal in meinem Zimmer verschanzte, lag ich den ganzen Tag nur mit Herzrasen auf meinem Bett. Der Samstag verlief nicht viel anders. Die ganze Zeit über war mir schlecht, mein Herz raste. Am Sonntag konnte ich einfach nicht mehr. Wie ein Stückchen Elend saß ich auf meinem Bett. Unerwartet kam mein Vater ins Zimmer. Zuerst wollte er etwas, das spürte ich, doch als er mich dann anguckte, bekam ich zum ersten Mal das Gefühl, er würde sich Sorgen um mich machen.

„Geht es dir echt so schlecht?", fragte Hendrik. Ich nickte und ließ mich dann weinend in seine Arme fallen. Nach kurzer Tröstung forderte er mich auf, ein paar Sachen zu packen. Er würde mich mit seiner Frau ins Krankenhaus bringen. Das tat er auch, auch wenn wir einen langen Umweg gefahren sind, weil er ja noch so dringend etwas erledigen musste.

Im Krankenhaus angekommen, ließ man uns erst einmal warten. Ein gebrochenes Handgelenk war einfach wichtiger als jemand, der seit Wochen Herzrasen hatte. Während wir also warteten, saß ich die ganze Zeit über gekrümmt da. Mir war schlecht, und ich hatte immer die Befürchtung, mich gleich übergeben zu müssen.

„Schuster?", rief endlich eine Frau in Weiß. Ich blickte zu ihr auf. „Sie können dann jetzt bitte mitkommen", meinte sie und führte uns in einen Behandlungsraum, der alles andere als angenehm warm war. „Der Arzt wird gleich zu Ihnen kommen." Sie schloss beim Hinausgehen die Schiebetür. Als ich mich umsah, wurde mir ganz anders. Der Raum war groß und erinnerte mich an eine Folterkammer."

„Wie aus einem dieser Horrorfilme. Man kommt rein, aber nie mehr heraus …"

Dean erkannte, dass Nathan leicht weggetreten zu sein schien. „Nathan?"

„Hm?"

„Alles in Ordnung?"

Nathan sah in die besorgten Augen. „Entschuldige", murmelte er und erzählte weiter.

Wieder durften wir warten und warten und warten. Dann, nach einer gefühlten Ewigkeit, kamen gleich zwei Ärzte herein. Einer mit Glatze, der andere mit Brille. Beide waren mittleren Alters und schienen vollkommen von sich überzeugt zu sein.

„Hallo", grüßte der mit der Brille. Ich erinnere mich nicht mehr an seinen Namen, also bleibt er der Arzt mit der Brille und der andere – der Kahlkopf.

„Wie kann ich Ihnen weiterhelfen?", fragte er mich. Doch bevor ich antworten konnte, übernahm mein Vater das Wort.

„Ihm ist die ganze Zeit über schlecht. Schon seit Wochen."

Wieso hatte er das gesagt? Mein Herzrasen ist doch bei Weitem schlimmer!

„Ich verstehe."

„Und sein Herz rast ununterbrochen", gab Hendrik, in der Ecke stehend, von sich. Bianca, die ebenfalls anwesend war, hielt sich zurück.

„Herzrasen?", fragte der Arzt mich mit großen Augen. Ich nickte. „Ziehen Sie mal bitte Ihr Oberteil hoch." Hastig griff er nach dem Stethoskop.

Nun fragte mich der andere: „Haben Sie irgendwelche psychischen Probleme, Stress, Ärger?"

„Hat er nicht", warf mein Dad schnell ein.

„Sie habe ich nicht gefragt", brummte der Kahlköpfige. „Irgendetwas Schlimmes passiert?", erkundigte er sich erneut, als sein Kollege dabei war, mein Herz abzuhören und mir danach die Manschette um den Arm legte, um meinen Blutdruck zu messen.

„Nein", sagte ich und schüttelte mit dem Blick auf den Boden den Kopf.

„Etwas hoch", bemerkte der mit der Brille, als er fertig gemessen hatte.

Hendrik war neugierig. „Und – wissen Sie schon, was er hat?"

Genervt rollte der Kahlköpfige mit den Augen.

„Weil ihm ist ja andauernd übel und …"

„Herr Schuster!", unterbrach er ihn gereizt. „Lassen Sie mich jetzt bitte mit Ihrem Sohn reden. Wenn es nicht funktioniert, muss ich Sie bitten, draußen Platz zu nehmen."

Der Doc mit der Brille begann mich zu mustern. „Wie fing das Ganze denn an?"

Ich erzählte ihm von jener Nacht, doch so wirklich konnte er mir anscheinend nicht folgen.

Urplötzlich musste ich an etwas ganz Schlimmes denken. „Bekomme ich jetzt eine Magenspiegelung?"

„Nein, mit Sicherheit nicht", lachte der Kahlköpfige.

Mir fiel ein Stein vom Herzen, denn ich hatte mir eine Magenspiegelung immer total grausam vorgestellt. Gefesselt auf einem großen Rad, Arme und Beine festgebunden und ein langer Schlauch im Hals. Wahrscheinlich sah ich einfach nur zu viele Horrorfilme.

„Müssen Sie ihn hierbehalten?", wollte Hendrik wissen. Mir war sofort klar, warum er fragte. Schließlich musste ja jemand einkaufen gehen und den Haushalt schmeißen. Wer sonst sollte es machen, wenn ich nicht da war?

„Ihr Sohn muss auf jeden Fall hierbleiben", antwortete Brilli. Er sah seinen Kollegen an und sprach in irgendeiner seltsamen Fachsprache. Sein Blick traf mich wieder. „Wir werden Ihnen gleich eine Schwester schicken, die Sie in den fünften Stock bringen wird."

„Der fünfte?", wiederholte Bianca verblüfft.

„Ja, wieso?", stutzte der mit der Brille.

„Nichts. Mein Vater lag auch letztens in der Inneren."

Allein das Wort *Innere* ließ die Angst in mir wachsen. Der Kahlköpfige blickte mich an und lächelte. So wirklich verstand ich nicht, was er mir damit sagen wollte. „Ihr Blutdruck ist leicht erhöht, aber am Herzen konnte man nichts hören", versicherte er mir. Erleichtert seufzte ich auf, doch kaum eine Sekunde später nahm er mir meine gerade erst erlangte Hoffnung wieder. „Das kann natürlich aber auch ganz anders sein." Er stand auf und ging mit seinem Kollegen davon.

Geschockt sah ich ihm nach und schluckte. Als die Schwester kam und wir gemeinsam zum Fahrstuhl gingen, wurde mir ganz anders. Die Tür öffnete sich. Kaum fuhren wir hoch, verspürte ich wieder dieses Stechen in meiner Magengegend. Die Pumpe wurde schneller, und ich merkte, wie meine Angst wuchs. Die Menschen um mich herum wurden mir einfach zu viel. Als die Tür sich wieder öffnete, war ich mehr als froh, doch diese Erleichterung schlug schnell wieder in pure Enttäuschung um, als ich das Zimmer sah, indem ich die nächsten Tage übernachten sollte.

„Folgen Sie mir bitte", forderte die fröhliche Krankenschwester. Das tat ich, wenn auch nur sehr ungern, denn das Zimmer, in dem ich nun stand, hatte nicht nur ein Bett, nein. Es waren auch keine zwei, drei, vier oder fünf – es waren ganze sechs, und drei waren bereits belegt. Dabei wollte ich nichts weiter als meine Ruhe.

„Ihres ist das am Fenster", lächelte sie.

Links im ersten Bett lag ein Mann Mitte vierzig, der irgendein Problem mit seinem Bein hatte. Gegenüber ein älterer Herr, der, wie sich später herausstellte, unter einer Herzschwäche litt. Genau das, was ich brauchte. Neben dem Herrn lag ein noch älterer Mann, der ständig seinen Rotz auf sein Laken spuckte. Das Bett neben ihm war leer. Neben meinem lag zum Glück niemand.

Bianca verstaute meine Sachen in einem kleinen Schrank, den vor mir schon tausend andere genutzt hatten. Alles in diesem Zimmer kam mir so tot vor. Als ob der Tod nur wenige Schritte von mir entfernt stünde. Es fühlte sich merkwürdig an, und als ich aus dem großen Fenster blickte, wurde mir erst recht ganz anders. Aus der Ferne konnte man meine alte Heimatstadt, in der ich zuvor etliche Jahre gelebt hatte, sehen. Wie gelähmt starrte ich hinaus.

„Alles in Ordnung?", wollte die Krankenschwester von mir wissen. Ihre Stimme klang so herzlich, so besorgt.

„Klar, sicher doch", log ich.

Nach einer knappen halben Stunde verabschiedete sich mein Vater mit den Worten: „Ich würde ja länger bleiben, aber ich muss zu Hause noch so viel erledigen. Aber Bianca kommt morgen vorbei und bringt dir noch ein paar weitere Sachen. Pantoffeln und so …"

„Ist gut", gab ich in mich gekehrt zurück.

„Brauchst du sonst noch etwas?"

„Nein, passt schon", antwortete ich mit einem gespielten Lächeln. Er verabschiedete sich mit einer kurzen Umarmung und verschwand.

„Wir sehen uns dann morgen nach der Arbeit", rief Bianca quer durch den Raum und folgte ihrem Mann.

Da saß ich nun – allein. Nun ja, zumindest fühlte ich mich allein. Der eine Patient hörte Radio, der andere sah fern und der dritte hustete ständig. Dabei wollte ich nur eines: Ruhe. Doch die bekam ich nicht. Zum Abendessen gab es nichts, schließlich war ich zu spät ins Krankenhaus gekommen. Den anderen beim Mampfen durfte ich jedoch zusehen.

Als die Schwester später hereinkam, streckte sie mir ein Fieberthermometer entgegen und legte mir eine Tablette auf den kleinen Nachtischschrank. Ein Blick darauf genügte, um meine Laune noch tiefer in den Keller sinken zu lassen. Vomex gegen Übelkeit. Zehn Stück hätte ich schlucken können. Die Wirkung wäre immer die gleiche gewesen. Keine Veränderung, nichts.

Meine Körpertemperatur war normal. Der Blutdruck ein wenig erhöht. An diesem Abend fand ich wirklich sehr schwer in den Schlaf.

Die Nacht hatte noch nicht einmal richtig für mich begonnen, da wurde ich um Punkt sechs Uhr auch schon wieder aus dem Bett geschmissen. Schlafen schien in diesem Krankenhaus ein Privileg zu sein. Allerdings nicht meins. Erneut eine Blutdruck- sowie Fiebermessung, und dann kam die Spritze. Mein Blut wollten sie, und das nicht zu wenig. Danach war mir ganz anders im Kopf. Immerhin gab es jetzt aber ein Frühstück. Je eine Scheibe Brot, Käse und Salami und einen kleinen Joghurt. Es war ein Witz. Immerhin war mein Hunger schon immer sehr groß gewesen. Das Brot war sehr schnell weg, doch der Gedanke an das Milchprodukt ließ mir einen kleinen Schauer über den Rücken laufen. Gegessen habe ich ihn trotzdem, auch wenn mir danach total schlecht war. Mein Hunger jedoch, der blieb.

Dann lag ich da. Drei Stunden lang, und nichts geschah, bis eine Krankenschwester ins Zimmer kam und mich bat, mitzukommen. Wieder ging es in den Fahrstuhl. Die fünf Stockwerke kamen mir wie eine halbe Ewigkeit vor. Mit zittrigen Knien folgte ich ihr quer durch das quietschgelbe Krankenhaus. Gelb, die Farbe der Lebensfreude. Doch in diesem Fall wohl eher die Farbe zum Übergeben. Wenn ich zurück an diesen Ort denke, dann wird mir immer noch ganz anders. Er hatte etwas an sich, was man einfach nicht erklären kann. So voller Trauer, Schmerz und Tod.

„Setzen Sie sich bitte und warten Sie", meinte die Schwester mit einer gekonnten Handbewegung zum Stuhl. Ich nickte und kam ihrer Aufforderung nach. Die ganze Zeit über fragte ich mich, was jetzt wohl passieren würde, doch meine Neugierde sollte auf die Probe gestellt werden, denn man ließ mich eine sehr lange Zeit warten.

„Herr Schuster", rief Ewigkeiten später ein dürrer Arzt, dessen Kopf aus einer der vielen Türen blickte. Langsam begab ich mich zu ihm. Schon jetzt raste mein Herz aus unerklärlichen Gründen, und das Schlimmste dabei war, dass ich es andauernd mitbekam. Früher hatte ich mein Herz nie gespürt. Egal, wie viel Angst, Wut oder Trauer ich in mir hatte.

„Hallo", sagte er und schüttelte meine Hand. Wieder erinnerte mich mein Umfeld an den puren Tod. Alles war so düster – wie in einer Fabrik, nur mit weniger Computern und Lärm. „Machen Sie bitte den Oberkörper frei und legen Sie sich dann seitlich auf diese Liege", forderte er. Langsam zog ich mir mein Oberteil aus. Es fröstelte mich, und ich begann zu zittern. Er nickte, als ich Platz nahm und mich auf die Seite legte.

„Was machen Sie denn jetzt?", fragte ich angsterfüllt.

„Sie haben seit drei Wochen Herzrasen?", erkundigte er sich.

Wie ich es doch liebe, wenn man mir auf meine Frage gleich eine Gegenfrage stellt.
„Ja, habe ich."

„Ich werde mir jetzt per Ultraschall Ihr Herz angucken, also ganz ruhig, und versuchen Sie nicht zu zittern."

Der hatte gut reden. *Nicht zittern*, dachte ich und wäre am liebsten heulend davongerannt. „Ich versuche es ja", murmelte ich leise.

„Es wird kurz kalt", sagte er, als er irgendeine Flüssigkeit auf meiner Brust verteilte.
Männerhände auf meinem Oberkörper. Es sind die zweiten … leider die falschen.

Auf der Seite liegend, konnte ich mein Herz auf der Liege spüren. Alles andere als angenehm, eher ekelhaft. Er schnappte nach dem Ultraschallkopf und fuhr damit langsam über meine Brust. Und frag den Teufel, wieso oder warum, aber mit einem Satz fing meine Pumpe noch schneller an zu schlagen.

„Beruhigen Sie sich, atmen Sie tief ein und wieder aus."
Der hat gut reden!
„Keine Ahnung, warum es schon wieder so schnell schlägt."

„Versuchen Sie sich zu beruhigen", brummte er und schien plötzlich etwas gereizt zu sein. Als ob es meine Schuld wäre, dass mein Herz blitzartig solch einen Marathon lief. Zehn Minuten lang fuhr er auf meiner Brust hin und her.

„Ihr Herz ist so weit in Ordnung. So wie es bei einem achtzehnjährigen jungen Mann sein sollte", erklärte er. Doch beruhigend waren seine Worte keinesfalls, schließlich blieb der Puls konstant auf knapp über einhundert.

„Und wieso schlägt es dann so schnell, und warum ist mir immer so übel und …"

„Das wird man schon noch herausfinden", unterbrach er mich und überreichte mir ein paar graue Tücher zum Abwischen. „Sie können sich dann wieder anziehen und zurück auf Ihr Zimmer gehen."

Dem kam ich nach, und als ich endlich wieder in meinem Zimmer war, griff ich als Erstes nach meinen Zigaretten. In Windeseile lief ich die Treppen zum Raucherraum hinunter, der sich im zweiten Stock befand. Beim Öffnen der Glastür wurde ich schlagartig von einem ekelhaften Nebel erfasst. Es stank unerträglich. Dort zu qualmen, war einfach nur abartig. Nach ein paar Zügen verließ ich diese stinkende Bude und ging zurück auf das Zimmer. Vom Mittagessen möchte ich lieber nicht reden. Genauso wenig wie vom Abendbrot. Was mich allerdings total nervte, war der ganze Besuch, den meine Bettgenossen bekamen. Natürlich freut man sich als Patient über Besucher, doch ich ertrug einfach keine Menschen um mich herum, und ich wusste nicht wieso.

Bianca kam spätabends kurz vorbei, um mir ein paar Sachen zu bringen und verschwand ziemlich schnell wieder. Als ich dann später im Bett lag, erinnerte ich mich an die Worte meines Arztes: „Die haben da auch viel mehr Möglichkeiten, als ich sie habe."

„Mehr haben die Ärzte an diesem Tag nicht mit dir gemacht?", wollte Dean wissen.

„Nein – da der Ultraschall in Ordnung war, sind sie wohl davon ausgegangen, dass sie sich keine großen Sorgen machen müssten …"

„Höchstwahrscheinlich", gab Dean überlegend zurück. „Und was geschah dann?

„Nun ja", erinnerte Nathan sich zurück.

Der nächste Morgen sowie alle anderen in dieser schrecklichen Woche verliefen alle gleich. Morgens wurde man unfreundlich um sechs Uhr aus dem Bett geworfen, es wurde Fieber gemessen und meist gab es erst zwei Stunden später ein mageres Frühstück. Am Dienstag bekam ich wieder einmal ein Langzeit-EKG-Gerät verpasst, und am Mittwoch hatte ich eine weitere Untersuchung. Wieder ein Ultraschall. Nur dieses Mal von meinem Bauch.

„Alles in Ordnung", lächelte die Ärztin mich frech an. Ich verstand die Welt nicht mehr.

Spät in der Nacht wurde ein neuer Patient ins Zimmer gebracht. Ein junger Mann. Nicht viel älter als ich. Sein Vater war total besorgt um ihn, weil er sich den ganzen Tag übergeben hatte.

Hat der ein Glück, dachte ich und musste automatisch an meinen Dad denken. So war meiner mit Sicherheit nie zu mir gewesen. Der junge Mann bekam einen Tropf und musste alle paar Minuten auf die Toilette, um seine Blase zu entleeren. Übergeben hatte er sich allerdings nicht ein einziges Mal. Als die Lichter endlich wieder ausgingen, verkroch ich mich unter meiner Decke und versuchte zu denken – irgendwas. Doch mein Kopf war leer. Kein Gedanke, den ich hätte fassen können.

Am Morgen darauf bekam der junge Mann Besuch von zahlreichen seiner Freunde. Dauernd glotzten sie zu mir rüber. Unangenehmer ging es echt nicht mehr. Meine beste Freundin besuchte mich zum ersten und letzten Mal gegen Mittag und erzählte mir von ihrem ersten festen Freund. Ein Gespräch, dem ich einfach nicht entkommen konnte. Kurz nachdem sie verschwunden war, erschien auch mein Vater mit seiner Frau. Lang blieben sie allerdings nicht. Irgendwie lustig, dass ausgerechnet an diesem Tag auch mein Opa mit seiner Frau kam. Zuvor aber, als ich allein in dem Zimmer auf dem Bett saß, kam ein junger Pfleger herein.

„Hallo!", rief er hocherfreut und schob einen Rollstuhl vor sich her.

„Hallo", antwortete ich.

„Bereit?"

„Hä?", gab ich stutzend zurück.

„Ich bringe dich jetzt zum Belastungs-EKG", grinste er frech.

„Aha", meinte ich und erhob mich vom Bett. „Und was wird da gemacht?", wollte ich wissen, als er den Rollstuhl vor mir abstellte, ihn umdrehte und sagte: „Setz dich, ich fahre dich."

Erst dachte ich, dass er mich verarschen will, doch er meinte es echt ernst.

„Aber …", murmelte ich verwirrt.

„Dir ist doch sowieso den ganzen Tag über schlecht, also fahre ich dich."

Es war ein Witz, wenn man bedachte, dass ich kurz darauf eine lange Zeit laufen musste. Doch ich tat ihm diesen Gefallen und ließ mich durchs Krankenhaus rollen.

„Und dir ist immer noch schlecht?", fragte er neugierig.

„Ja, den ganzen Tag über."

„Also, wie eine schwangere Frau, ja?", griente er mich an.

Ohrfeigen hätte ich ihn können. „Meistens oder eigentlich ist nur Frauen, die schwanger sind, so lange schlecht und nicht Männern, oder bist du gar kein Mann?", schmunzelte er und begann zu lachen. Eine Antwort gab ich nicht darauf, denn die hätte sehr böse und auch verletzend werden können.

Nachdem er mich ins Erdgeschoss vor den Behandlungsraum gerollt hatte, fragte er: „Soll ich dich dann auch gleich wieder abholen?"

„Nein, danke", gab ich so höflich zurück, wie es mir nur möglich war.

„Dann nicht", kicherte er und verschwand mit einem Satz um die Ecke. Kopfschüttelnd blieb ich einen Moment lang stehen.

„Arschloch", flüsterte ich und klopfte an die Tür.

„Ja, bitte?", hörte ich eine Frau. Langsam betrat ich den Raum.

„Was wollen Sie?!", fragte sie forsch.

„Ich soll zum Laufen kommen."

„Und wer sind Sie?!"

Ihr Ton gefiel mir überhaupt nicht. „Nathan. Nathan Schuster."

„Wie war das?!"

„Nathan. Nathan Schuster."

„Bitte?!"

„Nathan Schuster!", brüllte ich nun.

„Schuster?!", wiederholte sie mit einem dummen Gesichtsausdruck. Ich nickte. „Dann nehmen Sie draußen noch einen Moment Platz. Der Doktor wird Sie gleich abholen kommen!"

„Okay", flüsterte ich und hätte der Frau am liebsten auf den Schreibtisch gekackt. *So etwas Unfreundliches*, dachte ich und wartete im Flur ungeduldig auf den Arzt, der natürlich noch lange auf sich warten ließ. Als er mich dann endlich zu sich holte und mich zu diesem seltsamen Fahrrad brachte – ich musste nun doch nicht laufen –, dachte ich nur: *Nun stirbst du. Das war's dann.*

„Machen Sie bitte Ihren Oberkörper frei", stresste er mich.

Jeder wollte immer, dass ich meine Hühnerbrust präsentierte, und es nervte mich unglaublich. „Sehr schön", gestand er, als ich halb nackt vor ihm stand.

Fragend blickte ich an mir hinab. *Was? Hä?*, dachte ich und sah schon wieder diese Noppen auf mich zukommen. Dabei war meine Brust doch noch mit den Abdrücken des Langzeit-EKGs geschmückt. *So verschwinden sie nie.*

„Fangen Sie jetzt bitte an, Rad zu fahren."

„Okay ..."

„Alle fünf Minuten wird es allerdings etwas schwerer. Währenddessen überwache ich hier auf dem Monitor ...", er zeigte nach links zu einem kleinen Bildschirm, der meine Herzschlagwerte in lustigen Linien anzeigte, „Ihren Herzschlag."

„Ist gut", murmelte ich und begann zu strampeln.

„Ja, sehr gut", meinte er, als ich schon nach nur wenigen Minuten spürte, wie mein Herz jagte.

„Weiter so", spornte er mich an.

Oh Teufel ... wieso nur?!

„Weiter treten! Ja! Sehr gut!"

Seine Worte nervten mich, und irgendwann war ich mit meiner Kraft am Ende. „Ich kann nicht mehr", keuchte ich.

„Gut, trotzdem nicht aufhören, sondern langsam weiter in die Pedalen treten. Ich muss sehen, wie schnell sich Ihr Herzschlag wieder beruhigt."

Klasse, strampel du doch, du ..., aber ich konnte meinen Gedanken nicht zu Ende bringen.

„Jetzt können Sie aufhören", forderte er nach knapp zwanzig Minuten.

Als ich vom Rad stieg, konnte ich kaum noch gerade stehen. Meine Beine fühlten sich an wie Wackelpudding.

Er zeigte auf meine Klamotten und sagte: „Sie können dann zurück auf Ihr Zimmer gehen." Als ob ich nicht mehr wissen würde, wo ich diese abgelegt hatte. Gab ja auch so viele Auswahlmöglichkeiten. *Einen Stuhl!*

Wieder zurück in meinem Zimmer griff ich erneut zu meinen Zigaretten. Doch dieses Mal begab ich mich freiwillig nach draußen. Weg von den Ärzten, die mich im Notfall hätten retten können. Die frische Luft tat gut. Doch das wenige Rauchen der vergangenen Tage ließ mich beim ersten Zug der Zigarette ein wenig schwummerig werden. Freiwillig schmiss ich meine Kippe weg und ging zurück auf mein Zimmer. Spät am Abend, als dann mein Opa mit seiner Frau kam, lag ich nur im Bett herum und versuchte zu schlafen.

„Schau dir unseren Jungen an!", beschwerte Opa sich. „Der ist doch magersüchtig!"

Seine Worte waren überflüssig, und ich tat so, als ob ich sie gar nicht erst gehört hätte. Sie sahen mir die ganze Zeit dabei zu, wie ich verzweifelt versuchte zu schlafen, und es störte mich. Alle sekkierten mich: Der Mann neben mir, der stets gut gelaunt war, der Herr, der dauernd Schleim und Rotz aushustete, und der junge Bengel mit seinen Freunden.

Am folgenden Tag kam dann der Oberarzt zu mir.

Sehr freundlich. Endlich lässt sich der Chef hier mal blicken.

„Herr Schuster!"

„Morgen", gab ich mit müdem Blick zurück und stemmte mich in meinem Bett hoch.

„Wie geht es Ihnen heute?"

„Wie immer."

Er warf einen Blick in seine Unterlagen und begann zu grübeln.

„Ja, Herr Schuster. Leider ist es so, dass Ihr Herz vollkommen in Ordnung ist und wir nicht wissen, warum es so schnell schlägt."

Hatte er gerade etwa leider gesagt?, fragte ich mich und sah ihn verwirrt und gleichzeitig ängstlich an. *Wird es mir von nun an immer so gehen?* Ich sah eine düstere Zukunft auf mich zukommen.

„Leider wissen wir ebenfalls nicht, warum Ihnen andauernd übel ist."

Wie sollten Sie auch?! Schließlich gab es nur einen Ultraschall und keine grauenvolle Magenspiegelung!

„Wir werden versuchen, Ihr Herzrasen mit einem Betablocker zu behandeln", erklärte er.

Was das hieß, verstand ich allerdings nicht.

„Wir werden Ihnen ein Rezept für Ihren Hausarzt mitgeben. Dieser kann dann alle drei Wochen überprüfen, ob Sie das Medikament vertragen und ob es gut anschlägt, ja?"

Ich nickte. Etwas anderes blieb mir ja auch nicht übrig. Er verabschiedete sich mit einem Händedruck und ging zum nächsten Patienten.

Als Bianca mich nach meiner Entlassung abholte, begann plötzlich der ältere Herr aus meinem Zimmer mit uns zu sprechen.

„Das wird schon wieder", versicherte er mir in einem beruhigenden Ton. Fragend sah ich ihn an. „Ich bin schon alt. Meine Pumpe schlägt nicht mehr lange, aber du", er lächelte voller Hoffnung, „du bist noch jung und hast das ganze Leben noch vor dir. Ich habe mein Leben gelebt, und du wirst es auch wieder tun. Vertraue mir."

Seine Worte brachten mich fast zum Heulen, während Bianca ihn nur anlächelte und dann meinte: „Ihnen alles Gute!"

Im Auto angekommen, las sich Bianca den Bericht durch. „Warum haben Sie dir das Medikament denn nicht schon im Krankenhaus gegeben?!"

Nichts ahnend schüttelte ich den Kopf. Wir fuhren zu meinem Hausarzt. Dumm nur, dass dieser schon um dreizehn Uhr seine Praxis schloss. Zu Hause sah mein Vater mich betrübt an, und als ich meine Zimmertür öffnete, konnte ich meinen Augen nicht trauen. Alles war durcheinander, und wie es aussah, hatte jemand in meinem Bett geschlafen. Natürlich kriegte ich mich sofort mit meinem Dad in die Wolle, doch nachdem ich mich später schluchzend auf meine Schlafcouch warf, nahm er mich in die Arme und versicherte mir, dass wir schon herausfinden würden, was ich hätte.

Dean schluckte und sah Nathan an, der starr nach vorn blickte.

„Hey", hauchte er.

„Ich erinnere mich genau an diesen Tag", flüsterte Nathan. „Wir saßen später zusammen am Küchentisch, und das Essen sah einfach nur köstlich aus. Doch kaum ein paar Bissen hinuntergeschluckt, wurde mir wieder total übel."

„Nathan", wisperte Dean, als er sah, dass Tränen an dessen Wangen herunterliefen. „Hey …"

„Ich …", schluchzte Nathan leise, „möchte jetzt bitte allein sein."

„Nathan, ich …"

„Bitte", flehte er.

„Okay", nickte Dean und stand vom Bett auf. Mit einem nachdenklichen Blick zu Nathan schnappte er seinen Kittel und ging aus dem Zimmer. Nathan hingegen legte sich auf die Seite und brach leise in Tränen aus.

7. KAPITEL

Ohne es zu wollen, schaute Nathan am frühen Morgen in ein Gesicht, welches er mit Sicherheit nicht hatte sehen wollen. Ganz bestimmt nicht, und dennoch sah er beim Öffnen seiner Augen direkt in die schauderhaft grinsende Fratze von Jennifer, die ihn genau bekiekte.

Einen Moment lang blickte er sie fassungslos an, bis er genervt sagte: „Was willst du denn von mir?!"

Sie lächelte. „Hallo, Neuer", meinte sie hocherfreut. „Ich bin Jennifer, deine neue Zimmergenossin."

„Das darf doch nicht wahr sein!", fluchte Nathan und rollte sich auf die andere Seite.

„Und?", fragte sie. „Hast du gut geschlafen?"

Nathan knurrte leise vor sich hin. Ohne um Erlaubnis zu fragen, nahm sie auf seinem Bett Platz und streifte mit ihren Fingerspitzen über das Bettlaken. Er schaute über die Schulter. „Was willst du?!", giftete er übel gelaunt.

„Es schneit." Sie lugte zum Fenster.

„Hä, was?!" Er folgte ihrem Blick und stemmte sich langsam hoch. „Es ist schon Winter?"

„Noch nicht ganz", sagte sie. „Wir haben noch Herbst, aber bald ist es so weit."

„Bald ist es so weit?", wiederholte er.

„Ja, dann ist es Winter, und dann kommt der Weihnachtsmann wieder."

„Scheiß doch die Wand an!", jammerte Nathan und verkroch sich unter seiner Decke.

„Du möchtest anscheinend noch weiterschlafen." Sie erhob sich vom Bett. „Dann gehe ich jetzt in den Gemeinschaftsraum. Du kannst ja später nachkommen, wenn du möchtest. Ich würde mich freuen." Schmunzelnd ging sie aus dem Zimmer.

Nathan schnaubte. „Ja, du mich auch!"

჻

Knapp eine Stunde später lief Nathan in Schlabberhose, Shirt und Hemd sowie Sneakers durch den Flur. Als er an der offen stehenden Zimmertür von Alexander vorbeikam, sah er den Autisten mit dem Rücken zu sich auf dem Bett sitzen.

Für einen Moment lang versank Nathan in seinen Gedanken und erinnerte sich zurück. Er erkannte, dass er sich noch gar nicht für Alexanders Hilfe bedankt hatte. Außerdem war da irgendetwas zwischen ihnen – etwas, was er nicht verstand. Doch er wollte es herausfinden, und wie es aussah, war jetzt der richtige Augenblick. Vorsichtig begab er sich ins Zimmer. „Hey", lächelte er unsicher.

Erschrocken drehte Alexander sich um und blickte ihn panisch an. Einige Sekunden passierte überhaupt nichts, doch mit einem Mal sprang er auf und lief in die linke Ecke des Raumes. Ängstlich ging er in die Hocke, starrte auf den Boden und begann mit dem Oberkörper vor und zurück zu wippen.

„Du musst doch keine Angst haben", versicherte Nathan besorgt. „Ich tu dir nichts." Zögernd trat er näher und ging in die Knie. „Ist alles in Ordnung?" Liebevoll strich er mit seiner Hand über Alexanders Haar. „Was hat man mit dir gemacht?" Seine Fingerspitzen berührten sanft Alex´ Wange.

Nathans Berührung verwirrte Alexander total. Er zuckte kurz auf, doch dann sah er ihm tief in die Augen und schien zu verstehen, dass er vor Nathan keine Angst zu haben brauchte. Sein Mund öffnete sich leicht, als ob jeden Moment Worte aus ihm kommen würden.

„Du kannst ruhig mit mir reden", wisperte Nathan mit Tränen in den Augen. Endlich wollte er wissen, wie sein Gegenüber klang. „Ich will dir nichts Böses."

Alexander schluckte schwer. Voller Hoffnung starrte Nathan auf die leicht bebenden Lippen. Doch ehe Alexander auch nur einen Piep von sich geben konnte, stand Doktor Schlaus unerwartet im Türrahmen und erschreckte sie.

„Herr Schuster!", fluchte er.

Erschaudert zuckten beide zusammen. Nathan schaute über die Schulter, während Alexander abrupt das Weite suchte.

„Aber?!", stutzte Nathan und sah ihm nach.

„Was machen Sie hier?!", murrte der Chefarzt, der ebenfalls einen kurzen Blick auf den davonrennenden Alexander warf. „Sie haben hier nichts zu suchen!"

Genervt rollte Nathan mit den Augen und erhob sich. „Ich habe nur versucht, mit ihm zu reden!", stellte er mit vor der Brust verschränkten Armen klar.

„Dazu haben Sie aber nicht die Befugnis!"

Fassungslos schüttelte Nathan seinen Kopf. „Ich werde mich ja wohl noch mit anderen unterhalten dürfen!"

„Aber nicht mit Alexander!"

„Ach, und wieso nicht?!"

„Er redet nicht!"

„Vielleicht redet er ja einfach nur nicht mit Ihnen!"

„Er redet mit niemandem. Und mit Ihnen schon gar nicht."

„Was soll das denn heißen?!", giftete Nathan.

„Nathan!"

„Was?!"

„Alexander ist Autist. Er wird Ihnen niemals antworten können."

„Nein", trotzte Nathan.

Doktor Schlaus stutzte. „Wie nein?"

„Woher wollen Sie wissen, dass er Autist ist?"

„Nathan …"

„Ich meine …", unterbrach Nathan ihn rasch, „… man hat ihn doch hierher gebracht, nachdem man ihn an irgendeiner Straße gefunden hatte … vor diesem brennenden Auto."

„Woher …?"

„Soviel ich weiß, haben Sie ihm den Namen gegeben, weil Sie seinen echten nicht kennen."

„Das ist eine komplizierte Geschichte – etwas, was Sie nicht zu interessieren hat."

„Sie wissen doch noch nicht einmal, ob er überhaupt Autist ist."

„Übertreiben Sie es nicht!", warnte Schlaus ihn.

„Sonst was?!"

„Sie sollten sich vielleicht nicht so aufregen. Schließlich haben Sie gerade erst einen Herzinfarkt überstanden."

„Ja! Dank Ihnen!", meckerte Nathan außer sich und rannte wütend aus dem Zimmer.

„Sie können hier nicht einfach das machen, was Sie wollen!", brüllte Doktor Schlaus ihm nach, doch Nathan ignorierte die Worte und stürmte die Treppe hinunter.

Dean, der gerade die Eingangshalle durchquerte, lächelte, als er Nathan sah. Freundlich grüßte er ihn, doch Nathan ignorierte ihn und eilte aus dem Gebäude.

„Nathan?", flüsterte Dean und blickte verwirrt die Treppe hoch. Sein Chef, der am Treppenabsatz stand, sah ihn erbost an und schüttelte nur den Kopf. Was geschehen war, wusste nur Schlaus – und dieser würde es ihm mit Sicherheit nicht erzählen. Perplex ging er zurück an die Arbeit.

❧ ❧

Nathan betrat währenddessen den verschneiten Park und blieb schlagartig mit dem Blick auf das viele Weiß unter sich stehen. So etwas Schönes und Friedvolles hatte er schon lange nicht mehr gesehen. Er streifte eine braune Haarsträhne hinters Ohr und ging in aller Ruhe durch den Schnee. Ein dezentes Lächeln flog ihm über die Lippen, als er sich umsah und die Schönheit der Natur nicht wahrhaben wollte. Viel zu lang hatte er all die ansehnlichen Dinge um ihn herum einfach ignoriert – doch jetzt stand er mittendrin. Ein wohliges Gefühl machte sich in ihm breit.

Dann sah er ihn: Alexander. Er stand mit gesenktem Kopf an einem Baum und rieb nervös die Hände aneinander.

„Alexander?", rief Nathan.

Verängstigt blickte Alexander hin und her, als er plötzlich eine Hand auf seiner Schulter spürte und sofort zusammenzuckte.

„Hey", lächelte Nathan ihn an und stellte sich neben ihn. Schnell wandte Alexander ihm den Rücken zu.

„Du willst wohl nicht mit mir reden, was?", meinte Nathan und fuhr durch seine Haare. „Liegt wohl daran, dass ich seit Tagen nicht mehr duschen war", brabbelte er mit einem Blick auf die lange, fettige Strähne. Alexander gab natürlich keine Antwort. „Hab schon verstanden … schon klar." Er bekam das ungute Gefühl, dass Alexander gar nichts mit ihm zu tun haben wollte. Wortlos ging er davon. *Ich sollte mir nichts vormachen. Er ist nicht er – er wird es niemals sein.* Doch dann hörte er plötzlich einen Ast knacken. Hastig drehte er sich um. Ihre Blicke trafen sich. *Er sieht aus wie er.*

Der kalte Wind wehte über Nathans Kopf. Mit einem Atemzug schloss er kurz seine Augen, doch als er sie wieder öffnete, war Alexander wie vom Erdboden verschluckt.

„Aber?", stutzte er mit gerunzelter Stirn und blickte um sich. Keine Spur mehr von Alexander. Stattdessen registrierte er Dean, der ihn durch das Fenster des Gemeinschaftsraumes immer wieder flüchtig beobachtete und dabei einen Patienten zudeckte. Erneut schloss Nathan für einen Moment die Augen, bevor er sich zügig zurück ins Innere der Anstalt begab. Er stürmte die Treppe hoch und spürte jäh wieder sein Herz, das wie wild in seinem Brustkorb schlug. Ruckartig blieb er stehen und fasste sich an die Brust.

„Nathan?", rief Dean, der plötzlich unten an der Stiege stand und zu ihm hochsah. „Alles in Ordnung?"

Mit einem Mal begann Nathan zu hyperventilieren. „Mein … mein Herz", flüsterte er panisch.

„Nathan?!" Dean reagierte blitzschnell und stürmte zu ihm hoch. „Was hast du?!"

„Mein Herz …", japste Nathan. Seine Gliedmaßen begannen zu kribbeln, die Luft wurde immer dünner. Sein Gesicht verlor an Farbe.

„Ist es jetzt so weit?", fragte er Dean und verlor kurz darauf das Bewusstsein. Schnell fing Dean ihn auf und tastete nach Nathans Halsschlagader. Das Herz überschlug sich förmlich.

„Du stirbst mir hier jetzt nicht weg!", fluchte Dean und trug ihn so schnell er konnte in einen der Behandlungsräume, in dem mehrere Liegen und Ultraschallgeräte standen.

„Du schaffst das schon!", versicherte Dean und legte Nathan vorsichtig auf die Liege. Stürmisch nahm er auf dem Hocker Platz, schob Nathans Oberteil nach oben und griff zu einer Tube. „Ich werde mir jetzt selbst ein Bild von deinem Herzen machen, hörst du? Nathan?!"

Eilig verrieb er die Flüssigkeit aus der Tube auf Nathans Brust und griff nach dem Ultraschallkopf. Doch zu einer Untersuchung sollte es nicht kommen, denn Schlaus war ihnen gefolgt und riss mit einem Satz die Tür auf.

„Harris!", brüllte er erbost.

Erschrocken blickte Dean über die Schulter. „Ich muss das jetzt machen!"

„Nein!", fauchte Doktor Schlaus und ging rasch auf ihn zu.

„Doch!", schnauzte Dean und wollte gerade mit dem Gerät über Nathans Brust fahren, als Schlaus es ihm auch schon aus der Hand riss. „Ich sagte: nein!"

„Was zum Teufel tun Sie da?!", wetterte Dean fassungslos und sprang vom Hocker auf. „Ich muss sein Herz untersuchen!"

„Dazu hast du nicht die Befugnis, und soweit ich weiß, habe ich dir dies schon einmal gesagt!"

„Sein Herz!", versuchte Dean zu erklären, als er plötzlich die Spritze in der Hand seines Chefs sah, der diese an Nathans Arm ansetzte. „Was machen Sie da?!"

„Das ist das Einzige, was ihm hilft", erklärte er.

„Aber …

„Ruhe jetzt!", forderte Doktor Schlaus und begann die Flüssigkeit in Nathans Vene zu spritzen.

„Was zum Teufel spritzen Sie ihm da eigentlich?!", wollte Dean wissen, doch statt zu antworten, griff Schlaus nach Nathans Handgelenk und zählte mit einem Blick auf seine Armbanduhr den Puls des Bewusstlosen.

„Sein Puls stabilisiert sich langsam wieder – vierundachtzig"

Doch Dean wollte sich selbst davon überzeugen und griff nach dem anderen Handgelenk. Zornig sah er seinen Chef an. „Was haben Sie ihm da gespritzt?"

„Du kannst meinetwegen alles essen, aber du musst längst nicht alles wissen", gab Doktor Schlaus zynisch zurück und ließ Nathans Handgelenk los. „Du kannst ihn jetzt zurück in sein Zimmer bringen und von mir aus solange bei ihm bleiben, bis er wieder zu sich kommt. Sobald er allerdings wach ist, sagst du mir Bescheid!"

„Sollte ich nicht lieber doch noch ein Ultra …"

„Nein!", unterbrach Schlaus ihn wütend. „Diese Untersuchungen habe ich alle schon gemacht!"

„Aber vielleicht …"

„Harris!", schnauzte er. „Jetzt ist Schluss!"

Wütend sah Dean zur Seite. Für einen Moment fragte er sich, ob dies wirklich das Leben war, worauf er hingearbeitet hatte. Noch nie konnte er es leiden, wenn ihm jemand Vorschriften machte, und um Schlaus dies zu verdeutlichen, griff er mit grimmigem Blick zu seinem Chef unter Nathans Rücken und hob ihn langsam hoch.

„Da vorn sind Liegen – da kannst du ihn hinlegen und ihn auf sein Zimmer fahren", meinte Schlaus, doch Dean ignorierte die Anordnung.

„Ich scheiß auf Ihre Vorschriften", sagte er mit starker Stimme und begab sich zur Tür. Schlaus war überrascht und folgte ihm Sekunden später aus dem Zimmer. Er schloss die Tür und ging in entgegengesetzter Richtung davon. Keiner der beiden Ärzte bekam mit, dass Alexander hinter einer Ecke stand und sie heimlich, aber auch geschockt, beobachtete.

❧

Dean saß auf einem Stuhl neben Nathans Bett und hielt dessen Hand. In Gedanken hoffte er, dass es dem braunhaarigen Patienten bald wieder besser ginge. Hin und wieder horchte er mit seinem Stethoskop Nathans Herz ab. Immer in der Hoffnung, dass er nichts Schlimmes hören würde. Er fand es irgendwie seltsam, dass alle Herztöne ganz normal waren und er nichts Kränkliches diagnostizieren konnte.

Was stimmt nicht mit dir?, fragte er sich und begann Nathans Bauch abzutasten. Doch auch hier konnte er nichts feststellen.

Langsam öffnete Nathan seine Augen und blickte ermattet auf Deans Hinterkopf, der auf seinem Bauch lag. „Dean?"

Schlagartig richtete Dean sich auf und lächelte verlegen. „Nathan."

„Was machst du da?"

Ohne auf die Frage einzugehen, sagte er: „Wie geht es dir?"

„Was ist geschehen?"

„Du bist zusammengebrochen", erklärte Dean. „Alles okay?"

Nathan gähnte und reckte sich ausgiebig. „Erschöpft und müde."

„Schmerzen – irgendwo?"

„Nein", stutzte Nathan und richtete sich ein Stückchen hoch. Er lehnte sich an die Wand und schloss für einen Moment die Augen. „Schon wieder zusammengebrochen, ja?"

„Ja, aber …"

„Lass mich raten", unterbrach Nathan. „Schlaus."

Dean nickte. „Ja."

„War ja klar. Zum Teufel", fluchte er. „Wieso lässt ihr mich nicht endlich abtreten?"

Dean zögerte mit einer Antwort.

„Was ist?", fragte Nathan mit gerunzelter Stirn.

„Es hatte nicht den Anschein, als ob du wirklich abtreten wolltest."

„Ach, nicht?"

„Nein – im Gegenteil."

„Im Gegenteil?", wiederholte Nathan entsetzt.

„Die Angst", stockte Dean, bevor er noch einmal Anlauf nahm. „Sie war dir ins Gesicht geschrieben."

Nathan versuchte sich zu erinnern. „Ich weiß es nicht mehr", nuschelte er, als er plötzlich Alexander vor seinem geistigen Auge sah. „Alexander."

„Was ist mit ihm?", rätselte Dean.

„Ich weiß noch, dass ich draußen war und er am Baum stand … oder habe ich das nur geträumt?"

Verwundert sah Dean ihn an. „Du kannst dich nicht mehr erinnern, ob es real oder nur ein Traum war?"

Nathan schüttelte vorsichtig seinen Kopf. „Nein."

„Es ist wahr. Ihr beide standet draußen."

„Und dann bin ich …"

„Ins Gebäude gestürmt", unterbrach Dean ihn, „bevor du auf der Treppe zusammengebrochen bist."

„Oh … stimmt", murmelte Nathan. „Ich bin die Treppe hinaufgestürmt, als mein Herz plötzlich ohne jeden Grund …" Nachdenklich sah er zu Dean. „Was ist geschehen?"

Dean holte tief Luft und sagte schweren Herzens: „Ich weiß es nicht."

„Auch nicht schlecht. Ein Arzt, der nicht weiß, was geschehen ist."

Dass Nathan ihn offensichtlich verhöhnte, konnte Dean ihm nicht einmal vorwerfen. „Nathan, ich …"

„Schon gut", unterbrach Nathan ihn wieder freundlich. „Wäre nur endlich schön, wenn ihr mich mal gehen lassen würdet."

„Du weißt ganz genau, dass ich dies nicht …"

„Zulassen würde", beendete Nathan Deans Satz. „Ich weiß – und doch weiß ich nicht, wieso."

Nun zögerte Dean. „Ich, ähm …"

„Ja?"

„Ich bin Arzt", sagte Dean und stoppte, denn für einen Moment zweifelte er an seinen eigenen Worten. Er räusperte sich kurz und meinte dann mit starker Stimme: „Und als dein Arzt ist es meine Pflicht, mich um dich zu kümmern."

„Verstehe", nickte Nathan und blickte zu Jennifers leerem Bett. „Und wo ist die Königin von England?"

„Kleopatra ist wahrscheinlich unten bei den anderen und speist königlich", schmunzelte Dean und erkannte, dass Nathan bei dem Wort *speist* große Augen machte. „Hast du Hunger?"

„Einen Scheißhunger", gab Nathan hastig zurück.

„Ich hole dir etwas", lächelte Dean und stand auf. „Aber nichts Unüberlegtes anstellen", warnte er ihn höflich mit erhobenem Finger.

„Dazu habe ich gar keine Kraft", wisperte Nathan.

„Bis gleich", zwinkerte Dean und verschwand aus dem Zimmer.

ॐ

Dean staunte nicht schlecht, als Nathan anfing, das Mittagessen in Windeseile in sich hineinzustopfen. „Da scheint aber jemand mächtigen Kohldampf zu haben."

Nathan nickte und schaufelte weiter alles in sich rein, was auf dem Teller zu finden war. „Wahnsinn", sagte er, als Nathan kurz darauf laut rülpste, dann aber etwas angewidert guckte.

„Was ist?"

„Jetzt ist mir schlecht", klagte Nathan mit schwacher Stimme.

„So wie du alles in dich reingehauen hast, kein Wunder."

„Nein – Magensäure."

„Kann passieren."

Muss ich wirklich alles haargenau erklären?! „Nein, Dean!"

„Wie, nein?"

„Ich brauche Pantoprazol."

„Nathan … das hemmt zwar die Säure, ist aber eigentlich für Geschwüre und …"

„Bitte!", unterbrach Nathan ihn bettelnd.

„Du kennst dich damit aus, stimmt's?"

„Du hast meine Akte gelesen."

„Ja, schon, aber vieles habe ich nur überflogen, da ich mir gern selbst ein Bild von einem Patienten mache. Meistens zumindest."

Schmollend sah Nathan ihn an. „Dean, bitte. Ich will nur eine Tablette, damit diese Übelkeit verschwindet."

„Sollte ich dir da nicht lieber etwas gegen Übelkeit geben, statt …"

„Dean!"

Dean holte tief Luft und gab schließlich nach. „Okay, aber du wirst niemandem etwas davon sagen!"

Nathan schüttelte den Kopf „Und eine Cola wäre nicht schlecht."

Nun war Dean definitiv geschockt. „Eine Cola?!" Nathan nickte. „Du hattest vor Kurzem einen Herzinfarkt und verlangst von mir, dass ich dir eine Cola bringe?"

Wieder nickte Nathan.

„Ein Glas!", ließ sich Dean mit einem Blick in die blauen Augen erweichen. „Mehr nicht!"

„Ist gut", wisperte Nathan verlegen.

„Ich komm gleich wieder", brummte Dean etwas forsch und verschwand. Nathan stand währenddessen auf und begab sich in das kleine Bad, das nur über ein Waschbecken und eine Toilette verfügte. Er sah sich im Spiegel an und erzitterte bei seinem eigenen Spiegelbild.

„Ach du meine Güte!", erschrak er leise und betrachtete sich etwas genauer. Die Haut pickelig, ölig, die Haare fettig und Augenringe, als ob er seit Tagen keinen Schlaf mehr bekommen hätte. Knurrend griff er zu seiner Zahnbürste und putzte sich die Zähne. Dann wusch er sein Gesicht mit kaltem Wasser und trocknete es mit dem Handtuch ab, das auf einem kleinen Regal lag. Als er gerade wieder zum Bett ging, kam auch Dean zurück.

„Du sollst doch nicht aufstehen!", meckerte er gleich.

„Ich habe mir nur die Zähne geputzt und so …", nuschelte Nathan und schlüpfte wieder zurück unter die Decke.

„Hier", meinte Dean und überreichte ihm eine kleine Tablette sowie ein Glas Cola.

„Danke", lächelte Nathan und nahm das kleine Etwas mit einem kräftigen Schluck Cola zu sich. Ein lauter Rülpser folgte.

Dean machte große Augen und setzte sich neben ihn aufs Bett. „Geht es dir denn jetzt besser?"

Nathan war sichtlich erleichtert. „Viel besser."

„Das freut mich."

„Du, Dean?"

„Ja?"

„Könntest du mir noch einen Gefallen tun?"

„Hm", summte Dean und kratzte überlegend an seinem Dreitagebart. „Kommt darauf an." Er wirkte total lässig.

„Ich stinke wie ein alter Fisch, und aus meinen Haaren könnte man locker einen Becher Margarine füllen."

„Du willst baden, stimmt´s?"

„Eine Dusche würde mir schon reichen", gab Nathan mit Hundeblick zurück.

„Und du möchtest, dass ich dich begleite?"

„Zumindest draußen warten, bis ich fertig bin."

„Hast du Angst?", wollte Dean besorgt wissen.

Nathan schluckte, blickte auf seine Decke und nickte.

Dean verstand, dass Nathan die Befürchtung hatte, dass etwas Schlimmes passieren könnte. „Okay", sagte er. „Dann komm – ich bring dich zu der Gemeinschaftsdusche."

„Gemeinschaftsdusche?", wiederholte Nathan entgeistert. *Duschen dort denn mehrere gleichzeitig?*

„Ja. Hier ist es eigentlich so, dass alle Jungs und Mädchen, natürlich getrennt, an zwei verschiedenen Tagen in der Woche einmal duschen. Auf Wunsch können sie auch mal baden gehen. Eigentlich ist immer jemand dabei, der aufpasst."

„Du willst mir aber nicht wirklich dabei zusehen, wie ich mich entblöße?"

„Nein. Da ist eine Trennwand vorhanden, keine Angst."

„Okay", stammelte Nathan und stand vom Bett auf. „Na denn."

⊱⋅⋅⋅⋅⋅⋅⋅⋅⋅⊰

„Hier", meinte Dean und überreichte Nathan ein großes Badetuch, einen Bademantel sowie Shampoo und Duschzeug.

Lächelnd nahm Nathan die Sachen entgegen. „Danke."

„Ich werde mich da hinten", sagte Dean und zeigte auf einen Stuhl, der am Ende der Gemeinschaftsdusche stand, „hinsetzen, und du kannst in Ruhe duschen. Sprich, ich werde nichts von dir sehen. Also, keine Angst."

Nathan nickte unsicher und ging zu der kleinen Umkleidekabine, die aus den Schwimmbädern glich. Langsam entblößte er sich und band sich mit zittriger Hand das Badetuch um die Hüfte. Einen kurzen Moment zögerte er, bevor er sich wieder hinausbegab und zur Dusche ging. Dean hatte wie versprochen am anderen Ende des Raumes Platz genommen.

Er legte das Handtuch über die Abtrennwand und drehte den Wasserhahn auf. Das warme Nass, welches ihm mit einem Ruck entgegenkam, tat nach einer Schrecksekunde mehr als nur gut. Seine langen Haare plätteten sich rasch. Zügig begann er sich zu waschen.

Wartend auf Nathan, saß Dean weiterhin auf dem Stuhl. Wie es aussah, nahm sich Nathan reichlich Zeit – zu viel. Nach einer gefühlten Ewigkeit begann er sich zu sorgen. „Nathan?" Dean erhob sich und ging in kleinen Schritten auf die Trennwand zu. Vorsichtig blickte er um die Ecke und erschrak, als er Nathan zusammengekauert auf dem Boden sitzen und schluchzen sah. „Was hast du?"

„Ich will das alles nicht mehr!", wimmerte Nathan, während das Wasser weiterhin auf ihn niederprasselte. „Ich habe einfach keine Lust mehr."

Dean war zutiefst gerührt. Um nicht selbst in Tränen auszubrechen, musste er sich ernsthaft zusammenreißen. „Ach – Nathan", flüsterte er und nahm den Zitternden in seine Arme. Dass er von Kopf bis Fuß nass wurde, interessierte ihn nicht. Hastig krallte sich Nathan an ihm fest.

„Alles wird gut", versicherte Dean mit beruhigender Stimme.

8. KAPITEL

Verunsichert lief Nathan mit Dean an seiner Seite zurück in Richtung seines Zimmers. Andauernd zupfte er an seinem weißen Bademantel herum, als ihnen plötzlich Doktor Schlaus entgegenkam.

„Herr Harris!", rief er sofort.

Fragend sah Dean zu ihm auf. „Ja?"

Schlaus ging auf ihn zu und musterte Nathan, der auf den Boden schaute. Warum Nathan nur einen Bademantel trug und verheult war, verstand er nicht – aber er wollte es wissen. Außerdem war Dean klatschnass. „Können Sie mir sagen, wo Sie waren?"

„Ich habe Nath …", er stoppte und sah in das zornige Gesicht des Chefarztes. „Ich habe Herrn Schuster in die Gemeinschaftsdusche gebracht und gewartet. So wie es vorgeschrieben ist."

Nachdenklich blickte Schlaus auf Nathan, der ihn keines Blickes würdigte. „Gut. Dann bringen Sie ihn jetzt in sein Zimmer und kommen Sie danach in mein Büro. Ich habe etwas Wichtiges mit Ihnen zu disputieren!" Ohne ein weiteres Wort wandte er sich um und ging davon.

Entgeistert rollte Dean mit den Augen. Darauf hatte er nun wirklich keine Lust. Außerdem, wenn Schlaus in siezte, bedeutete dies meist nichts Gutes. Er sah seinem Chef, den er einfach nicht verstehen konnte, kurz nach. „Komm", sagte er zu Nathan und brachte ihn zurück ins Zimmer.

„Ach!", staunte Jennifer, als die Tür aufging und die beiden hereinkamen. „Wen haben wir denn da?" Schweigend sah Dean sie an. „Wo waren wir denn? Zusammen unter der Dusche?", neckte sie weiter.

Auf die spöttischen Bemerkungen ging Dean nicht ein, stattdessen half er Nathan ins Bett.

„Geht schon", murmelte Nathan.

„Hier." Dean überreichte ihm die Schlafhose.

„Danke, den Rest schaffe ich schon allein."

„Ich guck schon nicht hin", versicherte Dean und drehte sich zu Jennifer um, die die beiden grimmig unter die Lupe nahm.

„Ein schöner Tag, nicht?", fragte er sie, als er sich vor Nathan stellte, damit Jennifer nichts sehen konnte.

„Ein sehr schöner Tag, Herr Harris", lächelte sie. „Und wie geht es Ihnen heute?"

„Danke, gut", gab er mit einer trügerisch freundlichen Miene zurück.

„Das freut mich sehr, Herr Harris. Aber was ich noch sagen wollte …"

Gespannt sah er sie an. „Ja?"

„Man sieht Sie immer weniger bei uns Patienten. Wie kommt das?", wollte sie mit einer eindeutigen Geste zu Nathan wissen.

„Ich … ähm …", stotterte er.

„Fertig", unterbrach Nathan.

Dean war erleichtert, denn jetzt musste er nicht mehr nach einer passenden Antwort suchen. „Super!", freute er sich und drehte sich rasch um. „Ich werde nachher noch einmal nach dir sehen. Wahrscheinlich wirst du dann schon schlafen. Nur zur Sicherheit", erklärte er.

„Klar, kein Thema", nuschelte Nathan und legte sich hin.

„Gut – dann werde ich jetzt mal." Er warf einen kurzen Blick zu Jennifer. „Und du lässt ihn bitte in Ruhe. Die braucht er jetzt."

„Ich bitte Sie, Herr Harris. Was denken Sie von mir? Natürlich lasse ich den armen Nathan in Ruhe. Sich dauernd selbst das Leben nehmen zu wollen, kann ja nur anstrengend sein", frotzelte sie.

„Hey!", fauchte Dean mit erhobenem Zeigefinger. „Darüber macht man keine Scherze!"

„Schon klar. War ja auch nicht so gemeint", schmunzelte sie.

Halt dich zurück, Dean!, dachte er und verließ hastig das Zimmer.

Jennifer äugte kurz zu Nathan und zuckte abwertend mit ihren Augenbrauen.

„Harris!", bekrittelte Schlaus. Genervt rollte Dean mit seinen Augen. „Sie verachten alle Regeln, alle Anweisungen, die man Ihnen gegeben hat!"

„Aber ich …"

„Wenn ich sage, dass ich Herrn Schuster schon untersucht habe, dann brauchst du dich da nicht noch einmal einzumischen und eine erneute Palpation oder einen Ultraschall durchführen!"

Oh, jetzt duzte er ihn wieder. „Er ist zusammengebrochen, und als Arzt ist es meine Pflicht …"

„Als Angestellter ist es deine Pflicht, meinen Anweisungen zu parieren!"

Dean konnte sich einfach nicht mehr zurückhalten. „Jetzt hören Sie mal!", meckerte er. „Ich bin doch nicht Ihr Schoßhündchen, das macht, was Sie wollen!"

„Als Angestellter in meiner Klinik hast du nur das zu tun, was ich dir auftrage. Solltest du weiterhin so irresponsabel handeln …"

„Irresponsabel?!", wiederholte Dean fassungslos.

„Dann wird mir nichts anderes übrig bleiben, als dir zu kündigen!"

„Ach, jetzt wollen Sie mich schon entlassen?! Klasse, echt super!"

„Ich weiß zwar nicht, was du für eine Beziehung zu dem Patienten hast, doch ich kann so etwas nicht dulden!"

Entsetzt sah Dean ihn an. „So etwas?! Was soll das denn bitte schön heißen?!"

„Verstehe mich nicht falsch, Harris, aber ich habe das Gefühl … du würdest dich zu viel um diesen Nathan Schuster kümmern und sorgen."

„Ich nehme einfach nur meine Pflicht als Arzt wahr!"

„Und seltsamerweise mehr um Nathan als um jeden anderen Patienten."

„Er wollte sich das Leben nehmen!"

„Er ist nicht der Erste."

Dean fehlten die Worte.

„Ich sage es dir jetzt zum letzten Mal, Harris. Untersuchungen finden nur statt, wenn ich diese veranlasse. Bis dahin bekommt Herr Schuster weiterhin seine Spritzen."

Innerlich wusste Dean, dass es sinnlos war, sich weiter mit Schlaus über Nathan zu streiten. Wenn Schlaus sich etwas in den Kopf gesetzt hatte, dann konnte man nur noch kapitulieren – etwas anderes wäre pure Zeitverschwendung gewesen.

„Ist gut!"

„Allerdings wirst du ihm diese nicht mehr verabreichen."

„Was?"

„Ich werde eine Schwester darum bitten. Von nun an hältst du dich von Nathan fern. Er ist nicht mehr dein Patient."

Mit diesen Worten hatte Dean nun wirklich nicht gerechnet. „Aber …"

„Kein aber!"

Wütend sah Dean seinen Vorgesetzten an, bevor er wortlos aus dem Zimmer stürmte und die Tür absichtlich laut zudonnerte.

Doktor Schlaus nahm auf seinem Schreibtischstuhl Platz. Er schnaubte und versank in seinen Gedanken.

ৎৎ∞৵

Nathan stand am nächsten Morgen in seiner Schlabberhose, weißem Shirt und Sneakers vor dem großen Zimmerfenster. Schon eine Weile beobachtete er den Schnee, der vom Himmel fiel und sich auf dem Boden häufte. Plötzlich hörte er leise Musik. Mit fragendem Blick ging er aus dem Raum und lief den Flur entlang. Die Musik, die ihm mit jedem Schritt lauter entgegenkam, wurde von Gelächter begleitet. Automatisch blieb er vor Alexanders offener Zimmertür stehen. Bedachtsam blickte er hinein, doch Alexander war nicht anwesend. Gerade als er weitergehen wollte, erkannte er ein weißes Blatt auf dessen Bett. Neugierig, wie er war, wollte er wissen, was auf dem Papier zu sehen war und schnappte danach. Er erstarrte und machte große Augen, als er sich selbst auf der Zeichnung erkannte. Warum Alexander ihn schon wieder porträtiert hatte und noch dazu so nachdenklich und verletzlich, verstand er einfach nicht. Grübelnd legte er die Abbildung zurück und begab sich dann gedankenvoll zur Treppe, um nach unten zu gehen. Vor dem Gemeinschaftsraum blieb er schließlich erstaunt stehen. Patienten und Ärzte schmückten fröhlich zur Weihnachtsmusik den Raum. Sie besprühten die Fenster mit künstlichem Schnee, behängten die Wände mit Bildern und Sternen und stellten einen großen Weihnachtsbaum auf. Auch Dean war anwesend, doch zu Nathans Schock spaßte er mit Jennifer und Ebby herum.

„Nathan!", erschreckte ihn plötzlich eine Krankenschwester, die hinter ihm stand und ihn unbeschwert anlächelte. „Freut mich, dass du auch gekommen bist!"

Kurz sah Nathan sie an. „Ja", sagte er und blinzelte wieder zu Dean, der ihn zwar bemerkt hatte, ihn jedoch ignorierte.

„Wie geht es dir heute?"

„Danke …", gab Nathan grüblerisch zurück. Warum ignorierte Dean ihn?

„Willst du uns nicht beim Schmücken helfen?", fragte die Schwester.

Da Dean ihn jedoch nicht beachtete und er kein Interesse an all den anderen hatte, mit denen er nichts zu tun haben wollte, schüttelte Nathan den Kopf.

„Solltest du Lust bekommen, kannst du uns, wann immer dir danach ist, helfen", plapperte sie und ging weiter.

„Klar", flüsterte Nathan mit starrem Blick zu Harris.

„Oh", meinte Dean soeben erfreut zu Ebby. „Recht hast du. Ich hole es eben." Er lächelte und ging direkt auf Nathan zu.

„Morgen", begrüßte Nathan ihn, doch zu seinem Entsetzen sah Dean ihn nur einen kurzen Augenschlag im Vorbeigehen an. Nathan war völlig verdattert. Was war nur los?

Unerwartet rief Doktor Schlaus nach ihm. „Nathan!"

„Sie schon wieder", murmelte Nathan teilnahmslos.

„Wie geht es dir heute?"

„Damit wären Sie schon die zweite Person, die mich das fragt."

Verwirrt sah der Chefarzt ihn an, als plötzlich Harris wieder an ihnen vorbeiging. Schlaus erkannte sofort, dass Nathan ihm heimlich nachguckte. Schnell schaltete er. „Nathan!"

„Ja?", gab er mit dem Blick noch immer auf Dean haftend zurück.

„Willst du den anderen nicht beim Schmücken helfen?"

„Bevor ich mir diesen Scheiß hier antun werde, verrecke ich doch lieber", antwortete er gereizt. „Helfen Sie doch zur Abwechslung mal denen, die Hilfe nötig haben." Nathan ging davon.

Autsch, dachte Schlaus und blieb für einen Moment perplex stehen, bevor er sich zu den anderen begab. Was er nicht wusste, war, dass Nathan gar nicht vorhatte, zurück in sein Zimmer zu gehen. Stattdessen lief er durch das Gebäude und sah sich vorsichtig um.

„Na du!", erschreckte Bärbel ihn. Nathan zuckte zusammen und sah sie erschaudernd an.

„Du brauchst mich nicht die ganze Zeit über so vom Donner gerührt angucken", lächelte sie freundlich.

„Die, die von den Außerirdischen entführt wurde?", entfuhr es Nathan ungewollt.

„Eine klasse Geschichte, nicht?"

„Ist es denn eine?"

„Wer weiß", zwinkerte sie. Nathan sah sie verwirrt an. „Man glaubt hier doch eh nur das, was man glauben will. Aber das ist ja nicht nur hier so. Es ist überall so."

„Du bist doch verrückt", unterstellte Nathan ihr vorsichtig.

„Verrückt ist nur derjenige, der Verrücktes tut."

Aus irgendeinem Grund wusste Nathan, dass er vor Bärbel absolut keine Angst zu haben brauchte. Direkt fragte er: „Was willst du?"

„Ich habe gehört, dass du die Schnauze gestrichen voll hast …"

„Hast du etwas?", fragte Nathan voller Hoffnung.

Bärbel verstand sofort. „Willst du das wirklich durchziehen?"

„Ich möchte selbst über meinen Tod bestimmen und nicht wie auf eine Pizza darauf warten."

„Ich an deiner Stelle würde es sein lassen."

„Wozu warten, wenn es doch sowieso bald so weit sein wird?"

„Wozu die Eile? Der Tod läuft dir doch nicht weg."

„Was meinst du?"

„Du bist wichtig", sagte sie.

„Ja, und gleich sagst du mir, dass jedes Leben einzigartig ist und wir alle kleine Wunder der Natur sind", knurrte Nathan.

„Sind wir das nicht?"

„Was weiß ich", seufzte er.

„Ich bin nicht wirklich verrückt", versicherte sie urplötzlich.

„Ne, schon klar", feixte er.

„Ich wurde wirklich entführt", gestand sie. „Nur – mein Fehler war, dass ich es ein paar Ärzten gesagt habe, und seitdem bin ich hier."

„Wie meinst du das?"

„Es gibt Menschen, denen sollte man einfach nicht vertrauen. Egal, wie nett sie zu einem sein mögen. Weißt du … wir Menschen sind seltsame Wesen. Voller Wollust, Habgier, Neid …"

„Ich kenne die sieben Todsünden", unterbrach Nathan sie.

Sie nickte beeindruckt. „Wenn Menschen etwas nicht verstehen, dann bilden sie sich sehr schnell eine eigene Meinung. Sie denken nicht einmal darüber nach. Sie handeln einfach … und ihr Handeln ist oftmals falsch. Wenn sie keine Erklärung für etwas haben, schieben sie es auf die Psyche – so wie bei mir. Nachdem man mich hier eingewiesen hatte, begannen sie sehr schnell mit der Medikation", erzählte Bärbel und lachte kurz. „Entschuldige, aber die Medikamente dröhnen manchmal echt. Die hauen dir jede Gehirnzelle weg."

„Wieso lässt du es dann mit dir machen?"

„Weil ich keine andere Wahl habe."

„Die hat jeder!", stellte er klar.

„Und dennoch möchtest du den falschen Weg gehen."

„Egal, welche Abzweigung ich nehmen werde …", sagte Nathan mit schwacher Stimme, „… am Ende kommt eh das Gleiche dabei raus."

„Meine Freunde sagen mir, dass du es nicht tun solltest."

„Deine Freunde?"

Bärbel wusste, dass Nathan über ihre Antwort schmunzeln würde, dennoch sagte sie: „Die Außerirdischen."

„Ja, ne … schon klar", gab Nathan herablassend zurück. „Wirst du mir jetzt helfen?"

„Tut mir leid, aber das kann und werde ich nicht."

„Dann ist diese Unterhaltung hier völlig unnötig", motzte Nathan und ging an ihr vorbei.

„Sie haben es mir verboten", murmelte sie. Fragend drehte er sich zu ihr um. „Ich würde es tun, aber sie haben es mir verboten. Die Außerirdischen."

Genervt rollte Nathan mit seinen Augen und suchte hastig das Weite.

„Tu es nicht, Kleiner", wisperte sie.

In Gedanken vertieft lief Nathan weiter durch das Gebäude und erkannte mit einem Mal aus der Ferne den Medikamentenraum. Als jemand herauskam und die Tür offen stehen ließ, versteckte er sich schnell hinter einer der Säulen, die in der ganzen Klinik zu finden waren. Bedachtsam sah er hin und her und überlegte nicht lange. Schnell rannte er hinüber, blickte panisch um sich und peste dann durch die Tür in den Raum hinein.

„Hier müssen doch irgendwo …", fluchte er ungezügelt und riss eine Schublade nach der anderen auf. „Wo sind die?!"

Hysterisch schmiss er alle Packungen und Dosen, die ihn nicht weiterbrachten, auf den Boden. Dass er dabei einen unglaublichen Krach verursachte, realisierte er nicht.

Und dann fand er endlich das Gesuchte. Erleichtert blickte er auf die Dose und öffnete sie rasch. Seine Hand füllte sich mit Unmengen von Pillen. Soeben wollte er diese zu seinem Mund führen, als Dean ihn unverhofft bemerkte.

Harris war geschockt und raste zu ihm. „Nein!", brüllte er und schlug Nathan nicht gerade sanft die Tabletten aus der Hand.

„Was soll das?!", schnauzte Nathan und versuchte vergebens nach den Pillen zu greifen.

„Oh nein!", wütete Dean und umklammerte ihn von hinten. Dass Nathan zu strampeln begann, war ihm egal.

„Lass mich los!", forderte Nathan. „Du sollst mich …"

„Sei still!", befahl Dean, der sichtlich Probleme damit hatte, den Aufgebrachten festzuhalten. „Willst du, dass dich die anderen hören?!"

„Mir doch egal!", gab Nathan aggressiv zurück.

„Sie sperren dich noch in eine Zelle!", maulte Dean.

„Sollen diese Spinner doch!"

Dean hatte genug und drückte mit voller Körperkraft zu. „Schluss jetzt!" Nathan war auf der Stelle ruhig. Dass es ihn sehr schmerzte, wusste Dean. Doch nur so bekam er ihn endlich zum Schweigen. Langsam ließ er ihn los.

Nathan ging schluchzend auf die Knie und krümmte sich.

„Es tut mir leid", entschuldigte Dean sich und beugte sich zu ihm runter. „Aber du warst ja nicht anders zu bändigen!"

„Lass mich in Ruhe!", wimmerte Nathan.

„Hör zu, Nathan!"

„Lass mich in Ruhe!"

Wütend packte Dean ihn an den Schultern und sah ihm griesgrämig in die Augen. „Du wirst jetzt sofort verschwinden, und wir vergessen diese Sache hier einfach. Lang sind wir nämlich nicht mehr allein. Ich werde einfach behaupten, dass ich gestolpert bin", erklärte er mit einem entgeisterten Blick um sich. „Werden die mir ja auch sicher glauben."

Nathan sagte nichts.

„Hast du mich verstanden?!", meckerte Dean. „Los – verschwinde! Ich werde später nach dir sehen. Los!"

Jammernd riss sich Nathan von ihm los und eilte davon.

„Nichts als Ärger!", klagte Dean und fing an, in Windeseile das Chaos zu beseitigen.

Heulend hastete Nathan aus dem Gebäude. Dass Alexander ihm nachsah, bemerkte er nicht. Der Schnee und die Kälte waren ihm egal. Neben einem dicken Baum sackte er in sich zusammen und brach erneut in Tränen aus.

Alexander war ihm heimlich bis nach draußen gefolgt, doch er zögerte, bevor er sich in kleinen Schritten zu ihm begab. Was konnte er schon tun, um Nathan zu beruhigen? Er schluckte und nahm all seinen Mut zusammen. Behutsam berührte er Nathans rechte Schulter.

Nathan blickte sich um und sah in jenes Gesicht, welches seiner großen Liebe mehr als nur ähnelte.

Vorsichtig ging Alexander in die Knie und streifte sanft mit der Hand über Nathans Wange. Er wollte ihn besänftigen, doch verfehlte diese Berührung seine Wirkung. Nathan konnte nicht mehr länger und ließ sich schluchzend auf Alex′ Oberschenkeln nieder. Zutiefst gerührt streichelte Alexander über Nathans Haar. Eine lange Zeit klammerte Nathan sich an ihn.

Diese Wärme, die Nathan spürte, kam ihm bekannt vor. Es war merkwürdig und dennoch beruhigend. Langsam beugte er sich hoch und sah Alexander tief in die Augen.

„Du siehst aus wie er", flüsterte er und strich vorsichtig über Alexanders Gesicht, der sofort zurückwich.

„Du musst keine Angst vor mir haben", versicherte Nathan mit einem beruhigenden Lächeln. „Ich …"

„Herr Schuster!", unterbrach Doktor Schlaus ihn brüllend aus der Ferne. Nathan rollte genervt mit den Augen, während der Arzt auch schon durch den Schnee zu ihnen stapfte.

„Wenn du etwas hast, kannst du jederzeit zu mir kommen", murmelte Nathan Alexander zu. Fragend sah er ihn an.

„Nathan!", schimpfte Doktor Schlaus. „Was machen Sie da?!" Böse sah er auf ihn hinab.

Nathan stand genervt auf. „Fehlt nur noch, dass Sie mir aufs Klo folgen, und wenn wir schon mal dabei sind", klagte er und sah den Arzt erbost an, „entscheiden Sie sich endlich: Nathan oder Herr Schuster!"

„Ich möchte dich gleich in meinem Büro sehen. Wir haben eine Besprechung!"

„Ach, haben wir die, ja?", fragte Nathan gehässig.

„In mein Büro!", forderte der Chefarzt.

„Ja, sicher", gab Nathan bissig zurück und ging davon.

„Und du!", meinte Doktor Schlaus mit erhobenem Finger zu Alexander, der weiterhin auf dem Boden saß und verwirrt zu ihm aufsah. „Ab zurück mit dir ins Haus!"

Alexander sprang augenblicklich auf und rannte ruckartig ins Gebäude.

Schlaus schloss seine Augen und atmete tief durch.

~∞~

Völlig abgenervt saß Nathan auf dem Sessel und starrte in das regungslose Gesicht des Arztes. Er wippte hibbelig mit seinem Bein, blickte von links nach rechts und bewegte seine Finger nervös auf seinem Oberschenkel.

Doktor Schlaus lehnte sich in seinem Stuhl zurück und stierte ihn weiterhin schweigend an. Er kratzte sich kurz an seinem Bart.

Mal sehen, wer hier wen länger angaffen kann, dachte Nathan wütend und spielte das Spiel einfach mit. Doch lange hielt er es nicht durch.

„Können Sie endlich aufhören, mich so dämlich zu begaffen?!", beschwerte er sich. Sein Gegenüber antwortete jedoch nicht.

„Ja, sehr lustig! Können Sie mir bitte endlich mal sagen, was dieses dumme *Ich-starr-dich-an-bis-du-endlich-tot-umfällst* soll?!"

Wieder bekam er keine Antwort.

„Wollen Sie mich nicht verstehen oder hat es Ihnen bei meinem Anblick einfach nur die Sprache verschlagen?! Hallo?!", meckerte Nathan und ließ sich dann zurück gegen die Lehne fallen. „Ich glaube es einfach nicht!"

„Exaltierst du dich eigentlich immer so?", wollte Doktor Schlaus nach einer kurzen Pause plötzlich von ihm wissen.

„Oh, der Herr kann sprechen. Dass ich das noch miterleben darf!"

„Du tust es gerne, nicht?"

„Was?!"

„Exaltieren."

„Kommen Sie mir nicht mit Ihren blöden Fachausdrücken, die ich sowieso nicht verstehe!"

„Du regst dich künstlich auf."

„Nein!"

Doktor Schlaus nickte.

„Ich sage *Nein* und Sie nicken?!"

„Ich möchte, dass du mir etwas über dich erzählst."

Fassungslos sah Nathan ihn an. „Ich habe Ihnen nichts zu sagen."

„Meinetwegen", meinte Doktor Schlaus mit hochgezogenen Augenbrauen und beäugte ihn weiterhin.

„Sie wollen mich auf den Arm nehmen, nicht?!", stöhnte Nathan. „Ich weiß zwar nicht, was dieses dumme Getue von Ihnen hier soll, aber es wird mir zu dämlich!" Er stand auf.

„Wo willst du hin?"

„Hat Sie nicht zu interessieren!", gab Nathan zurück und wollte gerade die Tür öffnen, als Doktor Schlaus plötzlich sagte: „Dean ist nicht mehr für dich zuständig."

Schlagartig blieb Nathan stehen. Geschockt starrte er den Chefarzt an.

„Ich habe Doktor Dean Harris die ärztliche Fürsorge dir gegenüber entzogen, da ich der Meinung bin, dass du einfach zu viel hineininterpretierst. Und da Doktor Harris sich an die ärztliche Schweigepflicht hält und mir nicht sagen möchte, über was ihr beide geredet habt, halte ich diese Entscheidung bis auf Weiteres für angemessen. Es hilft weder dir noch mir."

„Das können Sie nicht machen …"

„Es ist meine Klinik, er ist mein Angestellter … ich schätze, dass ich es doch kann."

„Zuneigung ist Ihnen ein Fremdwort, nicht?"

„Zuneigung?", wiederholte Schlaus fragend. „Ein sehr großes Wort für jemanden, der das Leben satthat."

„Dean ist ein netter Mensch!"

„Das war er schon, bevor er dich traf."

„Sie sind echt …"

„Ja?"

Nathan warf Schlaus einen gereizten Blick zu.

„Wut ist was Tolles, nicht? Es befreit irgendwie die Seele, wenn man seinen Frust an jemandem ablassen kann?"

Nathan wusste, dass Schlaus mit seiner Behauptung gar nicht mal so unrecht hatte. Ein kleines Lächeln flog ihm über die Lippen.

„War das eben etwa ein Lächeln?", staunte Schlaus.

„Wieso soll sich Dean von mir fernhalten?", wollte Nathan freundlich wissen, ohne auf die Frage einzugehen. „Er tut mir gut, wirklich."

„Er ist Arzt, Nathan, und keiner deiner Freunde. Früher oder später muss er mir sowieso sagen, über was ihr geredet habt."

Nathans Laune sank schlagartig wieder in den Keller. „Lieber sterbe ich, als dass Sie etwas über mich erfahren, was Sie nicht verstehen würden."

„Das wirst du auch", schockte Doktor Schlaus ihn und keuchte wütend auf. „Deine Blutwerte waren nämlich miserabel. Um ehrlich zu sein, wundert es mich, dass du noch stehen kannst."

„Sie finden das lustig, nicht?"

„Du willst sterben, Nathan. Meine Pflicht ist es nur, dich so lange wie möglich am Leben zu erhalten."

„Sie können mich mal!", fluchte er mit Tränen in den Augen und öffnete die Tür.

„Was ich dir noch sagen wollte, ist …", rief Doktor Schlaus ihm nach. Nathan blickte über die Schulter. „Halt dich in Zukunft von Alexander fern. Oder möchtest du ihn auch unglücklich machen? Immerhin hast du nicht mehr lange."

Am liebsten hätte Nathan nach irgendetwas Schwerem gegriffen und es in Schlaus´ Richtung geschmissen. Er tat es jedoch nicht und ging stattdessen wortlos aus dem Zimmer.

Schlaus wollte ihm zwar noch etwas sagen, doch er erkannte, dass es für diesen Moment einfach genug war. Tief atmete er durch.

☙◦❧

Nathan war gerade auf dem Weg zur Treppe, als leise Gitarrenklänge und Gesang durch den Flur hallten. Sie führten ihn direkt in den Gemeinschaftsraum, vor dem er bedrückt stehen blieb. Ergreifend fasste er sich an die Brust. Dean spielte eine wunderschöne Ballade auf einer Gitarre und sang dazu. Patienten saßen um ihn herum und hörten seiner Stimme erfreut zu. Auch Alexander war anwesend, doch wie Nathan bekümmert feststellen musste, bemerkte der Autist ihn nicht. Nur Bärbel nahm ihn wahr, und aus irgendeinem Grund lächelte sie ihm erleichtert zu.

„You feel so alone right now but I promise you I stand always by your side. I will take your pain away. No more hurt inside of you", sang Dean.

75

Reglos sah Nathan zu Jennifer, die ihn ebenfalls bemerkt hatte. Sie verhöhnte ihn mit einem unsympathischen Grinsen. Ihrem Blick hielt er nur kurz stand. Hastig suchte er das Weite.

Unbewusst blickte Dean zur Tür und sah nur noch Nathans Rückansicht. Prompt verspielte er sich – kaschierte es aber mit einem kurzen Lächeln. Zu gern hätte er die Gitarre zur Seite gestellt und wäre Nathan nachgegangen. Doch er war nicht mehr sein Patient, und das bedeutete, dass er sich aus allem raushalten musste – egal, wie schwer es ihm auch fiel.

Auf dem Weg in sein Zimmer blieb Nathan vor Alexanders Tür stehen und blickte hinein. Ohne lange darüber nachzudenken, betrat er es und nahm auf dem Bett Platz. Er sah auf das weiße Kopfkissen und griff danach. Fest drückte er es an sich und schloss die Augen. Der Geruch, der ihm in die Nase stieg, kam ihm bekannt vor.

„Aber", wisperte er geschockt. Ungewollt erinnerte er sich zurück.

Ängstlich und schluchzend stand Nathan in der Dunkelheit auf einer Brücke und blickte zu einer Horde Jugendlicher, die jemanden zusammenschlug.

„Nein!", brüllte Nathan panisch, als er sah, wie jemand zu Boden ging.

„David!", schreckte Nathan auf und rannte aufgebracht in sein Zimmer. Er knallte die Tür zu. Mit einem Mal rastete er komplett aus. Völlig außer sich riss er die Bettdecke von seinem Bett, donnerte die Sachen vom Nachttischschrank auf den Fußboden und blickte dann zu Jennifers Reich. Wütend stapfte er hinüber und verursachte ein regelrechtes Chaos. Die Nachttischlampe schoss hinunter, Kissen flogen umher und auch die Kleider mussten leiden. Dass es nicht seine Sachen waren, die er aufgebracht aus dem Kleiderschrank schmiss, interessierte ihn in diesem Moment nicht. Alles, was er in die Finger bekam, klatschte er mit Gewalt auf den Boden. Und er nahm keine Rücksicht. Auf gar nichts.

Nathan riss die Schublade auf und stoppte urplötzlich. Sein Blick fiel auf eine große Schere. Die Haarsträhne in seinem Gesicht nervte ihn total. Wütend versuchte er sie hinter sein Ohr zu streifen – es klappte nicht. Hastig griff er nach der Schere und begab sich zügig ins Bad. Kurz sah er sich im Spiegel an, bis er unüberlegt und kreischend sein kostbares Haar abschnitt. Büschelweise flog seine braune Mähne auf die Fliesen.

⮞◦⮜

Fröhlich betrat Jennifer das Zimmer. Sie schloss die Tür hinter sich und blickte dann entsetzt auf ihre Sachen, die überall verteilt herumlagen. Das ganze Zimmer war verwüstet.

„Ah!", schrie sie außer sich und stürmte sofort wieder hinaus. Wenige Augenblicke später kam sie mit Dean zurück.

„Sieh dir diese Sauerei an!", keifte sie.

Geschockt sah Dean sich um und hatte dabei nur einen Gedanken: *Nathan!*

„Das ist doch unerhört!", meckerte Jennifer weiter. „Das werde ich dem Direktor melden!" Eiligst stürmte sie erneut hinaus.

„Nathan?!", rief Dean besorgt. „Nathan?!" Ein leises Klagen erklang aus dem Badezimmer. Verdattert blickte Dean in den Raum und dann auf die vielen Haare.

„Nathan!", sagte Harris geschockt, als er ihn heulend auf dem Boden sitzen sah. „Was ist passiert?" Er kniete sich zu ihm runter.

Nathan versuchte sich zusammenzureißen und scherzte: „Friseur werde ich wohl nicht mehr." Sekunden später brach er in Tränen aus.

„Ach, Nathan", flüsterte Dean und herzte ihn kurz. „Los, komm. Wir müssen schnell hier weg."

„Es hat doch alles keinen Sinn mehr", jammerte Nathan. „Alles keinen Sinn …"

„Nathan! Gleich kommt der Direktor, und wenn er sieht, dass du für dieses Chaos verantwortlich bist, dann könntest du verlegt werden!"

„Wieso redest du nicht mehr mit mir?"

„Später!", schimpfte Dean und half ihm auf. „Ich bringe dich jetzt zu jemandem, der dich wieder in Ordnung bringt, und versuche diesen Schlamassel hier irgendwie …", er stoppte, als er mit Nathan aus dem Bad kam und sich umsah, „… irgendwie werde ich das schon hinbekommen", meinte er und eilte mit Nathan aus dem Raum.

❧

„Sehen Sie sich das an!", keifte Jennifer, als sie mit dem Chefarzt das Zimmer betrat. „Sehen Sie das?!"

„Ach du meine Güte!", erbebte er. „Was ist denn hier passiert?!"

„Das war sicherlich dieser verrückte Nathan!"

„Bist du dir da sicher?!"

„Doktor Harris war auch gerade hier!"

Dies beantwortete zwar nicht Doktor Schlaus´ Frage, doch konnte er eins und eins zusammenzählen. „Ich verstehe."

„Ich möchte, dass Nathan …", begann sie außer sich, als plötzlich die Klospülung in dem kleinen Bad ertönte. Rätselnd blickten sowohl Jennifer als auch Doktor Schlaus zur Tür, die sich unerwartet öffnete.

„Herr Harris?!", sagte Schlaus überrascht. Großäugig sah Dean ihn an. „Was machen Sie denn hier?!"

„Ich musste mal", gab Dean locker zurück.

„Was ist hier geschehen?!"

„Ganz ehrlich, Chef? Ich weiß es nicht. Jennifer bat mich ins Zimmer …"

„Genau!", unterbrach sie.

„Und als ich hierherkam, sah es aus", begann er zu erklären und blickte um sich, „wie es jetzt aussieht."

„Genau!", unterbrach sie erneut.

„Wenn ich ehrlich bin, glaube ich sogar, dass es etwas mit Jennifer selbst zu tun hat."

„Hä?", stutzte sie. „Was meinen Sie?!"

Kurz sah Doktor Schlaus sie an. „Wo ist Nathan?", fragte er dann seinen Angestellten.

„Der müsste noch unten bei den anderen sein."

„Das stimmt doch überhaupt nicht!", warf Jennifer wütend ein.

„Ich habe mit den anderen Lieder gesungen und Nathan saß die ganze Zeit nur wenige Schritte von mir entfernt. Er kam sofort nach der Sitzung mit Ihnen zu uns. Jennifer jedoch nicht. Sie kam erst, als sie mich holte."

„Ist das wahr?", fragte Schlaus Jennifer und musterte sie nachdenklich.

„Nein! Doktor Harris lügt doch! Nathan war nur ganz kurz unten!"

Schlaus wusste nicht wirklich, wem er nun Glauben schenken konnte. Jennifer war ein hinterhältiges Biest, doch Dean, der würde anscheinend alles tun, um Nathan in Schutz zu nehmen. Stutzend sah Schlaus wieder zu Harris.

„Los jetzt!", forderte die Krankenschwester Nathan auf.

Nathan sah nach links, dann nach rechts. So schnell es ging, düste er den Flur entlang und lief nach unten in den Aufenthaltsraum. Er nahm hastig Platz und schnappte nach einem Magazin. Dieser Plan konnte nur schiefgehen.

„Das werden wir ja jetzt sehen", meinte Doktor Schlaus und ging voran.

„Gerne", gab Dean mit einem kurzen Blick zu der zornigen Jennifer zurück und folgte ihm.

„Er wird nicht da unten sein!", erklärte Jennifer auf dem Weg. „Weil er ja auch überhaupt nicht da ist. Und wenn jemand nicht da ist, wo er sein soll, dann kann diese Person sich auch nicht an diesem Ort, wo man behauptet, dass diese Person sich befindet, sein!"

Ihr Geschwafel war Dean zu hoch. Er warf Doktor Schlaus einen vielsagenden Blick zu.

„Werden wir ja gleich sehen", gab der Chefarzt zurück und betrat den Gemeinschaftsraum.

„Ha!", tönte es aus Jennifer. „Sehen Sie! Er ist nicht da!"

„Da vorne", sagte Dean zu seinem Chef und zeigte auf Nathan, der abgeschottet von den anderen auf einem Stuhl saß und las.

„Aber?!", giftete Jennifer sofort. „Der war doch vorhin noch nicht da!"

Doktor Schlaus sah sie unfreundlich an. „Hast du, liebe Jennifer, mir vielleicht irgendetwas zu sagen?"

„Ja!", zögerte sie. „Ich will, dass dieses kranke Miststück aus meinem Leben verschwindet!" Sie zeigte mit dem Finger auf Nathan.

„Dean!", murrte Doktor Schlaus.

„Ja?"

„Sorgen Sie dafür, dass Nathan ein Einzelzimmer bekommt."

„Jupp."

„Und denken Sie an das, was ich Ihnen auferteilt habe!"

„Ich kümmere mich darum und halte mich danach sofort wieder an Ihre Anweisung", versicherte Dean.

„Und du", knurrte Doktor Schlaus zu Jennifer, die fassungslos zu sein schien, „kommst sofort mit in mein Büro!"

„Aber?!"

„Kein aber!", brummelte er und ging voran.

Böse sah Jennifer zu Dean. Dieses Mal war es jedoch er, der sie mit seinem Blick verhöhnte. Sie stampfte mit grimmiger Miene auf den Boden und folgte dann dem Chefarzt.

Erleichtert atmete Dean tief ein und wieder aus, bevor er sich zu Nathan begab. „Hey!"

„Hey", gab Nathan kleinlaut zurück.

„Neue Frisur, was?"

Nathan nickte vorsichtig.

„Ich werde dich jetzt in ein anderes Zimmer verlegen."

„Ein anderes Zimmer?"

„Los, komm mit", forderte Dean ihn auf. Er wirkte plötzlich wieder wie ausgewechselt.

„Aber …", zögerte Nathan.

„Nun los!", rief Dean, der im Türrahmen stand und ihn sichtlich genervt anblickte. Schweigend folgte Nathan ihm.

Als ihnen eine farbige Krankenschwester entgegenkam, bedankte Dean sich leise: „Danke, Klara!"

„Keine Ursache", sagte sie und fuhr mit ihrer Hand durch Nathans Haar. „Mehr war auf die Schnelle leider nicht möglich."

Dean blickte auf Nathans Kopf „Sieht doch toll aus!"

„Du bist mir was schuldig", lächelte sie zu Dean und ging weiter.

„Aber immer doch", gab er fröhlich zurück.

„Los, komm", sagte er mürrisch zu Nathan und ging voran.

„Das ist dein neues Zimmer", erklärte er Minuten später und öffnete eine Tür. Doch Nathan war alles andere als begeistert. Ein kleiner Raum mit einem Bett auf der rechten Seite sowie einem kleinen Schrank. Gegenüber noch ein winziges Bad – das war´s. Immerhin hatte er aber zumindest nun ein großes Fenster für sich allein, auch wenn es nicht gerade sehr schick aussah.

„Ich werde dir gleich deine Sachen bringen."

„Aber, Dean, ich …"

„Was?"

„Es ist ziemlich klein hier."

„Es sind knapp fünfzehn Quadratmeter. Du hast ein Bett, ein eigenes Bad und einen Kleiderschrank. Reicht doch."

Nathans Gefühle überrannten ihn. „Wieso bist du so?"

„Hör zu, Nathan! Was du dir da jetzt geleistet hast, war unter aller Sau und nur wegen dir habe ich Stress mit meinem Chef!"

„Das wollte ich doch nicht, Dean."

„Ist mir egal, was du wolltest. Von nun an bin ich nicht mehr für dich zuständig."

„Was soll das heißen?", wollte Nathan wissen.

„Du wirst von nun an nicht mehr von mir betreut."

„Deswegen gehst du mir aus dem Weg?"

Kurz sah Dean ihn schweigend an. Es brach ihm das Herz, Nathan von sich stoßen zu müssen, doch er hatte einfach keine andere Wahl. „Ich hole dir jetzt deine Sachen. Und bitte, Nathan, … bitte leiste dir keine weiteren Aussetzer. Helfen werde ich dir von nun an nämlich nicht mehr."

„Aber …"

„Ich wünsch dir alles Gute", unterbrach Dean ihn und schloss die Tür von außen.

Bekümmert nahm Nathan auf seinem neuen Bett Platz und versank in seinen Gedanken. *David, Dean, Alexander …* Nach einer halben Ewigkeit öffnete sich endlich die Zimmertür. Erleichtert sprang Nathan vom Bett auf und wollte sich bei Dean entschuldigen, doch es war nicht Harris, der ihm die Sachen brachte, sondern eine pummelige Krankenschwester. Er war zutiefst erschüttert.

„Hallo", lächelte sie freundlich und stellte den Karton, den sie hielt, auf den Boden. „Ich bringe Ihnen gleich noch den zweiten." Leise verschwand sie wieder.

Nathan wurde bewusst, dass Dean es tatsächlich ernst gemeint hatte. „Ich will nicht mehr", schluchzte er und setzte sich aufs Bett. Er zog die Knie an und umschlang sie mit seinen Armen.

9. KAPITEL

Es war mit Sicherheit kein schöner Traum, denn Nathan wälzte sich unruhig hin und her. Seine Atmung war schnell. Schweiß floss an seiner Stirn entlang. Er schien panisch.

Noch nie zuvor hatte Nathan in der Dunkelheit solch eine Angst verspürt – kein Stern, der vom Himmel herableuchtete. Nur durch das schwache Licht der wenigen Laternen konnte er etwas erkennen. Ängstlich drehte er sich im Kreis. Autos standen am Rand der menschenlosen Straße. Der kühle Wind wehte über sein Gesicht und ließ ihn erstarren. Seine Blicke wanderten zu den Fahrzeugen, die allesamt etwas Unheimliches an sich hatten. Etwas, was er nicht verstand. Langsam ging er in der Mitte der Straße entlang und lugte immer wieder um sich. Jedes noch so leise Geräusch ließ ihn aufzucken. Plötzlich hörte er ein Jaulen und blieb schlagartig stehen. Mit zittrigen Beinen drehte er sich um. Er bekam Panik. Eine Horde großer Hunde stand am Ende der Straße. Sie sahen konstant in seine Richtung.

„Ja nicht bewegen", flüsterte er furchtsam und fragte sich im gleichen Augenblick: *Wieso sind die so groß?*

Die spitzen Zähne der wütend blickenden Vierbeiner rieben das Fleisch an deren Schnauzen wund. Sabber floss aus ihren Mäulern, und aus irgendeinem Grund hatten viele von ihnen kein Fell. Stellenweise war ihre Haut errötet, blutig oder gar nicht erst vorhanden.

Nathans Herz raste. Dann geschah es. Der Erste von ihnen begann laut zu bellen. Ohne jeden weiteren Gedanken rannte Nathan um sein Leben. Kläffend rasten ihm die dämonischen Köter hinterher. Ganze Pkws krachten unter den schweren Bestien zusammen.

Der Boden unter Nathans Füßen erbebte. Er hastete immer weiter die steile Chaussee hinunter, düste um die Ecke und blieb mit einem Schlag stehen. Geschockt starrte er in ein fassungsloses Gesicht. Die grünen Augen kamen ihm bekannt vor. Der Fremde sah aus wie Alexander, doch dann der Schrecken.

„Nathan?!", sagte der junge Mann verdutzt.

„Das darf doch nicht wahr sein", stotterte Nathan. „David?"

„Aber …", stammelte David, der sichtlich überrascht zu sein schien.

„Was … was … machst du hier?", wollte Nathan zähneklappernd von ihm wissen. „Du bist tot …"

David wollte gerade etwas von sich geben, als das Jaulen der Raubtiere in weiter Ferne erklang.

„Los, komm!" David griff nach Nathans Hand. Sie sahen die Scheusale bereits auf sich zukommen und ergriffen hastig die Flucht. An einer großen Brücke angekommen, donnerte unerwartet ein dicker Baumstamm an ihnen vorbei. Fast hätte das fliegende Etwas Nathan erwischt, doch David konnte ihn in letzter Sekunde zur Seite ziehen.

„Was zum Teufel?!", fluchte Nathan erschrocken und blieb verwirrt stehen. „David!?"

„Was?! Wir müssen weiter!"

„Du bist es wirklich, oder?"

David ging nicht darauf ein. „Nun komm schon!", flehte er und zerrte an Nathans Arm. Doch Nathan stellte sich quer und hielt inne. „Willst du von denen gefressen werden?!"

„Ich vermisse dich", wisperte Nathan.

„Ich weiß", gab David bedrückt zurück. „Ich dich auch."

„David", heulte Nathan und fiel ihm mit einem Satz um den Hals. „David." Er herzte ihn mit all seiner Kraft.

„Wir müssen hier weg!", erklärte David mit gedämpfter Stimme.

„Ich will dich nicht wieder loslassen!", bettelte Nathan, doch David drückte ihn sanft von sich. „David!"

Tränen schossen in Davids Augen. „Wir müssen hier weg."

„Verlass mich nicht", bettelte Nathan erneut.

David zögerte. „Komm schon", bat er ihn mit ausgestreckter Hand.

Nathan nickte und griff danach. Zusammen liefen sie über die lange Brücke. Mit einem Schulterblick erkannte David jedoch, dass es aussichtslos war, den kläffenden Ungeheuern zu entkommen. Es gab nur eine Möglichkeit, Nathan vor dem Tod zu bewahren.

„Hier lang!", meinte er hastig und stürmte mit Nathan die lange und steile Treppe hinunter, die zum Kanal führte. Unten angekommen blieb David urplötzlich stehen.

„Was ist?!", wollte Nathan wissen, doch Davids mit Kummer erfüllter Blick verwirrte ihn nur noch mehr. „David?!"

„Ich werde sie aufhalten."

„Was?! Aber David! Nun komm, lass uns weiter!"

„Ich werde sie aufhalten", wiederholte David und kehrte ihm den Rücken zu.

„Nein, David!"

Davids Magen krampfte sich zusammen. „Ich werde dich immer lieben", flüsterte er. „Du musst aufwachen und weiterleben." Einen Augenblick später stürmte er die Treppe hinauf.

„David!", schrie Nathan panisch, als er nur noch das laute Schreien aus Davids Mund und das Knurren der Bestien vernahm.

„Nein!", brüllte er.

Ruckartig setzte sich Nathan in seinem Bett auf und fand sich in seinem kleinen, lieblos eingerichteten Zimmer wieder. Der kalte Schweiß floss von seinem Rücken direkt hinunter in seine Schlabberhose.

„David?", flüsterte er und blickte zum hellen Vollmond, dessen grelles Licht durch das Fenster schien und alles um ihn herum unheimlich wirken ließ. Er schluckte und zitterte am ganzen Leib. Stockend stand er auf und fasste nach einem weißen Hemd. Er zog es sich über und griff dann nach seinen Schuhen.

Der leere Flur, durch den er lief, war Furcht einflößend, doch dieses Mal war es kein Traum, sondern die Realität. Eine Realität, in der er nicht wusste, mit wem er sprechen könnte. Blind lief er durch die dunklen Gänge, bis er nach langem Hin und Her vor einer Tür stehen blieb. Die kleine Aufschrift des Schildes, das an der Tür befestigt war, lautete: Doktor Dean Harris. Privat.

Nathan schloss die Augen und nahm all seinen Mut zusammen. Unsicher klopfte er an.

Dean, der auf seiner Couch lag und schlief, wurde mit einem Satz wach.

Erneut versuchte Nathan sein Glück – doch er blieb erfolglos. Betrübt ging er mit gesenktem Kopf langsam weiter.

„Hä, was?", nuschelte Dean und sprang hoch. Irgendetwas sagte ihm, dass er im Flur nachsehen sollte. Leise öffnete er die Tür und blickte nach links. Doch da war niemand. Gerade als er sie wieder schließen wollte, sah er noch kurz nach rechts und erkannte eine vor sich hin schleichende Person. „Hallo?", sagte er.

Nathan blieb sofort stehen und drehte sich um.

„Dean?", flüsterte er unverständlich.

„Nathan?!", stotterte Dean verdattert. Kummervoll blickte Nathan zu ihm. Doch Dean war aus irgendeinem Grund nicht imstande, etwas zu sagen oder zu unternehmen. Nathan missverstand die Situation und ging in Gedanken vertieft bedächtig weiter. Noch immer zögerte Dean. *Das darf doch alles nicht wahr sein*, fluchte er innerlich, rief dann aber schließlich: „Nathan! Warte!"

Schnell huschte er ihm nach und hielt ihn am Arm zurück. „Was machst du um diese Uhrzeit hier?"

Verstummt sah Nathan ihn an, bevor er ihm unerwartet in die Arme fiel. Dean konnte und wollte ihn nicht wieder wegschicken. Schweren Herzens drückte er ihn an sich.

„Alles wird gut. Komm mit", forderte er leise und begab sich mit ihm in sein kleines Reich. Er schloss die Tür von innen und deutete mit einem Nicken auf die Couch.

Wortlos ließ sich Nathan nieder.

„Was geisterst du um diese Uhrzeit auf dem Flur herum?", wollte Dean erneut wissen, als er das Licht anmachte und sich neben ihn setzte.

„Ich konnte nicht schlafen", wisperte er und blinzelte unauffällig auf Deans weiße Socken, die ein kleines Kribbeln in ihm verursachten.

„Überhaupt nicht schlafen?"

„Albtraum", flüsterte Nathan.

„Willst du mir erzählen, was du …"

„Nein", unterbrach Nathan ihn hastig. „Ist nicht so wichtig."

„Willst du überhaupt mit mir reden?"

Ermattet sah Nathan ihn an und schüttelte den Kopf. „Nicht jetzt."

„Möchtest du etwas trinken?"

Wieder schüttelte Nathan seinen Kopf und starrte stumm auf den Boden.

Dieser Junge treibt mich noch in den Wahnsinn! „Kann ich dir sonst etwas Gutes tun?", wollte Dean leicht gereizt wissen. „Nathan?"

„Nein, ich … bin einfach nur müde."

„Schon kapiert. Nathan, ich …"

„Schon gut", fuhr Nathan ihm ins Wort. „Ich verstehe es."

„Du verstehst es?"

„Ja."

„Aber woher willst du wissen, was ich sagen wollte, und wie kannst du es verstehen?", stutzte Dean.

„Ich verstehe, dass du nicht mehr mein behandelnder Arzt sein willst. Ich meine … ich bin eine echte Witzfigur."

„Was? Nein!", warf Dean in dessen Worte ein.

„Jeder Mensch, egal, wen ich auch mochte … sie alle verlassen mich. Wieder und wieder …"

„Nathan, ich verlasse dich nicht. Es ist nur so, dass mir die Aufsicht über dich untersagt wurde, auch wenn ich nicht weiß, wieso, aber verlassen werde ich dich nicht."

„Klingt, als seien wir zusammen", scherzte Nathan.

„Du weißt, wie ich es meine!"

„Ich weiß."

„Wieso denkst du, dass dich alle immer verlassen?", wollte Dean schließlich wissen und kehrte zum Ausgangsthema zurück.

„Weil es so ist."

„Erkläre es mir, vielleicht verstehe ich es ja."

„Menschen", begann Nathan traurig, „gehen immer fort."

„Das stimmt nicht."

„Doch, Dean", sagte er und sah diesen weinerlich an. „Menschen gehen immer, egal, was du tust oder versuchst. Am Ende steht jeder allein da. Egal, was du auch sagst oder unternimmst. … Die Stille – sie findet jeden von uns und bringt den bittersüßen Tod."

„Jetzt bitte ich dich aber", meinte Dean und runzelte die Stirn.

„Meine Freunde, meine Mom … David …"

„Freunde kommen und gehen", erklärte Dean. „Das ist so und wird immer so bleiben. Das mit deiner Mutter tut mir leid. Darf ich fragen, wie sie verstorben ist?"

Entkräftet sah Nathan ihn an. „Sie wollte mich nicht haben."

„Sie hat dich abgegeben?"

„Es ist viel komplizierter, als du denkst", begann Nathan zu erklären. „Es war eigentlich keine gewollte Schwangerschaft. Weder von meinem Vater noch von meiner unbekannten Mutter. Erst mit Anfang zwanzig erzählte mir mein Dad die Wahrheit über sie. Er lernte sie eines Abends in einer Bar kennen und ließ sich von ihr verführen. Sie hatten ihren Spaß und haben natürlich nicht verhütet. Monate später suchte sie ihn heim und klärte ihn über die Schwangerschaft auf. Als ich zur Welt kam, wurde sofort ein Vaterschaftstest gemacht. Natürlich war Hendrik mein Vater. Meine Mom gab mich sofort ab. Man hätte annehmen können, dass mein Vater mich zu sich nehmen würde, doch dem war nicht so. Er zögerte und holte mich erst nach wenigen Monaten zu sich. Wo ich zuvor war, weiß ich nicht. Wahrscheinlich bei irgendeiner Pflegefamilie. Meine richtige Mom hat sich nie blicken lassen. Ich kenne nicht einmal ihren Namen."

Dean war geschockt. „Das tut mir wirklich leid, Nathan, wirklich."

„Es ist nicht deine Schuld."

„Und weil dein Vater dich nie haben wollte, du nie geplant warst …", stockte er und rückte etwas näher an Nathan ran, „war euer Verhältnis auch nie das beste, richtig?"

„Ja, leider …"

„Das tut mir wirklich …"

„Hast du beide Elternteile?", unterbrach Nathan ihn.

Dean nickte. „Ja, das habe ich."

„Du bist echt zu beneiden", lächelte Nathan mit Tränen in den Augen. „Wirklich."

„Ach, Nathan", flüsterte Dean erschüttert und nahm ihn in die Arme.

„Du nanntest vorhin noch einen anderen Namen", erinnerte sich Dean nach kurzer Überlegung.

Nathan atmete tief ein und wieder aus. „David", wisperte er.

„Dein Ex-Freund?"

Ein leises „Ja" flog Nathan über die Lippen – mehr gab er allerdings nicht preis.

„Männer gibt es wie Sand am Meer", versicherte Dean.

„Ja, wahrscheinlich", nuschelte Nathan. Er konnte es Dean nicht übel nehmen, immerhin wusste er nicht über David Bescheid. „Was dagegen, wenn ich mich ein wenig auf dein Kopfkissen lege?" Er gähnte lange.

„Nein, sicher nicht."

Nathan lächelte und griff nach dem großen braunen Kissen. Er legte sich hin und schloss für einen Moment die Augen.

„Nathan?", flüsterte Dean nach einer Weile.

Nathan jedoch war eingedöst und Dean damit in der Zwickmühle. Sollte er Nathan wecken und ihn wieder zurück in sein Zimmer bringen oder sollte er ihn bei sich behalten, auch wenn Schlaus ausrastete – sofern er es jemals erfahren würde? Ein langer Seufzer flog ihm über die Lippen. Ohne über die möglichen Konsequenzen nachzudenken, griff Dean nach der blauen Decke und stülpte sie vorsichtig über Nathan. Flüchtig sah er den Schlafenden an und machte dann das Licht aus. Zurück auf der Couch, begann auch er zu gähnen.

Und wo soll ich jetzt schlafen?

„Was soll's", murmelte er nach kurzer Überlegung und kroch zu Nathan unter die Decke. Liebevoll schmiegte er sich an ihn und schloss die Augen.

10. KAPITEL

YouTube war das, was sich eine Krankenschwester ansah, um auf andere Gedanken zu kommen. Manchmal, da brauchte sie einfach ein lustiges Video, um vor der Schicht nicht schon schlechte Laune zu bekommen. Sie lachte, während Nathan – noch immer in einem fremden Zimmer – langsam die Augen öffnete. Es war noch dunkel draußen, als er zum Fenster blickte. Mit einem lautlosen Gähnen streckte er sich ausgiebig. Eigentlich wollte er aufstehen, weil er sich ausgeschlafen fühlte, doch die angenehme Wärme unter der Bettdecke und die wohltuenden Hände auf seinem Bauch sagten ihm: *Bleib liegen und schlaf weiter.* Wohlig schloss er wieder seine Augen und riss sie erschrocken wenige Sekunden später aufs Neue auf.

Wem gehören diese Hände?!

Er rollte sich langsam zur anderen Seite und blickte verwirrt drein.

Dean, dachte er. *Wieso hält er mich in seinen Armen? Empfindet er etwa etwas für mich?*

So wirklich wusste er nicht, was er davon halten sollte, und entschied sich nun doch dazu, aufzustehen. Vorsichtig stülpte er die Decke von sich und blickte kurz auf den Schlafenden. Seine Mundwinkel gingen langsam nach oben. Er stützte sich auf seinen Händen ab und stemmte sich hoch. Ein Blick auf die kleine Wanduhr sagte ihm, dass es noch nicht einmal fünf Uhr morgens war. Seltsamerweise musste er dieses Mal nicht gleich an seinen Herzschlag denken. In kleinen Schritten ging er zum Fenster und schaute in Gedanken vertieft hinaus.

Unerwartet umfasste Dean ihn nach einigen Minuten an den Schultern. „So früh schon wach?"

Nathan erschrak und schloss mit gerunzelter Stirn seine Augen. „Die Dunkelheit", flüsterte er. „Sie zieht mich immer mehr zu sich."

„Es ist nicht die Dunkelheit", hauchte Dean ihm zu und herzte ihn, als Nathan sich umdrehte. Er lehnte sein Kinn auf Nathans Kopf und dachte gar nicht daran, ihn auch nur für eine Sekunde loszulassen. „Es sind deine Ängste, die dich nicht freigeben wollen."

Die angenehme Wärme, die Nathan spürte, tat ihm unglaublich gut, doch als er Deans Herzschlag ein Weilchen zuhörte, sich das Klopfen regelrecht durch sein Ohr bohrte, wurde er hibbelig und wich mit einem Satz zurück.

„Was ist?", fragte Dean rasch.

„Dein Herz", zitterte Nathans Stimme.

„Was ist damit?"

„Ich kann es hören."

„Wäre doch schlimm, wenn dem nicht so wäre, oder?", lächelte Dean sanft. An Nathans Gesichtsausdruck erkannte er jedoch, dass schlagende Herzen ihm, Nathan, aus irgendeinem Grund tierische Angst machten. „Wieso hast du nur so eine Furcht davor?"

„Ich – ich weiß es nicht", stotterte Nathan und blickte dann schluchzend in die Nacht hinaus. „Ich weiß es nicht."

„Komm her", sagte Dean und zog ihn erneut zu sich. „Ich werde wirklich alles tun, um dir zu helfen." Er sah Nathan in die Augen. „Wollen wir uns zurück auf die Couch legen?"

Nathan nickte, fuhr über sein Gesicht, wuschelte durch sein Haar und ging dann zurück auf die Couch. „Wirst du Ärger bekommen, weil ich hier bin?"

Dean sah ihn fragend an und stammelte dann etwas hektisch: „Nein, nein … ich, ähm, wir werden es einfach keinem sagen."

„Okay", murmelte Nathan.

„Ich werde dich gegen halb sieben zurück in dein Zimmer bringen", sagte Dean und setzte sich neben ihn. „Um Viertel vor beginnen die Krankenschwestern die Medikamente auszuteilen."

„Und mir meine Spritze zu verabreichen", unterbrach Nathan ihn mit schwerer Stimme.

„Ja, genau!", stimmte Dean ihm erfreut zu. „Deine Spritze"

„Dean?"

„Ja?"

„Was ist in dieser Spritze?"

„Es hilft dir, Nathan."

„Ja, ich weiß, aber wie?"

Dean wusste es selbst nicht so wirklich, deshalb zögerte er kurz mit seiner Antwort. „Hat es dich interessiert, was in all den Tabletten war, die du dir jeden Tag reingepfiffen hast?"

„Nein …"

„Siehst du."

„Aber das ist auch was völlig anderes."

„Inwiefern ist das etwas anderes?", wollte Dean ernsthaft von ihm wissen.

„Es ist …", stockte Nathan und atmete tief durch. „Es ist einfach …"

„Du kannst mir darauf keine Antwort geben, habe ich recht?"

„Nein, kann ich nicht."

„Wieso, Nathan?"

„Wieso was?"

„Wieso wolltest du dir dein Leben nehmen?"

„Dean, bitte …"

„Nein, Nathan. Ich möchte es verstehen", sagte er und winkelte sein Bein an. „Es muss doch einen Grund für all deine Ängste geben. Einen Auslöser."

„Vielleicht sollte ich zurück in mein Zimmer gehen …"

„Nein! Ich mag zwar nicht mehr dein Arzt oder dein Psychotherapeut sein, aber ich möchte es wissen, Nathan."

„Wieso?"

„Weil ich dir vielleicht dennoch helfen kann."

„Das kannst du nicht."

„Woher willst du das wissen?"

„Weil ich sterben werde, Dean."

„Jeder von uns wird eines Tages sterben, und keiner weiß, wann es so weit sein wird."

„Ihr habt es mir selbst gesagt: Doktor Schlaus und du. Es kann jederzeit so weit sein."

„Ich weiß", wisperte Dean. „Ich weiß."

„Wieso dann das alles? Wieso lasst ihr mich nicht einfach gehen?"

„Weil es nie zu spät ist, sein Leben neu zu gestalten. Egal, wie lange man noch auf Erden hat."

„Das ist doch Schwachsinn!", meckerte Nathan und stand auf. „Ich werde sterben, Dean, und da wird auch keine Spritze dieser Welt etwas ändern können!"

„Wie war das so?", warf Dean plötzlich ein.

„Hä?", stutzte Nathan. „Wie war was?"

„Deine Herzangst. Wie fühlte es sich an?"

„Anders als jetzt", gestand Nathan.

„Inwiefern?"

„Bevor ich hier bei euch war, da war alles anders, als es jetzt ist. Ich …", begann Nathan zu erzählen und setzte sich wieder, „fühlte mich anders als jetzt. Mein Herz … ich spürte es einfach ununterbrochen. Von morgens bis abends. Am Hals, im Bauch, überall …"

„Den ganzen Tag über?"

„Meistens. Es hat mich dermaßen nervös gemacht, dass ich mir immer mehr von den Pillen eingeworfen habe."

„Hattest du denn überhaupt keine Nebenwirkungen von den Tabletten?"

„Abgesehen von der plötzlichen Müdigkeit, der Benommenheit, der Lustlosigkeit und den Stimmungsschwankungen?"

Dean war berührt. „Stimmungsschwankungen?"

„Von der einen Sekunde auf die andere packt einen die Lustlosigkeit. Gerade noch ist man guter Dinge und schlagartig …"

„Mehr als nur schlecht gelaunt", endete Dean.

„Gelangweilt", entgegnete Nathan mit schwacher Stimme. „Man macht sich auf einmal Gedanken über Dinge, über die man nie zuvor nachgedacht hat."

„Über was, zum Beispiel?"

„Es mag bescheuert klingen …"

„Ich bin nicht hier, um dich zu verurteilen oder auszulachen", beteuerte Dean.

„Man erinnert sich plötzlich an seine Kindheit zurück, und einem wird bewusst, dass das Herz auch schon da geschlagen hat. Man denkt an andere Momente, in denen das Herz schlug, man es aber nicht beachtete. Egal, was man tut – man denkt einfach die ganze Zeit an sein Herz. Herz hier, Herz da. An manchen Tagen hat es mich so abgenervt, dass es mir einfach egal war. Es spielte keine Rolle mehr, ob ich einfach umkippen und tot sein würde. Doch sobald die Panik oder dieses schlagende Gefühl in meinem Körper zurückkam, wollte ich doch nicht abtreten. Immer mehr Pillen schluckte ich. Lief von einem Arzt zum nächsten. Traute mich gar nichts mehr. Wollte nur noch allein sein …"

„Nathan?", unterbrach Dean ihn besorgt.

„Ja?"

„Willst du mir vielleicht doch erzählen, wie es damals weiterging?"

„Es ist das letzte Mal, dass ich darüber erzähle", erklärte Nathan. „Danach ist es mir egal. Ich sterbe. Egal, was ich tu oder versuche … Und ich bin froh, dass dann endlich alles ein Ende hat."

„Nathan!"

„Dean, bitte … ich …"

„Lass es einfach, verstanden?!"

„Entschuldige … es ist nur so, dass …"

„Jetzt, wo du weißt", unterbrach Dean ihn, „dass du sterben wirst, möchtest du es nicht mehr?"

Zögernd mit seiner Antwort, sah Nathan ihn besorgt an. „Du bist der Erste, dem ich das alles so erzähle", lenkte er ab.

Dean zwinkerte mit einem Lächeln. „Und das bedeutet mir echt viel", gestand er.

„Schade, dass ich dich nicht schon früher kennengelernt habe. Vielleicht wären die Dinge dann anders, als sie es jetzt sind."

„Ach, Nathan", flüsterte Dean. „Komm her." Er streckte seine Arme aus, worauf Nathan grinsen musste. „Komm schon", zwinkerte Harris erneut und drückte ihn sanft an sich. „Soll ich das Licht anmachen und uns was Essbares vorbereiten?"

„Nein", gab Nathan zurück, drehte sich um und lehnte sich mit dem Rücken gegen Deans Oberkörper. „Es ist gut so, wie es ist."

Dass Dean Kohldampf hatte, behielt er angesichts der Tatsache, dass es Nathan psychisch überhaupt nicht gut ging, für sich. „Ist gut. Darf ich dennoch um etwas bitten?"

„Klar, sicher."

„Ich sehe dich als Freund und nicht als Patient. Von daher wäre ich dir sehr dankbar, wenn diese Unterhaltung – und alles andere, was zwischen uns passiert – unter uns bleiben würde, okay?"

„Keine Angst, Dean. Ich sterbe bald", sagte Nathan – auch wenn er wusste, dass Dean es hasste, wenn er dies ständig wiederholte. „Was hätte ich also davon, wenn ich dir das Leben schwer machen würde?"

„Danke", hauchte Dean ihm ins Ohr. „Wenn irgendetwas sein sollte, sag mir bitte Bescheid, okay?"

Deans Worte berührten Nathan. Er lächelte, sagte aber nichts. Mit einem Blick zum Fenster begann er zu frösteln. Kurz zitterte er.

„Ist dir kalt?", fragte Dean.

„Ein wenig."

„Warte." Dean rutschte ein Stückchen nach hinten und griff nach einem Kopfkissen. Er legte es hinter sich, lehnte sich zurück und winkte Nathan zu sich. „Vergiss die Decke nicht", murmelte er, als er seine Beine an Nathan vorbeistreckte.

Schüchtern schnappte Nathan nach der Decke und lehnte sich wieder gegen Deans Brust. Er schluckte, als warme Arme seinen Oberkörper angenehm umschlangen.

„Ist es okay so?"

„Ja", gab Nathan flüsternd zurück, als er plötzlich etwas ziemlich Langes zwischen seinen Pobacken, die nur mit der dünnen Schlabberhose bedeckt waren, spürte. Dass es definitiv kein Bein war, wusste er, auch wenn es sich fast so anfühlte. Er lief rot an.

Dean registrierte ebenfalls, wie sein kleiner Freund sich direkt zwischen der Ritze platzierte – es machte ihn ein wenig nervös. *Jetzt bloß nicht an etwas Geiles denken,* hoffte er und brachte sich auf andere Gedanken. „Dein Vater hatte dir also versprochen, die Ursache schon noch herauszufinden?", plapperte er mit fragendem Unterton.

„Ähm, ja", grübelte Nathan und schluckte. Deans Gehänge drückte sich noch immer zwischen seine Spalte, und es sah so aus, als ob sich daran auch nichts ändern würde. Dieses Gefühl war ihm zwar nicht fremd, doch irgendwie war es gerade total unangebracht. Oder doch nicht?

„Es war alles, wie soll ich sagen … es war alles so verwirrend."

„Verwirrend", wiederholte Dean. „Das kann ich mir vorstellen." Unruhig rutschte er hinter Nathan herum, um seinen Bolzen von der Versuchung wegzubekommen – doch mit jeder Bewegung wurde es nur noch schlimmer.

Nathan schluckte noch einmal. *Ist er jetzt vielleicht endlich mal fertig? Scheiße Mann, ich werde noch rattig hier!* „Liegst du endlich bequem?"

„Ja", log Dean unsicher. „Du kannst erzählen." Ihm wurde ganz warm.

„Okay … Nachdem ich entlassen wurde", er stockte, als er bemerkte, dass sich nun auch sein kleiner Freund bemerkbar machte. *Denk einfach an eine Frau.* Es klappte – für einen Moment.

„Alles in Ordnung?"

„Alles bestens", schwindelte Nathan mit einem unsicheren Lächeln. Zum Glück konnte Dean seinen Gesichtsausdruck nicht sehen. „Also, wo war ich?"

„Du wurdest entlassen."

„Ja, genau … nachdem ich entlassen wurde, machte mein Vater einen Termin bei einem Psychiater aus, der auch gleichzeitig Neurologe war. Doch bevor es so weit war und ich den Termin bekam, lief ich von einem Internisten zum nächsten. Sie machten EKGs, nahmen mir Blut ab und waren sich am Ende alle einig: Ich hatte nichts. Weil ich so zielstrebig in der Schule war, behauptete einer sogar, dass ich irgendeinen Komplex hätte. Schließlich hatte ich mich über eine Zwei plus aufgeregt. Er sagte mir, dass es damit zusammenhängen würde."

„Schwachsinn", unterbrach Dean.

„Genau das habe ich auch gesagt. Der Arzt hat mich nie wieder gesehen."

„Hast du dich echt über eine Zwei mit Pluszeichen aufgeregt?"

„Ja, weil … mir fehlten zwei Punkte für eine Eins, und ich wollte unbedingt eine Eins haben", erzählte Nathan mit einem kurzen Kichern. „War halt ärgerlich."

Er kann also doch noch Freude empfinden, freute sich Dean. „Okay, aber nur weil man sich über eine Schulnote aufregt, bekommt man doch keine gesundheitlichen Probleme."

„Ich weiß nicht. Aber in meinem Fall kann ich sagen, dass dem nicht so war."

„Denkst du heute noch darüber nach?"

„Über die Zwei?"

Dean summte zustimmend.

„Nun ja … jetzt, wo ich drüber erzählt habe … ja. Doch, ja … es ärgert mich."

„Wie lange ist es her?"

„Über ein Jahrzehnt", murmelte Nathan kleinlaut.

„Und um was ging es in dem Test?"

„Es war eine Biologiearbeit, und es ging um Blut."

„Interessant."

„Blutgerinnung und so eine Scheiße."

„Und was hattest du falsch?"

„Ich glaube, ich hatte Fehler bei den Bezeichnungen für die verschiedenen Dinge, die im Blut vorhanden sind."

„Und wie gerinnt Blut?", wollte Dean nun wissen. Er grinste breit.

„Hey!", beschwerte sich Nathan mit einem Lächeln. „Ich habe ein Herzproblem und nicht Alzheimer."

„Nur ein Scherz", gestand Dean. „Was geschah dann?"

„Man hatte mir ja die Betablocker verschrieben, die ich jedoch zu Beginn verweigerte."

Kurz brummte Dean. „Wieso?"

„Ich hatte mir die Nebenwirkungen angeschaut, und ich wollte mich einfach nicht wegen irgendeiner Tablette übergeben oder desgleichen …" Schlagartig verstummte er.

„Was ist?", fragte Dean in Sorge.

„Es fühlt sich gerade echt merkwürdig an", gab Nathan mit schwacher Stimme zurück.

„Was meinst du?"

„Früher, da habe ich jedes Medikament verweigert. Selbst wenn ich höllische Zahnschmerzen hatte, habe ich lieber geheult, anstatt irgendetwas zu schlucken, oder ich bin nach etlichen Tagen dann doch mal zum Arzt gegangen. Das war allerdings noch bevor mein Vater seine jetzige Perle kennengelernt und ich noch eine

Krankenversicherung hatte … Wie auch immer – und dann, ganz plötzlich, habe ich all diese Sachen an mich rangelassen."

„Du meinst, du warst abhängig von den ganzen Tabletten?"

„Ja, das auch", gab Nathan zurück, der an etwas völlig anderes denken musste.

„So etwas geht schneller als man denkt … leider."

Nathan hüstelte. „Wie auch immer", sagte er. „Als ich nach knapp einem Monat mit meinem Vater zum Psychiater ging, machte dieser ein paar Untersuchungen. Ich weiß noch ganz genau, wie ich da saß, in diesem leblosen Warteraum … gekrümmt, weil mir die ganze Zeit über schlecht war. Als der Arzt mich zu sich rief, hoffte ich nur, dass man endlich die Ursache für mein Problem finden würde. Doch kaum fielen die ersten Worte meines Vaters, fing der liebe Doktor mit der Psyche an. Er klopfte mit einem kleinen Hammer auf meinen Knien herum und meinte, dass meine Reflexe noch da seien.

Treten hätte ich ihn können.

Hinterher musste ich auf so einen komischen Stuhl. Zwei Arzthelferinnen kamen ins Zimmer, während mein Vater stillschweigend in der Ecke saß und sich das Elend mit ansah. Sie setzten mir so ein komisches Teil auf den Kopf und meinten, dass ich ganz ruhig atmen solle."

„Ein EEG?", warf Dean fragend ein.

„Ja, die Hirnströme wurden gemessen. Allerdings fing alles in mir zu kribbeln an. Mein Herz, es wollte regelrecht durch meine Brust donnern. Es fühlte sich echt so an, als ob ich unter Strom gestanden hätte."

„Glaubst du das echt?"

„Heute weiß ich, dass es eine pure Panikattacke war. Jahre später wusste ich schließlich, wie sich diese anfühlen."

„Und wie war das Ergebnis?"

„Es war nichts."

„Sei doch froh."

„War ich ja auch. Nur besser ging es mir dadurch auch nicht. Er verschrieb mir ein paar Antidepressiva. Als ich jedoch die Nebenwirkungen las … "

„Lass mich raten", unterbrach Dean frech, „hast du sie nicht genommen."

„Nein. Ich weigerte mich. Zugegeben, irgendwann beschloss ich, doch eine zu nehmen. Nun ja, zumindest eine halbe. Allerdings schlug mein Herz dadurch noch schneller, und ich entschied diese Dinger beiseitezulassen. Stattdessen schnappte mein Vater sich die Pillen und dröhnte sich eines Abends derb damit zu."

„Klingt so, als sei dein Vater mit seinem Leben nicht wirklich zufrieden gewesen."

Nathan zögerte. „Dean, ich …"

„Schon gut. Du brauchst nicht darauf einzugehen. Was geschah dann?"

„Ein paar Tage später entschied ich mich dazu, doch eine von den Betablockern zu nehmen. Erst hatte ich tierische Angst, dass irgendeine Nebenwirkung sich bemerkbar machen würde, doch dem war zum Glück nicht so.

Mein Vater kam gerade in mein Zimmer und brachte mir die Wäsche. Er sah mich fragend an, da ich mir gegen die Brust gefasst hatte – meine Mundwinkel allerdings nach oben und nicht wie zuvor immer nach unten gingen. Ich sagte ihm, dass mein Herzschlag nicht mehr so rasend sei. Er freute sich, doch wirklich besser ging es mir dennoch nicht. Die Übelkeit blieb permanent bestehen, und ich wollte endlich wissen, warum. Besonders schlimm war es nach jeder Mahlzeit. Alles schmeckte irgendwie so komisch. Als ob etwas in meinem Hals dafür verantwortlich gewesen wäre. Nun ja … wie auch immer."

„Kann es sein, dass dich dein Vater, als du ein Kind warst, zu sehr in Sorge um dich erzogen oder dich eventuell vernachlässigt hat?"

„Um ehrlich zu sein, Dean …"

„Ja?"

„Ich kann mich nicht mehr wirklich an die Erziehungsmaßnahmen vor meinem sechsten Lebensjahr erinnern."

„Aber alles, was nach deinem sechsten Lebensjahr geschah, weißt du doch sicherlich noch, oder?"

„Ja", flüsterte Nathan bedrückt.

„Okay … müssen wir jetzt nicht weiter vertiefen."

„Ich kann nicht … tut mir leid", entschuldigte sich Nathan mit gedämpfter Stimme.

„Braucht es nicht", lächelte Dean. „Wie ging es also bei der Suche nach Antworten weiter?"

Nathan zögerte einen Moment, denn er freute sich tierisch, dass Dean ihm die ganze Zeit über zuhörte, und das ohne ihn zu verurteilen. Zusammenreißen musste er sich, ihm nicht um den Hals zu fallen, und für einen kurzen Augenblick wünschte er sich, dass Dean sein wäre – der Eine. Er begann, über seine eigenen Gedanken zu schmunzeln. „Ähm … Ich bat einen Internisten, mir eine Überweisung für eine Darmspiegelung zu geben."

„Fragte er nicht, wieso oder warum?"

„Ich erzählte ihm einen vom Pferd."

„Lieber Herr Doktor", begann Dean sarkastisch, „die Gurke in mir hat ein Loch hinterlassen."

„Ich schiebe mir doch keine Lebensmittel hinten rein", stellte Nathan klar.

„War ja auch nicht so gemeint, sorry", entschuldigte sich Dean kleinlaut.

„Mach dich nicht lustig", knurrte Nathan.

„Mach ich nicht, Nathan. Mach ich wirklich nicht. Er gab dir also tatsächlich einfach so eine Überweisung?"

„Ja, und ich kann dir sagen, dass eine Darmspiegelung alles andere als angenehm ist."

„Ich hatte noch keine, aber wenn ich ehrlich sein soll, dann möchte ich auch keine haben. Wer weiß, was die sonst finden würden."

„Angst?"

„Nun ja …", zögerte Dean und musste kurz an all seine versauten Sex-Spielchen denken, die er so in seiner wilden Zeit erlebt hatte. „Nein, nun … ist ja auch egal. Was fandest du denn so unangenehm daran?"

„Nicht die Spiegelung direkt, sondern eher der Scheiß davor."

„Im wahrsten Sinne des Wortes, nicht?"

„Allerdings. Abführmittel sind echt abartig. Und der Schiss danach … herb sage ich dir, einfach nur herb."

Dass Nathan so ernst dabei bleiben konnte, war Dean ein Rätsel, denn er konnte es nicht und begann zu lachen. „Okay … Genug von Absonderungen."

Jetzt musste auch Nathan kurz kichern, und es machte Dean glücklich, dass er seinen Humor noch nicht ganz verloren hatte.

„Auf jeden Fall", erzählte Nathan weiter, „hatten die Ärzte nichts gefunden. Doch der Internist musste noch eins draufsetzen und überwies mich zu einem weiteren Arzt, der dann meinen Bauch röntgen sollte."

„Wieder nichts."

„Jupp, nichts. Weniger als Nichts. Das pure Nichts. Mit meinem Latein war ich wirklich am Ende."

„Kann ich mir vorstellen. Aber du, sag mal?"

„Ja?"

„Warst du innerlich nicht froh darüber, dass man nichts fand? Dein Blut war in bester Ordnung und alles andere anscheinend auch."

„Natürlich versuchte ich mich zu freuen, doch das Faktum, dass mir ständig schlecht war und mein Herz raste …"

„Aber du hattest doch die Betablocker genommen?"

„Ja, sicher. Doch allein die Tatsache, dass mein Herz dauernd tachykard war, verunsicherte mich dermaßen. Du musst verstehen: Ich war achtzehn Jahre und hatte mich zuvor nie mit Krankheiten oder Tabletten beschäftigt."

„Klar kann ich das verstehen."

„Mein Vater und seine Perle waren nach dem Röntgen natürlich auch der Ansicht, dass es von der Psyche käme, und mir war ja auch nur noch schlecht. Herzrasen hatte ich dank den Tabletten ja nicht mehr. Doch ich ließ mich nicht abwimmeln. Eine Freundin, eine ehemalige Freundin, erzählte mir von einem anderen Krankenhaus. Sie war dermaßen von diesem überzeugt, dass ich darüber nachdachte, mich dort einweisen zu lassen. Tat ich später auch. Zwar war mein Vater dagegen, doch das war mir egal. Hingefahren wurde ich von meiner Freundin. Mein Vater hielt sich da raus. Ihm passte es einfach nicht."

„Moment", unterbrach Dean ihn.

„Hm, was denn?"

„Ich muss mal kurz aufs Klo", sagte er und drückte Nathan sanft von sich.

„Ist gut."

„Bin gleich wieder da, und dann möchte ich alles über deinen zweiten Krankenhausaufenthalt wissen, okay?"

Nathan lächelte und sah Dean nach. Mit einem Blick zum Fenster stand er auf und ging rüber. Betrübt schaute er hinaus. *Wieso habe ich dich nicht schon früher kennengelernt? …*

„Hey", hauchte Dean, als er sich kurze Zeit später hinter Nathan stellte und ihn vorsichtig umarmte. Wohlig schloss Nathan seine Augen.

„Alles in Ordnung?"

Ein leises „Ja" flog Nathan aus dem Mund.

„Wollen wir zurück auf die Couch?"

Wortlos drehte sich Nathan um, sah ihn kurz an und herzte ihn dann rasch.

Dean war positiv überrascht und musste lächeln. „Lass uns zurück unter die Decke gehen", flüsterte er erneut. „Es ist nicht gerade warm."

„Ist gut." Nathan nickte und folgte ihm.

„Eine Stunde haben wir noch", versprach Dean, als er nach der Decke griff und sich dann hinsetzte.

„Ja, eine Stunde", nuschelte Nathan mit einem Blick auf die Wanduhr.

„Komm her", forderte Dean und zog ihn an sich. Er deckte Nathan zu und legte seine Arme wieder um ihn. „War echt nötig."

„Nötig?", stutzte Nathan.

„Das Geschäft."

„Geschäft?", wiederholte Nathan fragend. „Ach so!" Er verstand endlich.

„Darf ich dich etwas Persönliches fragen?"

„Klar, sicher."

„Seit wann weißt du, dass du …" Dean zögerte.

„Dass ich was??"

„Nun ja", stockte Dean. „Seit wann weißt du, dass du auf Männer stehst?"

„Woher willst du wissen, dass ich auf Männer stehe?"

Dean räusperte sich. „Das liegt doch wohl auf der Hand, oder?"

Frech grinsend biss sich Nathan auf die Lippen. „In deinen Händen, nicht?"

„Ähm", überlegte Dean. „Soll ich dich …"

„Nein", unterbrach Nathan ihn rasch. „Es ist gut so, wie es ist."

„Ist es das?"

„Mehr als das."

Zwar wäre Dean auch für mehr bereit gewesen, doch wollte er ihn einfach nicht verschrecken – schließlich mochte er Nathan und wollte alles tun, um ihm zu helfen. Aber um das tun zu können, musste er erst einmal Nathans harten Lebensweg genau kennen. „Okay", lächelte er. „Und möchtest du mir nun von deinem zweiten Krankenhausaufenthalt erzählen?"

Tief atmete Nathan ein und wieder aus. Ohne darüber nachzudenken, griffen seine Hände nach Deans Oberarmen und umfassten sie sanft. „Ich weiß noch ganz genau, wie mein Vater an dem Tag reagiert hat, als mich meine ehemalige Freundin abholte, um mich zum Krankenhaus zu fahren."

Nervös stand ich in meinem Zimmer und fragte mich dauernd, ob ich auch wirklich alles eingepackt hatte. Mein Vater, der mit einem seiner Freunde am Küchentisch saß, war wie gesagt keineswegs darüber erfreut, dass ich mich wieder in ein Krankenhaus einweisen ließ. Ich konnte es hören, denn er und sein ach so toller Freund unterhielten sich nicht gerade leise über mich. Doch irgendwie war es mir egal. Schließlich ging es um mich. Um *meine* Gesundheit, und ich wollte endlich wissen, was mir fehlte, was dazu führte, dass ich mich ständig so mies fühlte, mir andauernd schlecht war.

Plötzlich schellte es. Da meine Zimmertür genau gegenüber der Haustür war, düste ich mit einem Schlag hinaus und drückte auf den Summer. Von oben konnte ich sehen, dass es Tanja, meine ehemalige Freundin, war. Gemütlich ging sie die vielen Treppen im Hausflur herauf und blieb, als sie mich sah, schlagartig mit einem breiten Grinsen stehen. Das tat sie andauernd: grinsen.

„Na!", lächelte sie und umarmte mich zur Begrüßung.

„Hey", gab ich zurück. „Komm doch rein."

Sie betrat die Wohnung und blieb im Flur stehen.

„Hier", sagte ich und zeige in mein Zimmer. Tanja ging hinein, staunte, als sie an meine Wände blickte, drehte sich um und sagte begeistert: „Du bist ja voll der Fan!"

Ich zuckte mit den Achseln und schloss die Tür. „Sagte ich doch."

„Allein dass du nicht auf diesem Konzert warst, sollte deinem Vater doch eigentlich zeigen, dass es dir echt nicht gut geht."

„Er denkt weiterhin, dass ich einfach nur keine Lust mehr auf die Schule habe."

„Aber dass ich dich fahre, weiß er schon, ja?"

„Ja, klar."

„Und er weiß auch, dass wir woanders hinfahren?"

„Jupp."

„Dann ist ja gut. Hast du alles gepackt?"

„Jepp, ich habe die Tasche und mein Kopfkissen", sagte ich verlegen.

„Wollen wir dann?", fragte sie.

„Ja", meinte ich und öffnete meine Zimmertür wieder.

„Dad?!", rief ich. Tanja schlängelte sich an mir vorbei, als mein Dad plötzlich aus der Küche kam.

„Oh!", erschrak er und grüßte Tanja. „Hallo."

„Hallo", gab sie freundlich zurück und streckte ihre Hand aus. „Ich bin die Tanja, und ich fahre *Ihren* Sohn heute ins Krankenhaus."

„Ich verstehe", sagte er und sah mich einen Moment garstig an.

„Wo das ist, wissen Sie?", erkundigte sie sich.

„Ich war selbst schon einmal dort", antwortete er. „In …"

Ich versuchte den Namen zu ignorieren, und zum Glück hatte Tanja diesen überhört. Beide sprachen nämlich von zwei verschiedenen Krankenhäusern und dachten, sie meinten dasselbe.

„Gut, mein Sohn!", sprach Vater mit kräftiger Stimme. „Komm her." Er lächelte und drückte mich an sich. „Dann wünsche ich dir viel Erfolg bei deinem Vorhaben."

Tanja verabschiedete sich. „Hat mich gefreut."

Papa sah mich an und sagte: „Die werden dir schon helfen."

„Ja, sicher", gab ich zurück und verschwand. Ich hasste sein heuchlerisches Mitgefühl.

Während der ganzen Autofahrt spürte ich diese Einsamkeit in mir, und ich wünschte mir nichts mehr, als endlich wieder gesund zu sein. Tanja konnte reden ohne Ende. Einmal angefangen, war sie nicht mehr zu bändigen. Dauernd versuchte sie mich über mein Leben auszufragen, doch ich hielt dicht. Es ging sie einfach nichts an. Sie war Mutter zweier Kinder, und ich wusste, dass sie, wenn ich etwas Falsches gesagt hätte, etwas Unüberlegtes unternommen hätte. Meine Menschenkenntnis hatte mich noch nie im Stich gelassen.

Als ich meinem Ziel immer näher kam und die Straßen immer leerer wurden, die Bäume immer dichter und die Stille mich immer mehr in ihren Bann zog, wusste ich, dass dies nichts Gutes bedeutete. Es war eine trostlose und kalte Umgebung. Aus der Ferne konnte ich schon das Hospital sehen, und es war nicht gerade klein. Alles kam mir so unreal vor.

Mit der Tasche in der einen und dem Kopfkissen in der anderen Hand begab ich mich zusammen mit Tanja ins Innere des Krankenhauses. Links – wie sollte es auch anders sein – war sofort ein Souvenirgeschäft mit vielen Teddybären und so einem Dreck.

Du stirbst?, dachte ich. *Schön. Hier ein Teddy, der wird dich wieder aufmuntern.*

Der Aufenthaltsraum war gigantisch. Telefonzellen standen in Reih und Glied am anderen Ende, direkt daneben der Eingang zur Cafeteria, die bis nach draußen zu einem großen Park reichte, und rechts ein schmaler Weg zur Anmeldung.

„Ich mache das schon", sagte Tanja und ging in das Zimmer. Ich hingegen wartete vor der Tür und sah mich die ganze Zeit über um. Nach einer Weile kam Tanja grinsend zurück. „Wir müssen in die fünfte Etage", lächelte sie. „Bereit?"

„Klar, sicher." Ich folgte ihr zum Fahrstuhl – wie ich es doch hasste.

Am Zielort angekommen, kam uns eine Krankenschwester entgegen und nahm mir die Überweisung ab. Sie brachte mich in mein Zimmer. Es war ein Wunder, denn außer mir befand sich dort nur ein weiterer Patient. Ein älterer Mann. Sein Bett war am Fenster und meines direkt neben dem Kleiderschrank. Tanja unterhielt sich noch eine Weile mit mir, bis sie sich wieder auf den Heimweg machte.

Nun war ich allein. Allein an einem Ort, an dem ich zuvor noch nie gewesen war. Früher hätte mir so etwas nichts ausgemacht, doch diese Stille, diese Einsamkeit und Leere ließen mich fast wahnsinnig werden.

Nachdem ich meine Sachen ausgepackt hatte, kam der Oberarzt samt seines – ich nenne ihn jetzt mal – Lehrlings und seiner Heinzelmännchen herein. Sie alle stellten sich um mein Bett, hielten ihre Unterlagen in den Händen und warteten nur darauf, dass ich mich endlich öffnen, ihnen etwas über mich und mein Leiden erzählen würde.

„Herr Schuster", sagte der Mann mit Bart. „Ich bin Doktor Dieter, der Oberarzt, und das ist Doktor Cos. Die anderen brauchen Sie gar nicht erst zu beachten. Sie lernen nur."

„Aha", seufzte ich und blickte um mich. Ich kam mir vor wie in einem Zoo.

Dieter fand die nächsten Worte. „Herr Schuster, wieso sind Sie hier?"

Wie ich das doch liebte. Ich erzählte ihm mit gesenktem Blick von meinem Leiden und kam mir dabei total dämlich vor, da mich jeder anstarrte und sich Notizen machte.

„Gut", plauderte er. „Können Sie die Betablocker für uns einmal absetzen? Danke."

„Wie, absetzen?!", fragte ich erschrocken.

„Wir wollen sehen, wie schnell Ihr Herz schlägt und das ohne Einfluss von Medikamenten. Wir werden Ihnen hier also keine geben."

Klasse, dachte ich und lächelte mit gespielter Mimik. Zum Glück hatte ich genügend in meiner Tasche.

„Wir werden dann morgen mit den Untersuchungen anfangen und dann mal weitersehen."

„Okay", antwortete ich.

„Herr Jansen!", begrüßte der Arzt meinen Bettnachbarn und begann mit ihm ein Gespräch. Nun stellte sich die Horde um ihn herum. Sah lustig und auch irgendwie demütigend aus. Die Unterhaltung bekam ich allerdings weniger mit, da ich zu sehr mit mir selbst beschäftigt war. Doch als die Worte: „Wir werden Sie dann morgen Nachmittag nach dem Befund entlassen" fielen, jubelte ich innerlich. Ein Zimmer ganz für mich allein. War ja fast schon wie geschenkter Urlaub.

Später am Abend musste ich mich meiner Angst stellen und meinen Vater anrufen. Schließlich sollte er ja wissen, wo ich mich befand. Leider verlief das Telefonat nicht ganz so erfreulich, wie ich es mir erhofft hatte – und ich hatte wirklich kaum Hoffnungen gehabt. Mit dem Fahrstuhl fuhr ich allerdings nicht zurück nach oben. Lieber nahm ich die Treppe, auch wenn es ein langer und anstrengender Weg war. *Rauchen*, dachte ich und blickte zur Terrasse, die am Ende des Flurs war. Ich schnappte nach einer Zigarette und begab mich nach draußen. Ein kleiner Tisch mit Aschenbecher und drei Stühlen. Besser ging es doch nicht. Bis auf die Aussicht, die eher an einen Horrorfilm erinnerte. Kaum Platz genommen und die Fluppe angezündet, ging die Tür auf und ein Mann Mitte vierzig gesellte sich zu mir. Er hatte einen künstlichen Harnausgang und lief die ganze Zeit über mit dem Tropf herum.

„Hallo", grüßte er.

„Hey", gab ich zurück, als er sich einen Glimmstängel anzündete.

„Neu hier?"

„Ja, leider", stöhnte ich.

„Was hast du denn?"

Eine Kurzfassung sollte reichen, dachte ich und erzählte. „Und wieso sind Sie hier?"

„Du kannst mich ruhig Jan nennen", meinte er. Er sah echt schlimm aus. Total abgemagert, blass, dünnes Haar und gelbe Augen. „Ich habe Krebs."

„Oh, das tut mir leid."

„Braucht es nicht. Ist ja nicht deine Schuld. Abgesehen davon habe ich mein Leben gelebt, und du wirst deines auch noch in vollen Zügen genießen."

Oh wei, dachte ich und versuchte mir meine Sorgen nicht länger anmerken zu lassen. Schließlich hatte er Krebs und ich nur irgendwas, was niemand erklären konnte.

Jan war echt nett, verabschiedete sich nach der Zigarette aber wieder, und als es kälter wurde, ging auch ich zurück in mein Zimmer.

Die erste Nacht in diesem Raum war alles andere als angenehm. Der Herr neben mir schnarchte laut, und dauernd hörte ich irgendwelche Leute im Flur herumbrüllen.

Kaum hatte ich ein Auge zugemacht und war eingeschlafen, da wurde ich auch schon wieder geweckt. Mit dem Blick auf mein Handy rollte ich mit den Augen. Wir hatten gerade mal kurz nach sechs Uhr.

„Morgen", lächelte die Schwester mich dämonisch an und zückte sofort eine Nadel. Bevor ich überhaupt realisierte, was sie vorhatte, stach sie zu und nahm mir Blut ab.

„Au!", fluchte ich leise und blickte auf die Kanüle, die sich rasch mit meinem kostbaren Lebenssaft füllte.

„Ja, sehr gut", meinte sie und überreichte mir ein Fieberthermometer. „Hier, hinten einführen."

Verwirrt sah ich sie an. Anscheinend machte ihr der Job echt Spaß oder sie mochte es einfach nur, Leute leiden zu sehen. Und sie lächelte immer noch, wartete darauf, dass ich mich vor ihr entblößte. Tat ich aber nicht. Beschämt verkroch ich mich unter die Decke und steckte mir langsam das Teil hinten rein. Es piepte nach wenigen Sekunden und sofort wollte sie es haben. Mir kam es fast so vor, als ob sie den Geruch des Hinterteils mochte.

Ihre Mundwinkel gingen gespenstisch nach oben. „Ja, sehr gut, 36,7", sagte sie. „Irgendwelche Beschwerden?"

Ich schüttelte den Kopf.

„Ja, sehr gut", wiederholte sie – wie so oft. „Dann kommt gleich das Frühstück!" Sie grinste und verschwand.

Der Herr neben mir sah mich mit großen Augen an. Zwar wollte ich etwas sagen, doch ich wusste nicht wirklich was.

„Geschockt?", fragte er und begann kurz zu lachen. „So sind die immer hier." Er drehte sich wieder um.

Super, dachte ich und wartete auf das Frühstück, das laut der Krankenschwester ja gleich kommen würde. Kam es aber nicht. Es ließ auf sich warten. Ganze drei Stunden, um genau zu sein, und als es dann da war, war es nicht gerade ein Frühstück für meinen großen Magen. Zwei Blätter Wurst, eine Scheibe Käse und Brot sowie ein kleiner Joghurt. Letzteres ließ ich beiseite, da ich wusste, dass mir nach der Aufnahme schlecht werden würde. Die beiden Scheiben Wurst legte ich mir aufs Brot und das Käsestück steckte ich mir mit einem Ruck in den Mund. Der Hunger jedoch, der blieb. Zum Glück hatte ich genügend Geld dabei, um mir etwas kaufen zu können, und das tat ich dann auch. Nur fiel es mir etwas schwer, keine Tabletten zu nehmen, denn nach dem Essen begann mein Herz jedes Mal zu rasen. Keine Ahnung, wieso, doch so war es.

Nachdem ich mir eine Packung Kekse – ja, ich weiß, nicht das Beste – geholt hatte und zurück auf mein Zimmer kam, war der ältere Herr nicht anwesend. Ich ging zum Fenster, und als ich hinaussah, packte mich dieser unangenehme Schauer. Fast nur Bäume. Düster und kalt. Die Sehnsucht zog mich in ihren Bann. Sehnsucht nach etwas, was mir in meinem Leben fehlte.

Plötzlich ging die Tür auf und der Cos kam herein. Er hatte mittellange blonde Haare, war zwei Köpfe größer als ich und schien sich für den Schönsten der Welt zu halten.

„Da bist du ja!", lächelte er und schloss die Tür.

„Wo sollte ich denn sonst sein?"

„Ich war gerade schon einmal hier, und du warst nicht da."

Ein ganz Schlauer. Grinsend streckte ich das Kinn vor und nickte.

„Ich komme, um dich abzuholen."

„Aha", stutzte ich. „Wofür?"

„Ein EKG und ein Herzultraschall stehen an", meinte er.

„Okay", stammelte ich und folgte ihm. Auf dem Weg zum Untersuchungsraum versuchte er, etwas über mich zu erfahren, doch er bekam kaum eine Antwort von mir.

Nachdem der Ultraschall gemacht wurde, führten die Ärzte sofort ein EKG durch und verpassten mir auch gleich einmal dieses tolle Langzeit-EKG. Wie ich es doch liebte.

„Ihr Herz sieht gesund aus", erkannte der Arzt, „und das EKG ist auch so weit in Ordnung."

Ich lächelte tapfer und wäre am liebsten davongelaufen.

Zurück in meinem Zimmer griff ich als Erstes zu meinen Zigaretten und begab mich auf die Terrasse. Jan war ebenfalls anwesend, doch er war nicht allein. Eine pummelige Frau unterhielt sich mit ihm.

„Hallo", sagte ich schüchtern und stellte mich ein wenig abseits.

„Ach, Nathan!", freute sich Jan. „Wie geht es dir?"

„Ganz gut", seufzte ich, als die Manschette plötzlich meinen Arm zu zerdrücken begann.

„Ich liebe diese Dinger", scherzte die Frau.

„Und ich erst", gab ich empört zurück.

Sie stellte sich vor und reichte mir ihre Hand. „Ich bin Nadine."

„Nathan", sagte ich.

„Ich weiß. Jan hat mir schon einiges über dich erzählt."

„Ach", staunte ich. „Hat er das, ja?" Wie ich Tratschweiber – auch wenn Jan eindeutig ein Mann gewesen war, glaube ich – doch liebte.

„Ja, und du brauchst dir echt keine Sorgen zu machen. Die sind hier echt gut. Ich war schon mehrmals hier, und bisher verlief alles immer ausgezeichnet."

Super, dachte ich. Die Frau war höchstens dreißig und schon mehrmals hier gewesen. Dabei sollte dieses Krankenhaus doch so gut sein.

Wir unterhielten uns kurz, bis ich mich mit einem gespielten Lächeln verabschiedete und zurück in mein Zimmer ging. Ich griff nach meinem Walkman und steckte mir die Stöpsel in die Ohren. Auf meinem Bett liegend, versuchte ich mich zu entspannen. Klappte nur nicht ganz, denn nur wenig später kam eine Schwester herein, die das Mittagessen brachte. *Sehr appetitlich*, dachte ich, als ich auf dieses gemanschte Zeug blickte. Doch mein Hunger siegte, und ich würgte mir die fast schon kalte Kotze hinein.

Erst jetzt fiel mir das Buch auf dem Tisch auf, dessen Überschrift CHRISTEN LEBEN LÄNGER lautete.

Nun kommen die Christen, dachte ich völlig entnervt, als sich plötzlich mein Magen zu drehen begann. *Gefolgt vom großen Kotzen!* In Windeseile stürmte ich zur Toilette. Übergeben musste ich mich dem Teufel sei Dank nicht.

Als ich später am Nachmittag auf meinem Bett saß und die Decke über mir anstarrte, dachte ich die ganze Zeit nur an eine Person. Auf einmal klopfte es an der Tür, doch bevor ich etwas sagen konnte, kam auch schon mein Vater mit seiner Perle hereingestürmt.

„Dad?!"

Der Mann neben mir, der später von seiner Frau abgeholt wurde, bekam alles mit.

„Nathan!", meckerte mein Vater außer Atem, als Bianca dabei war, die Tür zu schließen.

„Was denn?!", fragte ich.

„Du hast mir ins Gesicht gesagt, dass du in das andere Krankenhaus gehst!", schimpfte Hendrik und setzte sich erschöpft hin.

„Ich muss weniger rauchen!", fluchte er.

Das sagte er schon seit Jahren und hatte somit jegliche Bedeutung für mich verloren.

„Ich finde das auch nicht in Ordnung!", mischte Bianca sich ein. „Weißt du, wie lange wir jetzt gefahren sind?!"

Hendrik sah erst zu mir, dann zu ihr. „Über eine Stunde!"

Dass dies nicht stimmen konnte, wusste ich, denn immerhin war ich am Vortag mit Tanja nur eine halbe Stunde gefahren.

„Vielleicht habt ihr den falschen Weg genommen", konterte ich.

„Nathan!", schnaubte mein Vater und motzte noch eine ganze Weile weiter. Es war mir mehr als nur unangenehm vor dem anderen Patienten. Nach der langen Standpauke begaben wir uns schließlich nach draußen, um eine zu rauchen. Viel zu sagen hatten wir uns nicht und lange blieben sie auch nicht. Zwar versprach mir mein Dad im Laufe der Woche noch einmal vorbeizukommen, doch ich wusste schon vorher, dass das eine Lüge war, und wie sich am Ende der Woche herausstellte, behielt ich auch recht.

Zurück in meinem Zimmer war mein Bettnachbar auch schon dabei, aufzubrechen. Er wünschte mir alles Gute und verabschiedete sich. Nun war ich komplett allein. Teufel, wie ich mich doch verlassen fühlte.

Ab und zu ging ich mal eine rauchen, doch es war auch nicht das Wahre. Jan und Nadine waren hin und wieder auf der Terrasse anzutreffen, und wenn ich ehrlich sein soll, dann taten die kurzen Unterhaltungen mit ihnen schon gut. Zwar weiß ich nicht, was sie wirklich über mich dachten, doch andererseits war es mir auch irgendwie egal.

Gegen achtzehn Uhr kam das Abendbrot, das genau wie das Frühstück sehr mager ausfiel. Die Kekse schmeckten nach der Zeit auch nicht mehr so köstlich, und da ich den ganzen Tag über keine Betablocker nehmen sollte, raste mein Herz ununterbrochen. Es war alles andere als angenehm. An diesem Abend fand ich nur schwer in den Schlaf.

„Einen Moment", unterbrach Dean.

„Ja?"

Er blickte auf die Wanduhr. „So gern ich dir auch weiter zuhören würde …"

„Ist es schon so spät?", nuschelte Nathan, der gar nicht daran dachte, sich aus Deans Umarmung zu lösen.

„Ja, es tut mir leid, Nathan", sagte Dean und drückte ihn sanft von sich.

„Schon gut. Ich verstehe das", murmelte Nathan. „Wirklich."

Kurz sah Dean ihn schweigend an. „Komm heute Nacht einfach wieder, und du kannst mir den Rest erzählen, okay?"

Dean wollte seine eigenen Worte nicht wahrhaben. *Habe ich das gerade tatsächlich gesagt?*, stutzte er und runzelte seine Stirn.

Nathan atmete tief durch und stand auf. „Ist schon gut, Dean. Ich möchte echt nicht, dass du meinetwegen Ärger bekommst."

Belustigt hob Dean die Augenbrauen. „Den habe ich doch sowieso schon." Er erhob sich ebenfalls und umarmte Nathan kurz.

Lass mich nicht los, hoffte Nathan – vergebens.

„Los", sagte er und ließ von Nathan ab. „Ich schau eben hinaus, ob jemand zu sehen ist, und dann huschst du zurück in dein Zimmer."

Nathan nickte. Dean ging zur Tür und blickte vorsichtig hinaus. Erst sah er nach rechts, dann nach links.

„Los!", forderte er Nathan erneut leise auf. Schnell kam er Deans Aufforderung nach und sah ihm beim Hinausschleichen ein letztes Mal in die Augen. Hastig schloss Dean die Tür und blieb kurz regungslos stehen. Nathans Anwesenheit hatte etwas in ihm entflammt – Gefühle, die er einfach nicht leugnen konnte. Tief atmete er ein und wieder aus.

Nachdenklich schlich Nathan zurück in sein Reich. Auch er war verwirrt. In seinem Zimmer befiel ihn sofort dieses starke Gefühl der Einsamkeit. Diese Stille und Leere, die ihn mit einem Schlag umgab, machte ihm Angst. Sein Körper sehnte sich nach Deans, und für einen Moment wünschte er sich, wieder ganz normal zu sein; ein ganz normales Leben zu führen – vielleicht sogar mit Dean, den er bereits in sein Herz geschlossen hatte. Wortlos blieb er eine Weile regungslos stehen und versuchte sich zusammenzureißen. Doch er schaffte es nicht und begann zu heulen. Wie so oft, fühlte er sich wieder einmal allein und verlassen.

11. KAPITEL

Angespannt und total versonnen saß Nathan auf seinem Bett. Vor seinem geistigen Auge sah er fortlaufend Ereignisse aus seiner Vergangenheit: David, die Art wie er einst zu ihm gesprochen hatte, wie er ging, seine Handbewegungen, das verführerische Lächeln.

„Ich liebe dich", hauchte David ihm ins Ohr. *Beide sahen sich tief in die Augen. „Das werde ich immer tun. Egal, wie weit wir voneinander entfernt sind, nichts und niemand wird uns je trennen können. Niemand. Unsere Liebe soll ewig halten. Ich werde immer für dich da sein, Nathan, denn ... ich liebe dich."*

Ein kleines, verheultes Lächeln flog Nathan über die Lippen. „David", flüsterte er. Augenblicklich verlor er die Beherrschung und sprang mit einem Satz von seinem Bett auf. Er rastete restlos aus. Kreischend schlug er auf Gegenstände ein und trat mehrfach gegen sein Bett, solange, bis er sich entkräftet fallen ließ und leise vor sich hin schluchzte.

Nur wenige Minuten später klopfte es an der Tür. Ruckartig setzte sich Nathan auf, wischte sich die Tränen aus den Augen und begrüßte die Krankenschwester mit einem heuchlerischen Lächeln, die fröhlich auf ihn zukam.

„Guten Morgen, Nathan. Geht es dir so weit gut?", fragte sie und zückte eine Spritze. Er nickte stumm.

Sie setzte die Spritze an. „Gut, dann kommt jetzt deine Medizin." Die geheimnisvolle Flüssigkeit vermischte sich mit Nathans Blut und beruhigte seine Nerven rasch. In seinem Kopf begann es zu taumeln.

„Das wäre geschafft", sagte die Schwester. „Ich bringe dir später dein Frühstück." Sie lächelte noch einmal, ehe sie wieder verschwand.

Nathans Pupillen erweiterten sich innerhalb kürzester Zeit. Ausgezehrt legte er sich hin und schlief binnen weniger Sekunden ein.

☙◦❧

Es war gegen zwölf Uhr mittags, als sich Nathan wieder aus seinem Zimmer begab und ängstlich den Flur entlanglief. An Alexanders Zimmertür angekommen, warf er einen kurzen Blick hinein und ging dann mit einem tiefen Atemzug weiter. Auch im Gemeinschaftsraum hielt er Ausschau nach dem Ebenbild seiner großen Liebe.

„David", flüsterte er erfreut, als er Alexander an einem Tisch sitzen sah. Wie es aussah, zeichnete Alexander ein Bild. Nathan trat näher. „Na", wisperte er und erschreckte Alexander unbewusst.

„David", wiederholte er und setzte sich neben ihn. „Wie geht es dir?"

Alexander schien noch verwirrter zu sein. Dass er ihn mit falschem Namen ansprach, bekam Nathan selbst nicht mit.

„Du zeichnest ein Bild", meinte Nathan mit einem Blick auf das Porträt. „Das ist echt schön." Nathan war dermaßen in Gedanken vertieft, dass er nicht einmal Dean bemerkte, der mit einem Kollegen in der Nähe des Weihnachtsbaumes stand und ihn beobachtete.

„Hast du schon immer so toll gemalt?", wollte Nathan nun wissen. „Ist mir früher nie aufgefallen. Hattest wohl ein kleines Geheimnis vor mir, was?" Nathan stieß Alexander mit einem sanften Ellbogenkick an und grinste. Alexander starrte entsetzt auf die Zeichnung. „Das kannst du echt gut. Vielleicht solltest du das zu deinem Beruf machen. Ich weiß ja, wie sehr dich deine Ausbildung damals ermüdete."

Dean, der Nathan und Alexander weiterhin beobachtete, verstand nicht, was Nathan vorhatte.

„Darf ich mal?", fragte Nathan und griff zu einem Bleistift. Er rückte etwas näher an Alexander heran und berührte dessen Arm mit dem seinen. Kurz sah Nathan auf Alexanders Hände und erinnerte sich an Davids schöne Finger, die ihn früher so zärtlich berührt hatten.

„Du bist echt gut, David", gestand Nathan. „Doch hier", er setzte den Bleistift an, „würde ich die Konturen etwas dicker machen." Langsam zog er den ersten Strich, als Alexander ihm schlagartig das Blatt wegriss, aufsprang und ihn mit einem lauten Schrei vom Stuhl schubste. Voller Wucht knallte er auf den Boden und war überrascht. Selbst Dean, den er nun wahrnahm, machte große Augen, denn es war vermutlich das erste Mal, dass er aus Alexanders Mund Töne hörte. Nathan registrierte, dass Dean zögerte, bevor er zu ihnen rannte.

Alexander hörte nicht mehr auf zu schreien. Seine Wut war unüberhörbar, doch als Nathan ihn genauer ansah, erkannte er die Traurigkeit in den grünen Augen.

„Hilf mir mal!", meckerte Dean seinen Kollegen an, der ihm sofort zu Hilfe eilte und den brüllenden Alexander von hinten packte. Mit Händen und Füßen strampelte Alexander herum und schrie durchgehend weiter.

„Bring ihn hier weg!", forderte Dean. Sein Arbeitskamerad nickte und trug den Kreischenden fort.

„Aber, aber …", nuschelte Nathan völlig verstört.

„Nathan?!", meinte Dean.

„Aber ich, aber ich …"

„Nathan!" Dean rüttelte ihn kurz.

„Ich wollte David doch nur …"

Verwirrt sah Dean ihn an. „Was?"

„Ich … David …"

Dean erkannte Nathans Verwirrung und handelte. „Los – steh auf! Ich bring dich in dein Zimmer."

„Aber ich …"

„Kein aber!", schnauzte Dean und griff nicht gerade sanft nach Nathans Arm. „Los, komm!"

Nathan brummte und folgte ihm völlig konfus. Die vielen fragenden Gesichter, die sie allesamt anstarrten, versuchten sie zu ignorieren.

„Was hast du dir nur dabei gedacht?!", schnauzte Dean, als sie die Treppe betraten.

„Ich wollte doch nur …", murmelte Nathan mit gesenktem Kopf.

„Was wolltest du?!"

„David", sagte Nathan plötzlich und sah Dean völlig zerrüttet an.

„Wer war David noch mal?!"

„David", wiederholte Nathan und begann zu verstehen. „Alexander", flüsterte er.

„Das wird mir zu hoch!", giftete Dean. „Ich bringe dich jetzt zurück in dein Zimmer!"

Minuten später knallte Dean wütend die Zimmertür zu. „Was ist bloß los mit dir?!"

Langsam drehte sich Nathan zu ihm um. Er guckte Dean mit regungsloser Mimik an, als er urplötzlich total kindisch wurde.

„Hui, ich kann fliegen!", lächelte er mit einem wahnsinnigen Gesichtsausdruck und bewegte seine Arme wie ein Vogel hin und her.

Dean war durcheinander. „Was ist denn bloß mit dir los?"

„Wie ein Adler umkreise ich die Lüfte und schwebe durch die Wolken, hui!" Nathan flatterte völlig überdreht durch den Raum.

„Sag mal?!", begann Dean entgeistert. „Hast du dir etwa was reingepfiffen?!"
Doch statt zu antworten, lachte sich Nathan einfach nur schlapp.

„Nathan?!"

„Hui!"

Dean wusste, dass er herausfinden musste, was mit Nathan geschehen war. „Du wartest hier! Ich komme gleich wieder, mein Freund!", warnte er mit dem Finger.

„Hihi", kicherte Nathan, als Dean verschwand und die Tür zudonnerte. Er lachte weiter und ging zum Fenster. Als er es geöffnet hatte, brüllte er wie von Sinnen: „Ich komme vom Ur-Anus und kack euch allen auf den Kopf!"

Dass sich ausgerechnet jetzt Doktor Schlaus im Park aufhielt, war pures Pech. Schlaus, der mit ein paar Patienten draußen unterwegs war, sah Nathans Ausbruch und reagierte sofort. „Ihr geht schon mal zurück in den Gemeinschaftsraum! Ich komme gleich nach!", sagte er erschüttert und eilte los.

„Dieser Junge", begann Dean außer sich und kehrte wieder um, „macht mich noch fertig!" Hastig öffnete er die Zimmertür und bekam Panik, als er Nathan kopfüber aus dem Fenster hängen sah. Schnell rannte er zu ihm, packte ihn am Shirt und zog ihn mit einem Ruck zurück. Ungewollt stolperte Nathan über seine eigenen Füße und knallte auf den Boden.

„Aua!", beschwerte er sich.

„Entschuldige", zuckte Dean erschrocken auf. „Das wollte ich nicht."

„Hihi", lachte Nathan nun wieder und starrte auf den Boden. „Ein Käfer."

Dean rollte mit seinen Augen und schloss das Fenster. Schnell kniete er sich zu dem völlig aufgelösten Nathan und griff nach dessen Arm.

„Was machst du da?", wollte Nathan erfreut wissen.

„Ich werde überprüfen, was du dir reingepfiffen hast!", gab Dean mit kräftiger Stimme zurück und zückte eine Nadel sowie die dazugehörigen Utensilien aus seinem Mantel.

„Nein!", meckerte Nathan und zog seinen Arm zurück.

„Nathan!", schnauzte Dean und griff erneut zu.

„Ich will nicht!" Nathan versuchte sich zu wehren.

„Nathan!", maulte Dean erneut laut.

Eingeschnappt verzog Nathan das Gesicht.

„Ich will dir nur Blut abnehmen und es dann untersuchen lassen. Hör gefälligst auf, dich zu wehren!"

Nathan blieb beleidigt, aber ruhig sitzen, als Dean ihm endlich seinen Lebenssaft abnahm.

„Das hätten wir." Er griff nach einem Pflaster und klebte es auf die Wunde. „Ich werde das jetzt untersuchen gehen, und du wirst gefälligst hier bleiben, verstanden?!"

„Ja, Papi", schmollte Nathan.

Konsterniert schüttelte Dean seinen Kopf und stand auf. „Du bleibst hier!", erinnerte er mit böser Mimik.

Unter diesem strengen Blick fühlte sich Nathan absolut nicht wohl. „Jaja", nuschelte er mit gesenktem Haupt, als Dean aus dem Zimmer verschwand.

„Ich glaube es einfach nicht", knurrte Dean leise vor sich hin, als er den Flur betrat und kurz auf die Kanüle blickte. „Gleich werden wir es wissen." Er hoffte endlich eine Antwort auf all die Fragen zu bekommen, die er sich in letzter Zeit in Bezug auf Nathan gestellt hatte.

„Harris!", rief plötzlich Doktor Schlaus und riss ihn aus den Gedanken.

Erschrocken sah Dean auf.

„Was haben Sie da?!"

Bevor Dean überhaupt imstande war, das Röhrchen in seiner Tasche zu verstecken, erkannte der Chefarzt es. „Was haben Sie da?!"

„Nichts Besonderes", log Dean und wollte weitergehen, doch sein Chef ließ ihn nicht an sich vorbei. Außerdem siezte er ihn schon wieder mal.

„Zeigen Sie mal!", forderte der Doktor.

„Wie ich schon sagte …", begann Dean wütend, als Schlaus versuchte, ihm das Gefäß abzunehmen, „nichts Besonderes!"

„Nichts Besonderes?!", schnauzte der Arzt und riss Nathans Blut an sich. „Ist es das, wofür ich es halte?!"

„Es ist ganz normales Blut!"

„Und es ist Nathans Blut, nicht?!"

Dean verstummte. Schlaus verstand. „Ich habe Ihnen doch ausdrücklich verboten, sich weiterhin um Nathan Schuster zu kümmern!"

„Sie hätten ihn sehen sollen!", versuchte Dean sich zu verteidigen.

„Das habe ich!"

„Dann geben Sie mir die Kanüle zurück! Ich muss nachforschen, ob er sich etwas reingepfiffen hat. Los!"

„Zum letzten Mal, Harris! Sie sind nicht mehr für Nathan zuständig!"

„Das haben Sie schon so oft gesagt, dass es jede Bedeutung für mich verloren hat", entgegnete Dean ohne nachzudenken.

Erbost sah Doktor Schlaus ihn an. „Bis auf Weiteres können Sie Ihre Sachen packen und Urlaub nehmen!"

„Wir haben Weihnachten, und das Haus ist voll. Da wollen Sie mich wirklich entlassen?!"

„Nein, Harris. Ich entlasse Sie nicht. Ich gebe Ihnen nur unbezahlten Urlaub, und das so lange, bis sie wieder bei Verstand sind!"

„Ich bin bei Verstand!"

„Nein, sind Sie eben nicht!"

Verabscheuend sah Dean ihn an. „Wissen Sie was? Ich bin nicht derjenige, der hier seine Aufsichtspflicht verletzt. Machen Sie mit dem Blut doch, was Sie wollen. Ich bin weg!"

„Schön!"

„Ja!", giftete Dean und ging davon.

„In einer Woche sind Sie wieder hier, verstanden?!"

„Doc?!", sagte Dean. Er blieb stehen und drehte sich um. „Machen Sie ihre Scheiße doch allein. Ich kündige", sprach er voller Überzeugung. Seine Mundwinkel gingen leicht nach oben, bis er Schlaus den Rücken zukehrte. Nathan und all die anderen Patienten waren ihm mit einem Mal egal.

„Sie können nicht einfach so kündigen!", fluchte Doktor Schlaus. Doch anstelle einer Antwort streckte Dean nur seinen rechten Arm nach oben und zeigte ihm gekonnt den Mittelfinger.

Der Chefarzt seufzte und ging mit einem kurzen Blick auf die mit Blut gefüllte Kanüle weiter.

Nathan, der das ganze Gespräch hinter seiner geschlossenen Zimmertür verfolgt hatte, war platt. „Was habe ich nur getan?", flüsterte er den Tränen nahe.

„Dean?" Er konnte und wollte es nicht wahrhaben.

⛥

„So ein Arschloch!", fluchte Dean und wütete durch sein kleines Reich.

„Okay, ganz ruhig", versuchte er sich selbst wieder zu beruhigen und blieb stehen. „Ich habe es doch nicht nötig – absolut nicht. Sollen die doch alle zusehen, wie sie klarkommen." Er rieb sich über sein Antlitz. „Ich werde schnellstmöglich verschwinden." Sekunden später lief er in sein Bad, lächelte frech sein Spiegelbild an und meinte schließlich von sich überzeugt: „Mit diesem Gesicht könnte ich Model werden." Selbstbewusst zuckte er mit den Augenbrauen. „Oh ja, das könnte ich", meinte er in sich verliebt und zog sich das Shirt aus. Langsam ließ er die Hose nach unten gleiten und betrachtete sich erneut. „Und wie", staunte er und ließ seine Brustmuskeln wackeln. „Sehr sexy." Beeindruckt blickte er an sich hinab, bevor er sich komplett entblößte und sich ein weiteres Mal begutachtete. „Perfekt!" Nach kurzer Überlegung drehte er sich um, griff sich an die Pobacken, klatschte zweimal darauf und fuhr verführerisch mit der Zunge über die Lippen. „Ein Anblick für Götter!", freute er sich und trat dann mit einem kurzen Händereiben unter die Dusche.

Nathan lief ängstlich durch den Flur und sah sich immer wieder leicht verwirrt um. „Dean", flüsterte er und suchte weiter nach dessen Zimmer. Aus irgendeinem Grund wusste er nicht mehr, wo sich dieses befand. „Wo bin ich hier?", fragte er sich leise. Er schien völlig orientierungslos.

Dean kam mit einem knappen Badetuch, das er um seine Hüfte gewickelt hatte, aus dem Bad, und streckte sich ausgiebig. „Morgen bin ich hier weg", ergötzte er sich. Gelassen ging er zum Fenster, sah hinaus und griff dann zu den schwarzen Pants, die auf der Heizung vor ihm lagen. Das Handtuch fiel zu Boden.

„Harris", las Nathan zeitgleich erleichtert und öffnete ohne anzuklopfen die Tür. Der Blick auf Deans blanken Hintern ließ ihn erstarren. *Mann, ist der muskulös!*

„Hä?", stutzte Dean und drehte sich rasch um. „Nathan!", erschrak er.

Kurz äugte Nathan auf die rasierten Hoden, die tief nach unten hingen. Schnell drehte er sich vor Scham zur Seite, doch Dean schien mit der Nacktheit überhaupt kein Problem zu haben. Stattdessen verschränkte er die Arme ineinander und stellte sich leicht breitbeinig vor ihn. „Was willst du?"

Wortlos schloss Nathan die Tür „Ich wollte mich bei dir entschuldigen."

Doch mehr als ein „Aha" kam Dean nicht aus dem Mund. „Sonst noch was?"

Beschämt blickte Nathan kurz zu ihm. „Könntest du dir vielleicht etwas überziehen?"

„Dazu sehe ich keinen Grund."

„Dean, ich …"

„Du, was?!"

„Ich kann deinen …"

„Meinen?"

„Ich kann deinen …", stotterte sich Nathan einen ab.

„Ach, du meinst, du kannst meinen Prachtpenis sehen, ja?"

Eingeschüchtert stimmte Nathan ihm nickend zu.

„Noch nie einen beschnittenen Schwanz mit den Maßen siebzehn mal viereinhalb gesehen?", wollte Dean wissen.

„Dean, bitte", murmelte Nathan.

„Bitte, was?!"

„Ich möchte mich gerne mit dir unterhalten."

Dean wedelte mit seinem Arm herum. „Und das kannst du nicht, wenn ich nackt bin?"

„Nein."

Fragend kratzte sich Dean am Sack. „Na denn." Er griff nach den schwarzen Pants und schlüpfte hinein. „Besser?!"

„Danke."

„So, und was willst du? Dich entschuldigen? Schon verstanden. Nicht akzeptiert – sonst noch irgendetwas?"

„Sei nicht so, bitte."

„Ach, wie bin ich denn?"

„So", gab Nathan kleinlaut zurück.

„Ach, ich bin also *so*", überlegte Dean und nickte überheblich.

„Dean, ich …"

„Nathan!"

Nathan schluckte. „Ja?"

„Soll ich dir mal was sagen?", murrte Dean und ging ein paar Schritte auf ihn zu. „Wenn ich ehrlich sein soll, dann gehst du mir ziemlich auf die Nüsse."

Fuchsig sah Nathan ihn an.

„Da brauchst du mich auch gar nicht so grimmig anzugucken. Ich meine, überlege doch mal: Seit du hier bist, drehen irgendwie alle durch: Ebby versucht, dich umzubringen, Jennifer kann dich nicht leiden, Alexander noch weniger und der Schlaus …", stoppte Dean und überlegte kurz. „Ja, der Schlaus", er lachte, „der hält absolut nichts von dir und deinen Selbstmordversuchen."

„Wieso bist du so?", fragte Nathan, der den Tränen nahe war.

„Ich will ja eigentlich nicht biestig sein, Nathan, aber deinetwegen, und nur deinetwegen, habe ich jetzt meinen Job verloren."

„Ich … ich …"

„Teufel!", knurrte Dean. „Ich, ich … bla bla. Merkst du nicht, dass du das Leben anderer mit deiner Art zerstörst?!"

„Das wollte ich doch nicht."

„Ach, das wolltest du also nicht?"

„Nein!"

„Und wieso tust du es dann?"

Nathan fühlte sich unter Deans feindseligem Blick nicht wohl. „Ich …"

Dean kam ihm immer näher. „Siehst du – du weißt es selbst nicht einmal."

„Bitte", flüsterte Nathan.

„Was?!"

„Geh nicht", bettelte er weiter.

Dean schwieg kurz. „Zu spät."

„Dean, bitte, ich kann dir das alles erklären."

„Ach, kannst du, ja?"

„Ja, ich …"

„Dann sage mir", unterbrach Dean ihn forsch, „was das vorhin sollte?!"

„Ich …"

„Was zum Teufel hast du dir da nur eingeschmissen?!"

„Ich …"

„Du, was?!"

„Ich weiß es nicht, okay?!"

„Ach, du weißt es also nicht mehr, ja?!"

„Ich …"

„Kannst du vielleicht auch mal einen Satz zu Ende sprechen?!"

„Wenn du mich ausreden lassen würdest, ja!"

Dean zuckte mit den Achseln. „Gut." Wieder verschränkte er seine Arme. „Bitte, ich warte."

„Als ich heute Morgen zurück in mein Zimmer kam … ich … die Schwester kam und gab mir die Spritze für mein Herz, und kurz danach bin ich eingeschlafen. Irgendwann wieder aufgewacht und in den Gemeinschaftsraum gegangen … da war dann Alexander."

„Du meinst David?", unterbrach Dean ihn spöttisch.

„Was?", stutzte Nathan.

„David", wiederholte Dean. „Du hast David für Alexander gehalten, und danach bist du wie eine kranke Fee durchs Zimmer geflogen!"

„Dean, ich …"

„Was?!"

„Ich kann es dir erklären!"

„Na, da bin ich aber mal gespannt!"

„David ist …"

„David ist was? Eine Halluzination?"

„Er war meine erste große Liebe, okay?"

„Stimmt, da war ja was. Doch wieso zum Teufel hast du Alexander mit ihm verwechselt?"

„Weil …", zögerte Nathan und erinnerte sich an Davids Gesicht.

„Weil was?!" Dean wurde ungeduldig.

„Weil Alexander genauso aussieht wie David!", brüllte Nathan plötzlich. „Und das von Kopf bis Fuß! Sein Gesicht, seine Augen, seine Hände, ja, sogar sein Geruch!"

„Ja, aber wie es aussieht, hat dich dieser David ja anscheinend verlassen, und ich kann ehrlich gesagt nicht verstehen, warum du Alexander mit ihm verwechselst!"

„David ist tot!", stellte Nathan unter Tränen klar.

Dean verstummte.

„Ja?! David wurde ermordet, als ich achtzehn Jahre alt war! Wir wollten unser neues Leben genießen und uns in einer anderen Stadt eine kleine Wohnung mieten und dann … dann kam alles anders als erwartet …"

„Nathan", hauchte Dean besorgt. „Das wusste ich nicht."

„Wir gingen spät nachts durch die Straßen. Wir kamen gerade von einer Party. Eigentlich sind Partys nicht mein Ding, aber David wollte unbedingt da hin. Und auf dem Rückweg, ja, da hielten wir wie jedes normale Pärchen es nun mal tut, Händchen. Natürlich versicherten wir uns, dass uns niemand dabei beobachtete. Und als wir an der Brücke ankamen, blickten wir hinunter zum Wasser. Wir lachten, hatten Spaß, alberten herum. Wir küssten uns und bekamen nicht mit, dass sich uns eine Horde Jugendlicher näherte."

Mitfühlend sah Dean ihn an. „Nathan, ich …"

„Sie kamen auf uns zu – beleidigten, schubsten und bespuckten uns. Es artete aus und … sie schmissen mich mit voller Wucht auf den Boden. David griff ein. Doch er hatte keine Chance gegen die vielen Leute. Sie prügelten ohne Pause auf ihn ein und schlugen ihn blutig. Bevor ich überhaupt wieder auf meinen Füßen stand, griff einer von ihnen nach einem Messer. Sie hielten ihn fest und stachen zu." Nathan endete und brach zusammen. Tränen rannen über sein Gesicht.

„Nathan!", erschrak Dean. Er beugte sich zu ihm runter und nahm ihn in die Arme.

„Sie haben ihn brutal ermordet", heulte Nathan und krallte sich mit aller Kraft an ihm fest.

Vergebens versuchte Dean ihn zu beruhigen. „Alles wird wieder gut."

„Nichts wird je wieder gut werden, Dean! Nichts! Mein Leben ist ruiniert. Ich will nicht mehr! Ich will einfach nicht mehr!"

„Ganz ruhig, Nathan, ganz ruhig, bitte."

„Er wird nie wieder zu mir zurückkommen, Dean! Nie wieder! Man hat mir einfach alles genommen, was ich je geliebt habe. Ich kann einfach nicht mehr!"

Innerlich wusste Dean, dass er sich Nathan gegenüber falsch verhalten hatte, doch er fand einfach keine passenden Worte, die Nathan hätten beruhigen können. So schockiert und berührt schien er selbst noch nie zuvor gewesen zu sein. Nicht nur Nathans Nerven lagen blank, sondern auch seine.

12. KAPITEL

Für einen Moment starrte Nathan, der im Schneidersitz unter Deans kuscheliger Decke saß und eine warme Tasse Tee in der Hand hielt, leblos nach vorn.

„Hey", lächelte Dean, der es mittlerweile geschafft hatte, sich farblose Socken und ein eng anliegendes weißes Shirt überzuziehen. Er setzte sich neben den Neurotiker und musterte dessen Profil. „Nathan?"

Nathan brummte kurz.

„Möchtest du mit mir reden?", fragte Dean vorsichtig, doch Nathan schnaubte nur leise. „Nathan, ich will dir nichts Böses. Was ich dir vorhin an den Kopf geknallt habe, tut mir leid. Hätte ich von der Geschichte mit David gewusst, dann wäre mir schon vorher so manches klar gewesen."

Fragend sah Nathan ihn an.

„Ja", meinte Dean und überlegte kurz. „Verstehe mich nicht falsch, aber es ergibt jetzt alles einen Sinn."

„Was meinst du?"

„Du warst achtzehn Jahre alt, als das mit deinen Problemen anfing. Zu dieser Zeit, wurde dir auch David genommen."

Erschöpft rollte Nathan mit den Augen.

„Nein, Nathan, ich meine das ernst. Das, was dir damals widerfahren ist, ist die Ursache für all deine Probleme, die du hast. Deine Herzrhythmusstörungen, deine Herzneurose."

„Spielt doch keine Rolle mehr, Dean. Ich sterbe – so oder so."

„Abgesehen davon, dass dein Herz jetzt einen angeblichen Schaden hat …"

Verwirrt guckte Nathan ihn an. „Was meinst du?"

„Lass mich bitte ausreden."

Entnervt verzog Nathan das Gesicht.

„Es ergibt alles einen Sinn. Und ich nehme an, dass du so gut wie niemandem etwas von dem Vorfall erzählt hast, oder?"

Gespannt wartete Dean auf eine Antwort, doch er bekam keine. „Nathan?"

„Die Geschichte mit David ist kompliziert. Sehr kompliziert."

„Erzähl sie mir. Ich will dich verstehen."

Nathan zögerte mit einer Antwort und sah in die Ferne.

Vorsichtig streifte Dean mit seiner Hand über Nathans linke Wange, der darauf ausgelaugt die Augen schloss.

„Soll ich dir die Tasse abnehmen?", fragte Dean. Ein Nicken kam zurück. Dean stellte sie auf den Tisch vor sich und gesellte sich dann zu ihm unter die Bettdecke. Ohne Aufforderung schmiegte sich Nathan an ihn. „Komm her", flüsterte Dean und lehnte sich zurück. „Du bist müde, nicht?"

„Es war alles ein wenig zu viel", gestand Nathan und legte seinen Kopf auf Deans Brustkorb. Seine rechte Hand griff unter Deans muskulösen Oberarm und umklammerte diesen fest.

„Erzählst du mir davon?", fragte Dean sanft.

Tief atmete Nathan durch, bevor er zu erzählen begann. „Ich habe David in der fünften Klasse kennengelernt. Anfangs war er mir völlig egal. Doch in der achten sah ich ihn plötzlich mit ganz anderen Augen. Ich war verliebt. Nach all den Jahren schlossen wir eine geheime Freundschaft. Schließlich war ich der Außenseiter, die Schwuchtel, und er der beliebte Südländer. Und jeder weiß, dass Südländer, egal ob Italiener, Spanier oder Griechen, nicht schwul sein dürfen. Wir trafen uns heimlich, unterhielten uns, und irgendwann kamen wir uns näher. Alles war so neu, so erfrischend. Wir liebten uns, doch nach ein paar Jahren des Versteckens kam es heraus, und er wurde von allen fertiggemacht. Zwar wusste niemand, dass ich derjenige war, mit dem er etwas hatte, doch es spielte ja auch keine Rolle. Er tat mir wirklich leid. Dennoch hielt uns das Ganze nicht davon ab, uns zu lieben. Er beendete die Schule, während ich vorzeitig abging. Wir schmiedeten Pläne, wollten in eine andere Stadt ... zusammenziehen ... und einfach nur unser Leben leben. Mein Vater wusste von all dem nichts – dafür Davids Eltern. Sie versuchten wirklich alles, um uns auseinanderzubringen. Sie begannen eine regelrechte Hetzjagd gegen ihren eigenen Sohn. Angebliche Freunde nahmen ihn sich zur Brust, drohten und schlugen ihn. Eine Zeit lang wollte er aufgrund der Geschehnisse sogar nichts mehr mit mir zu tun haben, doch seine Liebe zu mir siegte schließlich, und er kam zurück. Die Nacht, in der er verstarb, war das Schlimmste und Grausamste, was ich je erlebt habe. Nie hätte ich gedacht, dass Menschen so voller Hass sein können. Als David leblos auf dem Boden lag und die Fremden verschwanden, rannte ich zu ihm und versuchte ihm zu helfen."

Nathans Stimme wurde mit jedem gesprochenen Wort schwerer. „Er sah mich an, zitterte und griff nach meiner Hand. Sein Blick ..."

„Nathan", flüsterte David entkräftet.
„Bitte, David! Halte durch! Ich werde Hilfe holen!"
„Nathan ..."
„Ja?", schluchzte der Braunhaarige.
„Versprich mir, dass du dein Leben leben wirst."
„David, bitte! Sag das nicht! Du wirst durchkommen. Das verspreche ich dir, ja? Und sobald du gesund bist, ziehen wir zusammen und ..."
David lächelte ihn an. „Vergiss mich bitte nicht", wünschte er sich und schloss seine Augen.
„David?", schluchzte Nathan. „David?! David!", heulte er und warf sich auf ihn. „David ..."

„Sein Herz", begann Nathan mit schwerer Stimme, „es schlug nicht mehr. Überall war Blut, und ich wusste nicht, was ich tun sollte."

„Hast du einen Krankenwagen und die Polizei gerufen?"

„Klar, sicher. Leider jedoch zu spät. Ich musste eine Aussage bei der Polizei machen, doch die Täter fand man nie. Zwei Polizisten fuhren mich nach Hause, und wie schon erwartet, war mein Vater nicht anzutreffen. Er war mit seiner tollen Perle feiern."

„War es die Nacht, in der es mit dir geschah?"

„Ja, Dean, es war die Nacht."

„Das bedeutet, dass du bei keinem Arzt je die komplette Wahrheit gesagt hast?"

„Dean, niemand wusste über David und mich Bescheid. Niemand. Nicht einmal meine damalige beste Freundin."

„Warte, Nathan", stutzte Dean.

„Ja?"

„Du hast also die ganze Zeit über gelogen?"

„Ich war nie der Glückliche an diesem Abend – so, wie ich es immer erzählte. Ich saß einfach nur da ... und dann geschah es."

„Verstehe, und du hast deinem Vater nie davon erzählt?"

„Nein. Er hätte es niemals verstanden."

„Woher willst du das wissen?"

„Glaub mir, Dean. Ich weiß es."

„Stand denn nichts in der Zeitung?"

„Nichts, Dean. Rein gar nichts."

„Aber du musst dich doch anders verhalten haben … er muss doch etwas gespürt haben?"

„Habe ich doch, Dean."

„Was meinst du?"

„Es war die Nacht, als alles begann. Für meinen Vater war ich stets ein Rätsel gewesen. Ein Rätsel, welches er nicht lösen konnte. Er horchte meine damaligen Freunde aus, ob ich schwul sein könnte und so ein Quatsch. Doch da ich es stets verneinte …"

„Du hast all die Jahre ganz allein mit dem Wissen gelebt, dass dein Freund ermordet wurde?"

„Es musste so sein."

„Wieso?"

„Weil ich wusste, dass, wenn es jemand erfahren würde, auch mein Leben in Gefahr gewesen wäre."

„Wie kommst du darauf?"

„Weil ich noch heute davon ausgehe, dass Davids Familie etwas mit dem Mord zu tun hatte."

„Ernsthaft?"

„Ja, Dean."

„Und da es nie aufgeklärt wurde, du nie eine Antwort auf deine Fragen bekommen hast, hat sich dein Körper verselbstständigt."

„Ich weiß es nicht, Dean. Ich weiß es nicht."

„Vertraue mir. Ich bin mir ziemlich sicher. Die Angst hat dich gepackt und nicht mehr losgelassen. Bis heute nicht."

„Du kannst dir nicht vorstellen, wie sehr ich David vermisse."

„Das tut mir alles so leid für dich, Nathan."

„Es ist nicht deine Schuld, Dean."

„Nathan?"

„Ja?"

„Als du Alexander das erste Mal gesehen hast, da …"

„Ich", unterbrach Nathan ihn, „dachte, ich sei tot. Ich hielt ihn wirklich für David. Diese Ähnlichkeit, dieser Geruch …"

„Versprich mir bitte, dass du nicht versuchst, ihn zu einem genauen Ebenbild von David zu formen."

Nathan antwortete nicht.

„Er ist Autist, Nathan, und soviel ich weiß, ist er nicht einmal schwul."

„Es schmerzt einfach zu sehr, Alexander zu sehen. Diese Ähnlichkeit ist einfach …"

„Unfassbar, nicht zu ertragen?"

„Mehr als das. Ich wünschte …"

„Nein, Nathan, nicht. Alexander wird niemals David sein. Egal, was du auch versuchst oder unternimmst. Alexander ist schon seit Jahren unser Patient. Ein liebevoller Freund, wie es einst dein David gewesen war, wird er niemals sein. Alex war schon hier, als ich meinen Job begann, und in all der Zeit, hat er nicht einmal geredet. Bis zu seinem Schreianfall heute Mittag glaubte ich sogar, dass er keine Stimmbänder besitzen würde."

„Ich will einfach nicht mehr allein sein. Ich halte das alles nicht mehr aus."

„Wolltest du dir deshalb das Leben nehmen? Wegen David?"

„Nein, es war nicht David, der mich dazu brachte, sondern meine Symptome, die mich verfolgten. Du kannst dir einfach nicht vorstellen, wie es ist, wenn man immer und überall nur noch an sein Herz denkt. Unangenehm schlägt es in der Brust, den ganzen Tag. Und ich spürte jeden Schlag. Egal wo. Entweder im Bauch, in den Fingern, der Nase, manchmal in den Füßen oder auch im Kopf. Ich ertrug es einfach nicht mehr."

„Ich habe mich ernsthaft mit dem Thema der Herzneurose befasst. Doch wenn ich es aus deinem Mund höre, dann kommt mir jede bekannte Information regelrecht fremd vor."

„Ich schätze, dass nur betroffene Personen wirklich erklären können, wie es ist, wenn man plötzlich Angst vor sich selbst hat."

„Darf ich dich etwas Persönliches fragen?"

„Also wenn dieses Gespräch nicht persönlich sein soll, ja dann, dann weiß ich auch nicht", grübelte Nathan.

„Hast du nach David jemals wieder eine Beziehung mit einem Mann begonnen?"

Nathan schüttele den Kopf. „Niemals."

„Sex?"

„Eine Zeit lang habe ich mich ausgetobt."

„Tut wohl jeder mal."

Vorsichtig stemmte Nathan sich hoch und sah Dean tief in die Augen. Unerwartet und ohne jeden Zusammenhang murmelte er: „Grün."

„Grün?", wiederholte Dean leise.

„Ja, du hast grüne Augen."

„Schön, dass du das auch schon bemerkst", schmollte Dean beleidigt.

„Nein, es war das Erste, das mir an dir aufgefallen ist."

„Aber wieso …", fragte Dean und dachte dann schlagartig an Alexander, der auch grüne Augen hatte. „Verstehe", seufzte er.

„Bitte geh nicht", sagte Nathan mit schwacher Stimme.

„Nathan, ich …"

„Dean, bitte. Lass mich an meinen letzten Erdentagen nicht allein."

Dean verstummte und sah ihn nachdenklich an. „Das werde ich nicht."

Erleichtert lehnte sich Nathan wieder an ihn. „Danke", flüsterte er und krallte sich an ihm fest.

„Niemals", versprach Dean, der plötzlich selbst den Tränen nahe war. Er herzte ihn. „Das werde ich nicht."

Mit dem Blick zum Fenster erkannte Nathan, dass er zurück in sein Zimmer musste. Er richtete sich auf und lächelte.

„Was ist?", wollte Dean wissen und beugte sich hoch. „Alles in Ordnung?"

„Ich schätze, dass ich zurück muss."

Dean blickte auf die Wanduhr. „Deine Medizin."

„Ja, was auch immer mir da gespritzt wird", sagte Nathan müde.

Dean nickte. Er musste so schnell wie möglich herausfinden, was Nathan verabreicht wurde. Irgendetwas lief hier nämlich eindeutig falsch. Und Schlaus machte auch ein viel zu großes Geheimnis um die ganze Sache.

„Nathan?"

„Ja?"

„Komm heute Nacht wieder zu mir."

„Okay", gab Nathan verlegen zurück. „Und dann?"

„Ich weiß, wie ich es herausfinden kann, was in der Spritze ist."

„Willst du etwa wieder mein Blut?", jammerte Nathan mit Schmollmund.

„Wenn du wissen willst, was dir gespritzt wird, dann ja. Abgesehen davon hast du dich heute mehr als nur merkwürdig benommen, und ich glaube nicht, dass es mit der Psyche zusammenhängt."

Nathan nickte. „Okay. Und was ist mit deiner Kündigung?"

„Lass das meine Sorge sein. Ich regle das schon."

„Danke."

„Du brauchst dich nicht zu bedanken. Mach ich doch gern."

Nathan lächelte und umarmte ihn. „Danke, Dean."

„Alles kommt wieder in Ordnung. Das verspreche ich dir."

Langsam ließ Nathan von ihm ab und stand auf. „Ich werde mich dann mal in die kalte Höhle begeben", meinte er verdrossen.

Dean sah ihm an, dass er am liebsten bei ihm geblieben wäre, doch es ging einfach nicht. „Wir sehen uns heute Nacht, versprochen?"

„Ja, versprochen", versicherte Nathan und ging zur Tür. Unerwartet hielt Dean ihn plötzlich zurück. Es schien fast so, als ob er ihn nicht gehen lassen wollte. Wollte er ihm vielleicht noch etwas Wichtiges sagen? Nathan schluckte schwer, als er vorhatte, die Tür zu öffnen, doch Dean umschloss sanft sein Handgelenk und hielt ihn davon ab.

„Hm, was?", grübelte Nathan und drehte sich um. Dean stand direkt vor ihm und sah ihm tief in die Augen.

„Dean, was ist?"

Deans linke Hand streifte langsam über seine Wange.

„Dean?", wisperte Nathan schüchtern und blickte in das hoffnungsvolle Grün, das ihn anfunkelte.

„Alles wird wieder gut", versprach Dean mit rauer Stimme und gab ihm plötzlich einen langen Kuss auf die Stirn. Wohlig schloss Nathan die Augen. „Das verspreche ich dir", versicherte Dean noch einmal.

Oh bitte, hoffte Nathan und hielt sich mit seiner Hand an Deans linkem Arm fest. Er musste kämpfen, um nicht in Tränen auszubrechen.

Langsam ließ Dean von ihm ab und zwinkerte charmant. „Wir sehen uns nachher." Nathan nickte, als Dean die Tür aufschloss. „Wenn was ist, weißt du ja, wo du mich findest."

„Ja", gab Nathan zurück und machte sich mit einer kurzen Handbewegung davon. Deans schwermütiger Blick haftete auf seinem Rücken.

☙❧

Nervös, aber auch nachdenklich, saß Nathan auf seinem Bett und wartete auf die Krankenschwester. Seine Gedanken kreisten umher: David, dessen Doppelgänger, und Dean, der ihn gerade mehr beschäftigte als alle anderen; die Vergangenheit, die ihm die Freude am Leben nahm, und die Zukunft, die er vielleicht mit Dean hätte haben können, wäre da nicht seine Herzschwäche. Nathan wusste einfach nicht mehr weiter. *Ich will nicht sterben*, dachte er, als endlich die Schwester in sein Zimmer kam.

„Hallo!", lächelte sie und schloss die Tür hinter sich.

Wortlos streckte Nathan ihr den Arm entgegen.

„Oh", staunte sie erfreut. „Du kannst es wohl kaum abwarten." Wie so oft ließ sich Nathan das unbekannte Mittel spritzen.

„Das Abendessen kommt dann gleich", endete sie und verschwand wieder.

„Klar, sicher", brummelte Nathan und begann sich mit einem lauten Gähnen zu strecken. Schon wieder wurde er müde. Lag es wirklich an der Spritze?

„Nur fünf Minuten", brabbelte er und legte sich hin. Er griff nach der Decke und schloss seine Augen. Und obwohl er es nicht vorgehabt hatte, versank er dennoch innerhalb weniger Sekunden in tiefen Schlaf.

❧

Alexander saß Schlaus mit starrem Blick gegenüber.

„Alex", sagte der leicht übermüdete Doktor. „Ich weiß nicht, was mittags mit dir los war, doch es war das erste Mal, dass du einen Laut von dir gegeben hast … und es beunruhigt mich."

Alex verkrampfte die Hände ineinander. Seine Mimik jedoch war ausdruckslos.

„Alex, ich möchte ehrlich zu dir sein … Als du ungefähr vor drei Jahren hierher gebracht wurdest, wusste keiner von uns, was mit dir los war – ich weiß es bis heute ja nicht einmal. Du warst und bist eine Herausforderung für uns alle. Keine Behandlung, die wir bei dir vorgenommen haben, zeigte auch nur die kleinste Wirkung … und allmählich bin ich mit meinem Latein am Ende. Wir werden die EKT-Behandlung weiterhin fortsetzen."

Angst machte sich in Alexanders Augen bemerkbar.

„Solltest du aber anderer Meinung sein, dann bitte ich dich … öffne dich und erzähle mir von dir!" Schlaus wartete auch dieses Mal vergebens auf eine Antwort.

Plötzlich klopfte es an der Tür. Genervt sagte Schlaus: „Ja?"

Dean betrat den Raum.

Schlaus wirkte überrascht. „Harris?"

„Ähm", zögerte Dean mit feuchten Händen. „Könnte ich Sie vielleicht einen Augenblick sprechen? Ginge das?"

Der Chefarzt schnaubte. „Ihr beide", begann er mit einem kurzen Blick zu Alex, „treibt mich noch in den Wahnsinn."

Verlegen lächelte Dean Alexander an.

„Los, verschwinde", meinte Schlaus zu Alex, der augenblicklich aufsprang und das Weite suchte.

Nachdenklich wandte sich Schlaus zu Dean. „Ich dachte", überlegte er und stand auf, „dass ich dich beurlaubt habe?"

„Genau darum geht es ja", gab Dean zurück. „Das geht nicht."

Überrascht sah Schlaus ihn an. „Das geht nicht?"

„Nein."

„Und ich bin mir sicher, dass du mir eine vernünftige Erklärung dafür geben kannst!"

„Ja, ich … ähm … wie soll ich sagen …"

„Du bist ein guter Arzt, Harris, doch wenn ich ehrlich zu dir sein darf, dann …"

Dean wusste sofort, worauf sein Chef hinauswollte. „Es hat nichts mit Nathan zu tun", warf er hastig ein.

„Das will ich auch hoffen."

„Bitte", bat Dean mit einem fetten Lächeln.

Schlaus musterte ihn stumm.

❧

Mit gesenktem Kopf lief Alexander in Gedanken vertieft durch den Schnee, als Jennifer ihm entgegenkam.

„Sieh einer an", staunte sie mit einem spöttischen Lächeln. „Alexander." Dass er bei ihrem Anblick erstarrte, war ihr klar. „Was machst *du* denn hier? So allein?", fragte sie hämisch. „Ach, ich vergaß ja … du bist ja immer allein." Tief sah sie ihm in die Augen. „Du bist ja so erbärmlich. Spionierst anderen hinterher und denkst, wir sind blöde. Doch das sind wir nicht, Alexander! Wenn einer von uns blöde ist, dann du!"

Alexanders Herz raste, als Jennifer um ihn herum zu laufen begann. „Schau dich an", giftete sie. „Deine Kleidung kaputt, deine Haarspitzen beschädigt und deine Haut blass."

Sie blieb wieder vor ihm stehen und blickte auf seine Hose hinab. Dann lächelte sie böse und griff ruckartig in das kleine Loch in der Jeans. Mit einem Satz riss sie es größer. Panisch hielt Alexander seine Hände vor seine Genitalien, als Jennifer schadenfroh zu lachen begann. Den Tränen war er nahe.

„Du kannst dir ja nicht einmal Unterwäsche leisten!", höhnte sie und zeigte mit dem Finger auf ihn. „Und nicht einmal komplett rasiert, und dann noch so klein!"

Tränen kullerten augenblicklich an Alexanders Wangen hinab.

„Ach", schmunzelte sie, „heult unsere kleine Schwuchtel jetzt etwa? … Schwuchtel!"

Alexander konnte ihre Gehässigkeit nicht länger ertragen und rannte mit einem Mal davon.

„Ja!", rief Jennifer außer sich. „Lauf nur davon! Ich weiß, was du immer machst, wenn dich keiner beobachtet! Ja, ich weiß es! Und du spionierst ihm hinterher! Du Perverser, du! Gott möchte so etwas aber nicht! Sich selbst zu berühren ist eine Schande!"

Sie sah ihm grimmig nach und bekam dann ein unheimliches Grinsen.

Total verängstigt lief Alexander in sein Zimmer und verschanzte sich schlagartig hinter seiner Tür. Heulend ließ er sich auf dem Boden nieder. Er zitterte am ganzen Leib und hoffte, dass Jennifer ihn endlich mal in Ruhe lassen würde – doch das war etwas, was er sich schon seit sehr langer Zeit wünschte.

13. KAPITEL

Ordnung herrschte in Deans Unterkunft nun wirklich nicht. Doch das interessierte ihn kaum. Ungeduldig lief er in seinem Zimmer auf und ab. Andauernd blickte er auf die Wanduhr, und mit jeder weiteren Minute, die verging, wurde er nervöser. Es war schon kurz nach Mitternacht, und es fehlte noch immer jede Spur von Nathan. „Wo bleibt er nur?"

Währenddessen wurde Nathan langsam wach. Die Dunkelheit, die ihn umgab, und ein Gefühl von Unwirklichkeit machten ihm Angst. „Dean", flüsterte er und stemmte sich hoch. Ein Stich durchfuhr seinen Kopf. Er runzelte die Stirn und brummte. Sein Magen begann laut zu knurren, als er sich vom Bett erhob und sich die Augen rieb. „Dean", meinte er erneut und begab sich ermattet zur Tür. Vorsichtig öffnete er diese und blickte hinaus. So leise wie möglich schloss er sie hinter sich und schlich den Flur entlang.

„Wo bleibt er nur?!" Dean wollte gerade aus dem Zimmer gehen, als Nathan plötzlich hereinkam. „Da bist du ja!" Er war erleichtert.

„Entschuldige", flüsterte Nathan ausgelaugt. „Ich bin ... eingeschlafen."

„Nach der Spritze?", wollte Dean sofort von ihm wissen.

Nathan nickte. „Ja."

„Wie geht es dir?", erkundigte sich Dean, als er die Tür abschloss.

„Müde und hungrig", gestand Nathan mit gerädertem Blick.

„Soll ich dir was machen?"

„Ach, geht schon", lächelte Nathan, dem ständig die Gucker zufielen.

„Setz dich auf die Couch und mach es dir gemütlich, während ich dir was zu essen mache."

„Danke."

„Was gab es denn zum Abendessen?", wollte Dean wissen, der auf dem Weg in die kleine Kochnische war.

„Ich, ähm ...", überlegte Nathan, „nichts."

„Wie, nichts?"

„Als die ... nach der Spritze bin ich eingeschlafen", gab Nathan zurück und deckte sich zu.

„Du hast also nichts von dem Essen mitbekommen?"

„Nein."

„Stand es auch nicht auf deinem Tisch?", fragte Dean verblüfft, als er nach der Bratpfanne griff.

„Nein, nicht, dass ich wüsste. Aber wenn ich ehrlich bin ... ich habe auch nicht wirklich darauf geachtet."

„Isst du Bratkartoffeln?"

„Immer", gab Nathan erquickend zurück.

„Mit oder ohne?"

Sofort dachte Nathan ungewollt an Schweinereien. „Hm?"

„Ei? Mit oder ohne?"

„Mit."

„Gut."

Irgendein seltsamer Geruch stieg Nathan in die Nase. Er hob seinen linken Arm und zog eine Grimasse. „Du, Dean?"

„Ja?"

„Hast du was dagegen, wenn ich mal deine Dusche benutze?"

„Nein, natürlich nicht", antwortete er. „Komm mit."

Kurz darauf begann Nathan sich zu waschen, während Dean das Essen zubereitete.

☙❧

Alexander lag schlafend auf dem Boden und zuckte alle paar Sekunden mit seinem Bein. Lautlose, beinahe quälende Geräusche flogen aus seinem Mund. Plötzlich schreckte er hoch und holte tief Luft. Er fröstelte ein wenig. Mit dem Blick neben sich wünschte er sich, dass jemand neben ihm liegen würde. Dermaßen allein fühlte er sich schon viel zu lang. Zitternd stand er auf, öffnete leise die Tür und erschrak, als er die kalte Luft zwischen seinen Beinen spürte. Er krampfte die Hände ineinander und hielt sie vor die zerrissene Stelle seiner Jeans. Leise schlich er durch den Flur.

Vor Nathans Zimmer angekommen, blieb er stehen und zögerte. Unsicher klopfte er an und wartete. Niemand öffnete. Vorsichtig drückte er den Griff nach unten und trat ein. Betrübt blickte er auf das leere Bett.

☙❧

„Das ist echt gut!", gestand Nathan. Sein Mund war viel zu voll.

„Man sieht´s", staunte Dean. „Wenn du noch etwas willst, dann … "

Ein lauter Rülpser aus Nathans Mund unterbrach ihn. Großäugig sah Dean ihn an.

„Entschuldige", meinte Nathan und stopfte sich weiter die Bratkartoffeln rein.

„Nicht nur schlucken, auch kauen", feixte Dean.

„Das ist soooo gut", freute sich Nathan mit einem fetten Grinsen.

„Freut mich, dass es dir schmeckt."

„Und wie!", stimmte Nathan ihm zu und aß hastig weiter, während Dean dabei war, alles für die Blutabnahme vorzubereiten.

Nachdem Nathan endlich gesättigt war, hielt Dean seinen linken Arm fest und fragte: „Bereit?"

„Nun mach schon", meckerte Nathan und blickte hasenfüßig zur Seite.

„Gut", meinte Dean. „Eins", zählte er und stach die Nadel in die Haut. Nathan brummte. „Hast es gleich geschafft", versprach Dean und zapfte weiter Nathans Blut ab.

„Teufel!", beschwerte sich Nathan. „Ihr Ärzte müsst doch echt eine abartige Ader in euch tragen!"

„Wieso?"

„Ich bitte dich! Ihr nehmt Leuten das Blut ab, schneidet sie auseinander, fummelt in deren Organen und bohrt in Zähnen herum. Irgendwas muss in eurer Kindheit doch falsch gelaufen sein."

„Nun ja", sinnierte Dean kurz und klebte ein Pflaster auf die kleine Wunde. „Nun stell dir aber mal vor, dass es solche Menschen nicht geben würde."

„Mag ja sein, trotzdem."

„Außerdem bin ich Arzt für die Innere und Psychotherapeut und keiner, der gerne Blut sieht. Das tun Chirurgen gern. Lustigerweise mögen sie aber überhaupt keine Horrorfilme. Ich hatte mal einen Kollegen, einen Chirurgen, der gerne Menschen aufschnitt, ihnen neue Organe einpflanzte und so weiter … aber sobald er Blut im Fernsehen sah, wurde ihm schlecht."

„Muss man das verstehen?"

„Nicht wirklich."

„Wäre mir sowieso zu hoch", nuschelte Nathan, als er auf die kleine Kanüle blickte, die Dean auf dem Tisch ablegte. „Und?"

„Ja?"

„Was geschieht als Nächstes?"

„Nun ja", überlegte Dean. „Ich werde mir morgen früh den Schlüssel für das Labor holen und dann dein Blut auswerten."

„Wo ist er?"

„Wo ist wer?"

„Der Schlüssel."

„Oh", seufzte Dean und räusperte sich kurz. „Bei unserem lieben Doktor Schlaus."

„Klasse, Dean, echt klasse."

„Ich schaffe das schon."

„Ich dachte, dass jeder Arzt hier bei euch einen Schlüssel für jeden Raum besitzt?"

Unerwartet stand Dean auf und ging zu der kleinen Kommode. Er öffnete die Schublade und nahm einen überdimensionalen Bund mit etlichen Schlüsseln heraus.

Nathan staunte. „Wofür sind die alle?"

„Also, die meisten Zimmer haben den gleichen Schlüssel", erklärte Dean gekonnt. „Dieser hier ist für den Gemeinschaftsraum, der für den Medizinschrank, der, um überhaupt in den Raum mit der Medizin zu gelangen. Der hier, der ist … ähm … für die Gemeinschaftsdusche. Dieser hier ist für den Musikraum und noch ein paar weitere eben."

„Musikraum?", wiederholte Nathan begeistert.

„Ja, wir haben einen Musikraum … mit Klavier und so'n Zeugs. Wieso fragst du?"

„Ach, nur so."

„Okay."

„Wie viele Leute habt ihr hier eigentlich?"

„Zu viele", gestand Dean mit entsetzter Miene.

„Ach, komm schon", scherzte Nathan. „Schlimmer als die, die ich bisher kennengelernt habe, geht es doch bestimmt nicht. Und dann bin ich ja auch noch da."

„Glaub mir, Nathan. Du bist noch am normalsten hier."

„Du findest es also normal, dass ich mir mein Leben nehmen wollte?", hakte Nathan entgeistert nach.

„Nein, so meinte ich das nicht", gab Dean zurück und sah ihn plötzlich verwirrt an. „Was ist?"

„Du sagtest gerade *wolltest*."

Nathan schwieg.

„Bedeutet das, dass du nicht mehr vorhast, es erneut zu tun?"

„Bringt doch eh nichts."

Froh über diese Einsicht griff Dean nach Nathans Händen. „Du weißt gar nicht, was für ein Stein mir gerade vom Herzen fällt."

Er war sichtlich erleichtert, rechnete aber nicht mit Nathans nächsten Worten. „Ich habe versucht, mir das Leben zu nehmen und scheiterte. Nun werde ich in den nächsten Monaten, Wochen oder Tagen an meinem Versagen sterben. So oder so, ich werde mein Ziel erreichen."

„Du weißt schon, dass ich dich dafür jetzt ohrfeigen könnte, ja?", wetterte Dean und ließ ihn wieder los.

„Machen wir uns nichts vor. Ich meine, nur wegen meiner eigenen Dummheit werde ich von ganz allein sterben. Hilfe brauche ich eigentlich nicht mehr. Die paar Tage, die kann ich auch noch abwarten."

Innerlich war Dean am Brodeln. „Erwartest du denn überhaupt nichts mehr vom Leben?"

„Welches Leben?"

„Stell mir bitte auf meine Frage keine Gegenfrage! Ernsthaft! Das kann ich überhaupt nicht ab."

Schweigend sah Nathan ihn an.

„Dein Leben, Nathan, welches sonst?"

„Genau, mein Leben. Es ist mein Leben, und ich entscheide, was ich damit mache und was nicht. Und wenn ich keine Lust mehr habe, dann habe ich eben keine Lust mehr. Ganz einfach."

„Dein Leben verlief wirklich nie nach Wunsch, oder?"

„Ich möchte mich nicht beklagen. Jeder hat doch so seine eigenen Probleme."

„Ich bitte dich."

„Von Mitleid werde ich auch nicht wieder gesund."

„Nicht Mitleid."

Fragend sah Nathan in die grünen Augen.

„Zuneigung. Es tut mir wirklich wahnsinnig leid, dass dein Leben so verlaufen ist, aber es ist kein Mitleid, das ich dir versuche zu geben, sondern meine Zuneigung. Natürlich empfinde ich Mitleid für dich, weil ich dich wirklich mag, aber ich möchte dir nicht das Gefühl vermitteln, dass ich dir nur helfe, weil ich dich bedaure oder dein Arzt bin, was ich ja eigentlich gar nicht mehr bin."

„Was bist du dann?"

„Ein Freund, Nathan. Ein Freund."

„Und", sagte Nathan mit zittriger Stimme, „kann mich dieser Freund jetzt vielleicht in den Arm nehmen?"

„Natürlich", flüsterte Dean. Mit Tränen in den Augen ließ sich Nathan von ihm eine sehr lange Zeit herzen. Eine mehr als nur wohltuende Geste für seine zerbrochene Seele, die seit Jahren von Hass, Kummer und Ängsten belagert wurde und sich eigentlich nur nach einem sehnte: nach Liebe.

❧

Das Licht war schon lang erloschen, als Nathan in Gedanken vertieft unter der Bettdecke an Deans Oberkörper lehnte und dessen Unterarme umklammerte. Schon eine Weile saßen sie dort, und auch der sonst so toughe Dean war alles andere als kommunikationsfreudig.

„Dean?", flüsterte Nathan nach einer halben Ewigkeit der Stille.

„Ja?"

„Ich bin kein bisschen müde", sagte er.

„Ich eigentlich auch nicht."

„Möchtest du mir nicht zur Abwechslung mal etwas über dich erzählen?"

„Puh", stöhnte Dean und überlegte kurz. „Um ehrlich zu sein, verlief mein Leben ganz normal. Ganz anders als deines. Ich ging zur Schule, machte meinen Abschluss, begann mein Studium, ging dann arbeiten und wurde vor knapp drei Jahren hierher versetzt."

„Wow", staunte Nathan. „Das klingt echt super ... aufregend."

„Ich weiß. Nicht der Apfel vom Baum."

„Hä?", lachte Nathan. „Nicht der Apfel vom Baum?"

Dean zuckte lässig mit den Schultern. „Ist mir gerade so eingefallen."

„Nicht der Apfel vom Baum", wiederholte Nathan leise und kicherte.

„Lach nicht. Ist eben so."

„Ja, aber wenn es nicht der Apfel vom Baum ist, was ist es dann?"

„Eher der Ast."

„Du bist bescheuert", gackerte Nathan, als Dean zu schmunzeln begann. „Aber es muss doch irgendwas in deinem Leben passiert sein. Etwas, was dich total begeistert oder gar entsetzt hat?"

„Klar. Viele verschiedene Sexpartner, die haben mich oft entsetzt. Du kannst dir nicht vorstellen, auf was manche so abfahren."

Nathan konnte sich nicht zurückhalten und lachte drauflos.

„Ernsthaft. Da sind Windelträger und Klospiele noch harmlos ´gegen."

„Dean!", beschwerte sich Nathan mit einem Schauder.

„Es gibt wirklich Leute, die darauf stehen, wenn man sie hart rannimmt und ihnen gleichzeitig ein oder gleich mehrere Zähne zieht."

„Sag mal", begann Nathan kopfschüttelnd, „wo lernst du denn deine Lustobjekte kennen?"

„Im Internet."

„Verstehe", gab Nathan verständnisvoll zurück.

„Einer wollte sogar einmal, dass ich ihm seine Knochen breche, weil es ihn anmachte."

„Da finde ich das Ziehen von Zähnen aber noch perverser."

„Beides ist doch voll für´n Arsch."

„Wie recht du doch hast", stimmte Nathan zu und musste wieder lachen.

„Lach nicht. Ist so."

„Ich weiß. Ich selbst habe schon so einige seltsame Gestalten im Internet kennengelernt."

„Bei mir gibt es aber auch noch ein anderes Problem, guck mal, ich bin hier in der Klinik, und in der Umgebung gibt es für mich keine Möglichkeit, jemanden kennenzulernen."

„Wie wäre es denn zur Abwechslung mal mit einem kranken Patienten?", witzelte Nathan.

„Ich bin dabei", gab Dean selbstsicher zurück.

Nathan schluckte sofort und machte große Augen, denn wen außer ihn, hätte Dean damit schon meinen können?

„Okay", stockte er etwas unsicher. „Aber du musst doch irgendwann einmal die Liebe deines Lebens getroffen haben, oder nicht?"

„Du meinst so eine Person, wie dieser David es für dich war?"

„Ja."

„Nein, habe ich nicht."

„Wirklich nicht?"

„Leider nicht. Aber vielleicht wird es ja noch was. Ich gebe die Hoffnung nicht auf."

„Klingt, als seist du einsam."

„Ich habe einen Job, eine große Wohnung, in der ich mich kaum aufhalte, dazu diese kleine Bruchbude hier … ich kann mich nicht beklagen."

„Dean?!"

„Ist ja gut!", murrte Dean nachgebend. „Ja, es ist wahr. Ich fühle mich manchmal einsam, und mein Leben ist echt eintönig."

„Das tut mir leid."

„Muss es nicht. Schließlich fühle ich mich gerade alles andere als kontaktlos."

„Sondern?"

„Mir geht es gut, wirklich. Und ich hoffe echt, dass es dir auch gut geht."

Nathan lächelte sanft, sagte aber nichts.

„Möchtest du mir vielleicht erzählen, wie es weiterging?"

„Weiterging?"

„Ja, dein zweiter Krankenhausaufenthalt."

„Oh", murmelte Nathan. „Wird der Psychotherapeut wieder wissenshungrig, ja?"

„Aber immer doch."

„Ach, was soll's … Wo war ich denn stehen geblieben?"

„Der erste Tag war vorbei."

Plötzlich musste Nathan laut lachen, ohne dass Dean verstand, warum. Er wirkte völlig irritiert. „Was ist los?"

„Ach", meinte Nathan, „das wirst du gleich erfahren. … Okay, pass auf. Also, es war so", kicherte er und versuchte sich wieder einzubekommen. „Puh!"

Der nächste Morgen begann wie der erste. Man wurde früh aus dem Bett geworfen und durfte dann stundenlang auf sein Essen warten, was natürlich alles andere als satt machte. Ständig lief ich von meinem Zimmer zur Terrasse, um eine zu rauchen. Leider schlug nach jeder Zigarette mein Herz höher, sodass ich eigentlich immer weniger zum Glimmstängel griff. Aber die Stunden allein in diesem Zimmer, diese Stille, machten mich einfach wahnsinnig. Und draußen standen wenigstens ab und zu ein paar Leute, mit denen man sich unterhalten konnte. Zwischenzeitlich kam sogar eine Schwester vorbei und nahm mir dieses abturnende Langzeit-EKG-Gerät ab. Teufel, war ich froh.

Gegen Mittag klopfte es an der Tür.

„Ja?", sagte ich.

„Hallo", gab Cos zurück und kam herein. Er hielt eine Akte in seiner rechten Hand. „Guten Morgen. Ich habe hier deine Blutwerte."

„Oh", seufzte ich interesselos. „Schön."

Cos öffnete die Akte und blickte auf das Blatt. *Der hat sich meine Ergebnisse doch mit Sicherheit schon im Vorfeld angesehen. Wieso also dieses Gehabe? Ich sehe etwas, was du nicht sehen kannst,* regte ich mich innerlich auf.

„Deine Blutwerte sind so weit alle in Ordnung, und auch das Echo von gestern zeigt, dass dein Herz okay ist. Jetzt müssen wir nur noch herausfinden, warum es so schnell schlägt."

„Wäre schön", murmelte ich und meinte im gleichen Atemzug: „Und warum mir den ganzen Tag über so dermaßen schlecht ist."

Cos nickte. „Darf ich dein Herz mal abhören?", fragte er.

„Klar, sicher", sagte ich lustlos und schob mein Shirt nach oben. Der Arzt setzte sich auf mein Bett, griff nach seinem Stethoskop und horchte mein Herz ab. Danach zählte er meinen Puls.

„Einhundertzwölf", grübelte er und blickte mich mit entgeisterter Mimik an.

„Habe ich etwas in meinem Gesicht?", wollte ich ernsthaft von ihm wissen. Dass meine Haare nicht mehr so schön saßen wie bei meiner Ankunft, wusste ich ja, aber sein Blick ging irgendwie an meinen Augen vorbei. *Vielleicht schielt er,* dachte ich und musste mir das Schmunzeln mit aller Macht verkneifen.

„Aus deiner Akte geht hervor, dass du schon einmal bei einem Psychiater warst."

„Jepp, das stimmt."

„Und was sagte er dir?"

„Ganz ehrlich, Doktor Cos? Er kam mit einem Hammer an, testete meine Reflexe, machte ein EEG und verschrieb mir dann sofort Antidepressiva."

„Und wieso hast du sie nicht genommen?"

„Weil ich unter Herzrasen und einer andauernden Übelkeit leide und nicht unter Depressionen."

„Ich habe da einen Vorschlag." Gespannt hörte ich ihm zu. „Ich habe dich bei einer Kollegin angemeldet, die auch, und jetzt bitte nicht künstlich aufregen, Psychotherapeutin ist."

„Ein Vorschlag wäre es nur dann, wenn Sie mir diese Person empfehlen und mich nicht schon im Vorfeld anmelden würden."

„Ich rate dir echt, dass du zu ihr gehst. Sie hat schon vielen Leuten geholfen. Okay?"

„Wenn es denn sein muss", meinte ich überheblich. „Wann denn und wo?"

„Um zwei, und zwar im Raum 354. Das ist, wenn du den Flur entlanggehst und links den zweiten Flügel betrittst ... das zweite Zimmer links.

„Gut."

„Ich kann dich aber auch abholen, damit du dich nicht verläufst."

Für wen hält der mich? Ich bin doch nicht beschränkt. „Den Flur entlang bis zum Ende, dann links und sofort die zweite Tür. Schon verstanden."

„Genau, in den zweiten Flügel gehen und Raum 354", erinnerte er mich.

„Ja, verstanden."

„Die Frau heißt Archim."

„Archim", wiederholte ich und versuchte mich zu beherrschen. *Nathan! Nicht lachen!*

Doch ich musste ihn einfach fragen. „Mit Vor- oder Nachnamen?"

„Frau Doktor Archim. Nachname. Ihren Vornamen weiß ich jetzt gar nicht. Aber den wird sie dir sicherlich schon noch nennen. Oder spielt das eine Rolle für dich?"

„Nein", gab ich freundlich zurück. *Wieso sollte es mich interessieren, wie diese Frau mit Vornamen heißt?!*

„Gut." Er erhob sich. „Später werde ich dann noch einmal vorbeischauen und dir das Ergebnis des Langzeit-EKGs mitteilen."

Ich nickte, er nickte und verschwand. „Ich brauche eine Zigarette", sang ich verzweifelt. Auf der Terrasse angekommen, war ich allein. Nun ja, zumindest für die nächsten Minuten, denn dann gesellten sich zwei bis dahin noch unbekannte Personen dazu. Eine schick gekleidete Frau und ein Mann.

„Hallo", begrüßte sie mich. Er nickte nur kurz.

„Hallo", grüßte ich freundlich zurück und hörte den beiden zu. Sie war seine Frau, und irgendwann kamen wir kurz ins Gespräch. Und da es mich immer interessierte, wieso sich jemand im Krankenhaus befand, musste ich einfach nachfragen und meine Neugier stillen. „Und wieso sind Sie hier?"

Er sah mich an und meinte locker mit Fluppe im Mund: „Lungenkrebs."

Ich machte große Augen. „Oh, das tut mir leid", sagte ich, verstand aber nicht, warum er dann noch weiterrauchte – und nur der Teufel weiß, warum ich dann Folgendes von mir gab: „Ach, ich bin mir sicher, dass die auch dafür bald eine Lösung finden werden. Irgendein easy Medikament."

Ihre Mimik war regungslos. Mann, schämte ich mich meiner eigenen Worte.

„Das werde ich sicherlich nicht mehr miterleben", sprach er dann.

„So weit wird es nie kommen", fügte sie hinzu.

„Wer weiß." *Wieso kann ich nicht meine verdammte Klappe halten?!* Ich drehte mich um und verzog voller Scham mein Gesicht. Sie ansehen wollte ich nicht mehr, denn es war mir mehr als nur peinlich. Stattdessen wartete ich, bis die beiden endlich wieder verschwanden, und als es dann nach einer gefühlten Ewigkeit so weit war, stöhnte ich laut auf und schüttelte den Kopf. „Wie blöde bin ich eigentlich?!", fluchte ich leise und begab mich zurück aufs Zimmer.

Kurz vor zwei Uhr ging ich dann zu Frau Archim. Natürlich durfte ich erst einmal eine knappe halbe Stunde vor dem Eingang auf einem recht ungemütlichen Stuhl warten, da sie ja noch einen anderen Patienten hatte. Dann geschah es.

Frau Archim öffnete die Tür und lächelte mich hocherfreut an. „Nathan!"

Ich erhob mich. Stumm und regungslos sah ich auf sie hinab, versuchte mich zu beherrschen. Doch kaum kehrte sie mir den Rücken zu, kicherte ich mir schweigend einen ab. Archim schaute mich an und sagte: „Sie scheinen sich ja richtig zu freuen." Und es freute sie sehr, dass ich mich freute. Hätte sie aber gewusst, dass es viel mehr ein Auslachen war, dann wären ihr wahrscheinlich noch ganz woanders Haare gewachsen – außer an der Oberlippe.

„Kommen Sie doch rein", bat sie. Ich betrat den Raum und ging extra ein paar Schritte weiter, um nicht zu viele Details von diesem ulkigen Gesicht zu erkennen.

Ihre Haare, dachte ich und schmunzelte innerlich weiter. *Dieser Topfschnitt ist doch was für Omas. Teufel, dieser Bart!*

„Setzen wir uns doch, Nathan", lächelte sie – sie tat es andauernd.

Nickend nahm ich vor ihr am Schreibtisch Platz.

„Ja, Nathan", überlegte sie kurz und begann mir dann von meinen Problemen, die mir ja schon seit Monaten selbst bewusst waren, zu erzählen. „Nun möchte ich, dass Sie mir etwas über sich preisgeben, und zwar alles."

„Alles?", stutzte ich.

„Von der Kindheit bis zur Schule."

„Ich war nicht im Kindergarten, die Grundschule war toll und die Zeit auf der Real auch."

Nach wenigen Sekunden der Stille fragte sie: „Das war´s?"

„Was wollen Sie denn noch wissen?"

Sie lachte. „Nun ja, das war eine sehr kurze Zusammenfassung. Erzählen Sie mir doch einfach mal, wie es in der Schule so für Sie war."

Muss das sein?!, fluchte ich in Gedanken und grinste. „Nett."

„Klingt nicht gerade sehr überzeugend. Wie waren Ihre Noten?"

„Normal."

„Normal?"

„Ja."

Plötzlich holte sie ein paar Blätter und verschiedene Buntstifte aus der Schublade. *Nein!*, dachte ich und kochte innerlich vor Wut.

Sie schob mir tatsächlich ein sogenanntes Mandala entgegen und meinte: „Kennen Sie so etwas?"

Natürlich kenne ich so etwas, du Ziege. So etwas haben wir auf der Realschule immer vorgesetzt bekommen, wenn den Lehrern nichts mehr einfiel. „Ja, kenne ich."

„Sie sehen, dass dort in den leeren Kästchen Zahlen abgedruckt sind. Ich möchte gerne, dass Sie alle Kästchen ausmalen, und jedes Kästchen, das die gleiche Zahl hat, muss auch die gleiche Farbe bekommen. Soweit verstanden?"

Nein, natürlich nicht. Schieß mich einer zum Mond, wütete ich innerlich und lächelte sie mit einem Nicken an. Nachdem ich es voller Freude und Lust ausgemalt hatte, betrachtete sie mein künstlerisch wertvolles Werk.

„Sehr schön gemacht", gestand sie und schrieb irgendetwas auf ihren Block. „Unterhalten wir uns weiter über die Schule."

Sie wollte wirklich alles wissen. Doch zu viel wollte ich der Fremden einfach nicht erzählen. Und egal, was ich der Frau sagte, sie schrieb alles auf. Musste wohl sein. Kurz erwähnte ich, dass ich nicht gerade der Beliebteste war, aber schon längst darüber hinweg sei. Sie sah das natürlich sofort anders, und am Ende des Gespräches meinte sie: „Sie verschweigen mir etwas."

Sofort schoss mir David durch den Kopf. Doch das war etwas, was sie nicht zu interessieren hatte. „Das war alles", versprach ich.

„Gut. Das sollte dann für heute auch reichen. Wir sehen uns morgen wieder." Sie begleitete mich zur Tür. „Morgen um die gleiche Zeit?", fragte sie.

Mit einem gespielten Lächeln verabschiedete ich mich und ging davon. Und kaum war ich um die Ecke, konnte ich nicht anders. Das Gebrüll, das mit einem Satz aus mir schoss, konnte wohl jeder hören, doch ich konnte es einfach nicht zurückhalten. Es ging einfach nicht. Später erzählte ich Jan davon, und auch er musste sich einen ablachen. Als mich der Cos am Abend besuchte, fragte er mich natürlich, wie es denn gewesen sei. Offenherzig musste ich Dampf ablassen und beschwerte mich.

„Bin ich behindert?!", wütete ich. „Ich bin doch nicht behindert. Mandalas ausmalen ist ja auch die Herausforderung!"

Verstehen konnte er mich natürlich nicht. „Ihr Langzeit-EKG war so weit ganz in Ordnung. Morgen früh kommen Sie bitte ins Erdgeschoss zum Belastungs-EKG. Ich lasse Ihre Akte vorne am Empfang und sie nehmen sie dann bitte mit."

„Ja, ist gut."

„Dann ... bis morgen", grübelte er und verschwand.

Am nächsten Morgen ging ich dann zum Belastungs-EKG, und es war im wahrsten Sinne des Wortes belastend. Kaum saß ich auf diesem Fahrrad, lag mein Puls schon bei hundertacht. Dabei hatte ich noch nicht einmal begonnen zu strampeln. Vier Ärzte saßen neben mir und beobachteten die Kurven auf dem Monitor. Auch Cos war anwesend.

„Dann fang mal an", befahl diese Brünette frech. Ich kam der Aufforderung nach und strampelte um mein Leben. Das Piepen wurde immer schneller, und das Treten immer schwerer.

„Ja, sehr gut", hörte ich andauernd. „Weiter so, ja!"

Wie mich das anpisste. Nach knapp fünfzehn Minuten konnte ich nicht mehr, dennoch sollte ich weiterfahren. „Los! Das schaffst du noch!"

Lang hielt ich es aber nicht mehr durch und stoppte. „Langsam weitermachen!", warnte die Ärztin mich unfreundlich. Mit einem kurzen Blick zum Monitor machte ich große Augen. Mein Puls lag bei hundertzweiundneunzig. Betablocker hatte ich ja zuvor nicht einnehmen dürfen. Später, als ich auf dem Rückweg in mein Zimmer war, nahm ich eine, denn mein Puls blieb konstant auf über einhundert.

Am Nachmittag durfte ich wieder zu der netten Frau Archim. Als Erstes mäkelte sie wegen meiner Beschwerde. Doch dann lächelte sie wieder und fragte mich weiter aus. Viele Informationen gab ich ihr allerdings nicht.

So gegen Abend, als ich auf der Terrasse saß und gemütlich eine rauchte, gesellte sich plötzlich Cos dazu.

„Nathan", sagte er.

„Ja?"

„Ein Mensch, wie du es bist, ist mir zuvor noch nie begegnet."

Wäre ja auch eine Schande, wenn es mich zweimal geben würde. „Aha."

„Ich meine, deine Blutwerte sind völlig in Ordnung. Alle bisher durchgeführten Untersuchungen ebenfalls. Dennoch schlägt dein gesundes Herz ziemlich schnell. Weißt du, an was mich das erinnert oder was ich daraus schließe?"

„Ich nehme an, dass Sie es mir gleich sagen werden."

„Schizophrenie", tönte es mit einem Mal aus ihm.

„Halluzinationen? Stimmen hören?", witzelte ich und schüttelte den Kopf.

„Es gibt eine Menge Varianten der Schizophrenie", erklärte er. „Ich habe hier ein paar Broschüren, die ich dir gerne dalassen würde. Du kannst ja mal reingucken und mir morgen sagen, was du davon hältst."

„Klar, sicher", gab ich mit einem Blick auf die Flyer vor mir zurück.

„Die Einrichtung ist auch gleich nebenan. Du kannst es dir also in Ruhe überlegen", endete er und verschwand wieder.

Ts, Spinner, fluchte ich und rauchte gleich noch eine.

Ungewollt begann Nathan zu gähnen.

„Bist du müde?", wollte Dean wissen.

„Ja, ein wenig."

„Dann lass uns schlafen gehen. Du kannst mir den Rest ja morgen erzählen."

„Dean?"

„Ja?"

„Ich hab dich irgendwie lieb", flüsterte Nathan und kuschelte sich wohlig an ihn.

„Nur irgendwie?", hakte Dean nach.

„Besser als gar nichts", gab Nathan frech zurück.

„Ich mag dich auch, Kleiner … ich dich auch", hauchte Dean ihm hoffnungsvoll zu und gab ihm einen kurzen Kuss auf den Kopf.

Mit einem Lächeln auf seinen Lippen schlief Nathan behaglich ein.

14. KAPITEL

Relaxed lag Dean zusammen mit Nathan unter der Decke und schlief, bis sich ein Kribbeln durch seine Nase zog. Er runzelte sie und nieste so laut, dass er davon wach wurde. Müde blickte er auf die Wanduhr, die er im Schlaftaumel nur verschwommen sah. Er brauchte ein wenig, um die Zeiger zu erkennen. Urplötzlich fluchte er: „Nathan!" Mit dem Schlafenden auf seinem Körper stemmte er sich hoch. „Nathan!"

„Nur noch fünf Minuten", brabbelte Nathan im Halbschlaf.

„Wir haben kurz nach sechs!", weckte ihn Dean nicht gerade freundlich. „Du musst zurück!"

„Hm, was?", murmelte Nathan und streckte sich ausgiebig. „Das ist gerade so schön angenehm", nuschelte er weiter.

„Wir haben sechs Uhr vorbei!"

Nathan wusste, dass es sich nur noch um Sekunden handeln konnte, bis er von dem warmen Leib herunter musste.

„Nathan!"

Knurrend blickte er auf. „Ist ja schon gut."

„Los, komm!", forderte Dean und drückte ihn von sich, um aufzustehen.

„Verfluchte Scheiße ... ich will schlafen!"

„Nathan!"

Meckernd stand Nathan auf. „Ich gehe ja schon. Beleidigt schlurfte er zur Tür. So unwohl hatte er sich schon lange nicht mehr in der Nähe eines Menschen gefühlt. Er griff zur Klinke und blickte noch einmal zu Dean, der völlig verdattert herumstand und ihn nur mit großen Augen ansah. Eine skeptische Handbewegung zum Abschied, dann verschwand er.

Dean schloss die Augen, krauste die Stirn und fluchte zu sich selbst: „Ah, du Arschloch! Wieso musst du dich auch immer wie ein Idiot verhalten?!" Seine eigene Art nervte ihn dermaßen, dass er am liebsten irgendwas kaputt geschlagen hätte, doch dann bemerkte er blitzartig die Kanüle, die auf dem Tisch lag. Er hatte vergessen, sie zu kühlen. „Ach, komm schon!", schnauzte er verzweifelt und nahm sie in die Hand. „Klasse! Die kann ich wegschmeißen. So eine verdammte Scheiße!"

❧

Es klopfte an Nathans Zimmertür. Fragend sah er hoch, als Schlaus auch schon hereinkam.

„Nathan", grüßte er.

„Sie?"

Dass Nathan nicht gerade erfreut war, ihn zu sehen, hatte er sich schon im Vorfeld gedacht. „Freut mich auch, dich zu sehen", meinte er höflich und setzte sich neben ihn aufs Bett. „Wie geht es dir?"

„Bis gerade eben war ich noch guter Dinge", gab Nathan impertinent zurück.

„Wir sollten uns mal unterhalten", sagte Schlaus – er wusste sofort, dass Nathan darauf keine Lust hatte. „Was war letztens mit dir los?"

„Was soll denn los gewesen sein?!"

„Du weißt ganz genau, was ich meine."

„Ach, das!", gab Nathan kleinlaut zurück. „Tja, keine Ahnung."

„Triffst du dich noch mit Doktor Harris?"

„Hä?"

„Harris? Dean?"

„Was ist mit ihm?"

„Ob du dich noch mit ihm triffst?"

„Wieso?"

„Das ist keine Antwort."

„Ich weiß."

„Also?"

„Doktor Schlaus", meinte Nathan genervt und rollte mit den Augen.

„Ja?"

„Ich habe echt keine Lust, mich vor Ihnen zu rechtfertigen."

„Das war eine ganz normale Frage."

„Soviel ich weiß, haben Sie Doktor Harris entlassen. Wie soll ich also in der Lage sein, ihn zu treffen oder mich gar mit ihm zu unterhalten, wenn er nicht mehr im Hause ist?"

„Ich habe Harris nicht entlassen, Nathan."

„Klang für mich aber anders."

„Ich habe ihn nur beurlaubt, da er mal eine Pause von all dem hier braucht."

„Schön."

„Er ist aber noch im Haus."

„Ach, ist er das, ja?"

„Ja."

„Und wieso sieht man ihn nirgendwo?" Wenn es etwas gab, was Nathan gut konnte, dann war es lügen. „Er könnte sich doch wenigstens mal im Gemeinschaftsraum blicken lassen."

„So wie du", gab Schlaus zurück.

„Wie ich?", stockte Nathan. „Was meinen Sie?"

„In den letzten Tagen hast du dich rargemacht", erklärte der Chefarzt. „Man sieht dich immer weniger bei den anderen."

„Falls Sie es schon vergessen haben, hatte ich einen kleinen Aussetzer, und soweit ich mich erinnern kann, ist dieser noch nicht sehr lange her."

„Das stimmt. Und ich würde gerne wissen, was du dir dabei gedacht hast?", kam Schlaus auf die Ausgangsfrage zurück.

„Denken konnte ich überhaupt nicht mehr", trotzte Nathan sofort.

„Das sah man."

„Würden Sie bitte damit aufhören!?"

„Womit, Nathan?"

„So zu tun, als ob wir beide uns verstehen würden!", schimpfte er und stand auf. „Ich kann Sie nicht leiden."

„Das habe ich schon gemerkt."

Bissig sah Nathan ihn an. „Was ist in den Spritzen?!", wollte er nun wissen.

Doktor Schlaus erhob sich und sah Nathan nachdenklich an. „Etwas, was dein Herz stärkt und einen Stillstand verhindert."

„Ich möchte wissen, was das für ein Mittel ist – oder spreche ich eine andere Sprache?!"

„Spielt es für dich etwa eine Rolle?"

„Würde ich sonst fragen?!"

„Nathan …"

„Sofort!", unterbrach er den Arzt böse.

„Sieh einer an: Der Kleine hat plötzlich Mumm in den Knochen."

Grimmig schaute Nathan ihn an. Dass sein Herz raste, konnte der Arzt nur erahnen.

„Digitoxin, Digoxin und ein paar andere Wirkstoffe", fachsimpelte Schlaus ernst, vermutete jedoch, dass Nathan nichts damit anfangen konnte. „Bist du jetzt beruhigter?"

„Nein, nur schlauer", gab Nathan zurück.

„Gut, dann kann ich dir ja jetzt deine Medizin spritzen."

„Was für andere Wirkstoffe?", hakte er nach.

„Weitere Stoffe, die den Verlauf deiner Krankheit verlangsamen. Stoppen können diese Medikamente dein Schicksal allerdings nicht."

„Hab auch nichts anderes erwartet", sagte Nathan und setzte sich, als er die Spritze in Schlaus' Händen sah.

„Glaub mir, Nathan, wenn es nach mir gehen würde", begann er und griff nach dessen Arm, „dann würde ich dich sofort gesund machen." Er setzte die Spritze an. „Nur bin ich kein Gott, weißt du?"

„Ach, wäre ich ja gar nicht draufgekommen", gab Nathan pampig zurück und blickte zur Seite, als die Nadel in seine Haut eindrang. Wenige Sekunden später spürte er einen Stich in seinem Kopf.

„Sagen Sie mal", murmelte er etwas verwirrt, „sind Sie eigentlich der Einzige, der in das Labor kommt?"

Skeptisch sah Doktor Schlaus ihn an. „Wieso fragst du?"

„Darf ich nicht einmal mehr etwas fragen?", motzte Nathan.

„Doch, sicher." Schlaus zog die Augenbrauen hoch. „Es ist richtig, dass ich der Einzige bin, der einen Zugang hat. Jeden Morgen lasse ich zwei Ärzte hinein, und nachdem sie ihre Arbeit getan haben, lasse ich sie wieder heraus."

„Wie jetzt?", stutzte Nathan. „Sie sperren sie ein?"

„Nun ja", lachte Schlaus. „Freiwillig in einem Raum zu sein, ist kein Einsperren."

„Wieso?"

„Wie, wieso?"

„Wieso zwei Ärzte?"

„Es ist meine Klinik, und ich möchte nicht, dass jemandem Fehler unterlaufen."

„Verstehe, und Sie sind der Einzige, der einen Schlüssel besitzt?"

„Das habe ich dir gerade gesagt."

„Okay, aber …"

„Und damit ist das Thema vom Tisch!", unterbrach der Arzt ihn gereizt.

Griesgrämig starrte Nathan ihn an. „Ist ja schon gut."

„Wieso interessiert dich das überhaupt?"

„Das sagte ich Ihnen gerade", gab Nathan mit einem dreisten Lächeln zurück.

„Hat Dean etwas damit zu tun?"

„Wieso sollte Dean etwas damit zu tun haben?" Ja, er war ein sehr guter Lügner. „Hä?"

„Er hatte immerhin dein Blut."

„Hatte er das?"

„Jetzt stell dich nicht dumm!"

Nathan zuckte mit den Achseln. „Ich weiß echt nicht, was Sie meinen", log er.

„Als du durchgedreht bist", erklärte Schlaus.

Nachdenklich starrte Nathan auf den Boden und tat so, als ob er überlegen würde. „Er hatte mein …"

„Blut", endete Schlaus.

„Ich erinnere mich. Ich war hier. Hier in diesem Zimmer, und er hatte mein Blut?"

„Du erinnerst dich wirklich nicht!?", staunte Schlaus mit großen Augen.

„Ich bin mir noch nicht ganz sicher, aber ich meine, dass Sie recht haben."

Schlaus begann zu grübeln. War die Dosis, die er Nathan verabreichte, wirklich zu hoch?

„Ich sehe dich heute Nachmittag mit den anderen im Gemeinschaftsraum – und vergiss nicht unsere Sitzung", beendete der Doktor das Gespräch übereilt und verließ hastig den Raum. Den bösen Blick, den Nathan ihm schenkte, konnte er förmlich spüren.

Im Flur angekommen, sah er sich sofort nach einer Schwester um. „Hey", stoppte er die erste, die ihm entgegenkam.

„Ja, Doktor?"

„Die Dosis ist zu hoch."

Sie musste kurz überlegen. „Nathans?"

„Ja, geben Sie ihm nur noch die Hälfte."

„Aber ich weiß doch gar nicht, was er bekommt", stutzte sie.

„Ach!", erschrak Schlaus, lächelte aber sofort wieder. „Ich mache Ihnen Spritzen für das Wochenende fertig. Sie können sie dann später bei mir abholen."

„Ist gut", antwortete sie unsicher.

„Und sagen Sie mir bitte, wie er darauf reagiert."

Die Schwester bejahte und ging dann unentschlossen weiter, als ihr urplötzlich noch eine Frage einfiel. Abrupt blieb sie stehen. „Ach, Herr Doktor?!"

„Ja?"

„Was ist mit Alexanders Behandlung?"

„Was soll damit sein?"

„Bei seiner letzten machten sich Rhythmusstörungen bemerkbar."

„Ja, ich weiß", sagte er und überlegte kurz. „Wir reduzieren die Behandlung auf einmal die Woche."

Sie nickte.

༄༅

„Ach!", staunte Jennifer, als sie sah, wer den Gemeinschaftsraum mittags betrat. „Wenn das nicht unser Ich-bin-so-verzweifelt-und-werde-mich-umbringen-Junge ist?!"

Erbost schaute Nathan sie an und schüttelte dann etwas konfus den Kopf.

„Nathan!", mischte sich blitzartig eine Krankenschwester ein und lächelte freundlich. „Wie geht es dir?"

In Nathans Inneren grummelte es. Ein ekelhaft säureartiger Geschmack machte sich in seinem Mund bemerkbar. „Mir ist irgendwie …"

„Ja?", fragte die Schwester erfreut.

Er stieß auf. „Schlecht."

„Reflux?"

Mit geschlossenen Augen stimmte er ihr nickend zu.

„Warte", meinte sie und verschwand kurz.

Währenddessen haftete Jennifers hasserfüllter Blick weiterhin auf ihm. „Was er wohl jetzt schon wieder hat?", fragte sie sich flüsternd und beobachtete den jungen Patienten voller Neugier.

„Hier", erschreckte die Schwester im selben Moment Nathan ungewollt.

„Sie sind doch gerade erst gegangen", stutzte er.

„Ich bin eine ganz Schnelle", plapperte sie und streckte ihm eine Tablette entgegen.

„Was ist das?"

„Omeprazol", erklärte sie.

„Und wo haben Sie das Wasserglas her?", wollte Nathan skeptisch von ihr wissen.

„Sind wir noch leicht verschlafen?", fragte sie mit einem Lächeln.

„Ja, wahrscheinlich", gab er zurück und griff zur Kapsel.

Sie überreichte ihm das Trinkgefäß.

Hastig fasste er danach und nahm einen kräftigen Schluck. Keine fünf Sekunden später rülpste er unüberhörbar durch den Raum.

Fassungslose Gesichter blickten in seine Richtung.

Ein langes „Ah" flog Nathan aus dem Mund. „Nun geht es mir schon etwas besser", griente er. Er bedankte sich und ging ohne ein weiteres Wort wieder. Perplex sah ihm die Krankenschwester nach.

„So eine Pottsau!", meinte Jennifer entgeistert und schüttelte den Kopf.

❧❦

Nathan stand mit geschlossenen Augen draußen und atmete die wohltuende Frische ein, die ihm ein kleines Lächeln auf seine Lippen zauberte, als plötzlich jemand leise seinen Namen rief. Verwirrt blickte er sich um, sah aber niemanden.

„Hier", flüsterte die Stimme. Erneut schaute Nathan sich um und erkannte dann Dean, der sich hinter einer Mauer versteckte. Mit gerunzelter Stirn ging Nathan langsam zu ihm.

„Dean? Was machst du hier?"

„Ich muss dir etwas sagen."

„Ja, ich dir auch", murmelte Nathan bestürzt.

„Okay", grübelte Dean. „Das bedeutet nichts Gutes."

„Es geht um Schlaus."

„Was ist mit ihm?"

„Er ist tatsächlich der Einzige, der einen Schlüssel für das Labor besitzt."

„Das weiß ich doch."

„Ach, wirklich?" Nathan sah ihn erstaunt an.

„Ich bin nicht erst seit gestern hier, Nathan."

„Dann ist ja gut ... Und was wolltest du mir sagen?"

„Genau darum geht es ja."

„Was meinst du?"

„Dein Blut."

Erschrocken starrte Nathan ihn an. „Was ist damit?!"

Dean war wirklich überrascht, dass Nathan sich Sorgen machte. Wollte er etwa doch nicht sterben? „Ich weiß es nicht."

„Wie, du weißt es nicht?"

„Ich konnte es nicht auswerten."

„Wieso nicht?"

„Als ich dir gestern das Blut abnahm, habe ich die Kanüle auf den Tisch gelegt und habe ..."

„Du hast vergessen, es zu kühlen", endete Nathan genervt.

„Sorry, aber das holen wir heute Abend nach."

„Ach, Dean ...", schmollte Nathan.

„Tut mir echt leid."

„Schon gut."

„Sonst alles in Ordnung bei dir?"

Nathan nickte und guckte kurz auf Deans weißes Shirt. Auf Anhieb musste er bei dem Anblick schmunzeln.

„Was ist?"

„Dass dir kalt ist, sieht man", meinte er mit einem Blick auf die spitzen Brustwarzen.

„Mach dich nur lustig", beschwerte sich Dean und schlug seine Arme vor die Brust.

„Mach ich nicht", lächelte Nathan bedrückt und spähte noch einmal auf Deans Oberkörper.

„Was hast du?"

„Die Spritze", seufzte er, um schnell wieder auf das Thema zu kommen.

„Was ist damit?"

„Ich weiß, was da drinnen ist, Dean."

„Okay, da bin ich jetzt aber mal gespannt. Ich meine – woher weißt du das, und woher willst du wissen, ob es die Wahrheit ist?"

„Schlaus hat es mir gesagt."

„Und was hat er dir gesagt?"

„Digi … Digo …", stotterte Nathan und dachte scharf nach. „Digimons …"

„Digoxin?", unterbrach Dean ihn fragend.

„Genau! Und irgendwelche anderen Sachen."

„Und das glaubst du?"

„Habe ich eine andere Wahl?"

„Glaub mir, Nathan … das wird sich noch zeigen."

„Und was ist, wenn er die Wahrheit sagt?"

„Wenn ich ehrlich sein soll, dann glaube ich nicht daran."

„Und was macht dich da so sicher? Ich meine, ich werde sterben, das liegt doch auf der Hand."

Dean zögerte, auch wenn er sich stark zurückhalten musste, ihm keine Hoffnung zu machen. „Hör zu."

Kummervoll sah Nathan in das anziehende Grün.

„Ich werde dein Blut untersuchen, und ich verspreche dir hier und jetzt, dass ich wirklich alles versuchen werde, um dir zu helfen. Vertrau mir."

Nathan nickte. „Wieso tust du das alles für mich?"

„Liegt das nicht auf der Hand?"

Den Gedanken, der Nathan gerade durch den Kopf ging, traute er sich nicht auszusprechen.

War es vielleicht möglich, dass Dean mehr als nur Freundschaft für ihn empfand?

„Nathan, ich …", begann Dean.

„Nathan?!", rief Doktor Schlaus aus weiter Ferne. Dass er das Gespräch unterbrach, gefiel Nathan überhaupt nicht.

Schnell versteckte sich Dean. „Wir sehen uns heute Abend bei mir."

„Nathan?!", wiederholte Schlaus.

Laut begann Nathan zu brummen. Hätte Schlaus nicht ein paar Minuten später seinen Namen rufen können – oder noch besser: gar nicht? *Was wollte Dean mir sagen?*, fragte sich Nathan, als Schlaus erneut nach ihm rief.

„Ich komme ja schon!"

„Da bist du ja", sagte Doktor Schlaus, als Nathan näher kam.

„Ja, da bin ich", gab Nathan desinteressiert zurück.

„Schon vergessen?"

„Hä, was denn?"

„Es wird Zeit für unser Gespräch."

„Wie ich dieses Psychogequassel doch hasse", nörgelte Nathan leise.

„Das habe ich gehört“, lächelte der Chefarzt und ging voran.

Knurrend folgte Nathan ihm in sein Besprechungszimmer. Viel hatten sich die beiden allerdings nicht zu sagen. Die Konversation ähnelte wieder einem Stummfilm.

❧

Nachdem Nathan gezwungen gewesen war, eine Stunde lang das Gesicht von Schlaus anzuglotzen, war er regelrecht froh, Alexander im Flur herumwandern zu sehen.

„Alexander?“, rief er erfreut und ging auf ihn zu.

Angespannt drehte sich Alexander um und blickte dann schüchtern auf den Boden.

„Wie geht es dir?“, wollte Nathan wissen. „Geht es dir gut?“, fragte er im gleichen Atemzug.

Alexander wuschelte durch sein Haar und blickte dann misstrauisch auf. Er sah in die schimmernden blauen Augen von Nathan, als ihn eine bizarre seelische Regung befiel. Unerwartet drückte er seine Handinnenfläche gegen Nathans Herz, der ihn erschrocken anstarrte.

„David“, flüsterte Nathan leise.

Alexander griff nach Nathans Hand und führte sie zu seinem Brustkorb.

„Dein Herz“, wisperte Nathan, den Tränen plötzlich nahe. „Es schlägt so schnell. Bist du etwa aufgeregt, weil du mich siehst?“

Dann geschah das Unfassbare. Alexander öffnete langsam seinen Mund. Stillschweigend schaute Nathan auf die Lippen, die sich immer weiter auftaten. Mit einem Mal schreckte Alexander zurück, denn Nathans Herz setzte kurz aus. Nathan musste kichern. „Hab keine Angst. Mein Herz ist nur kurz gestolpert“, erklärte er, und seltsamerweise machte es ihm nicht einmal etwas aus.

Hasenfüßig sah Alexander ihn an.

„Du kannst mir alles sagen. Egal, was dir auf dem Herzen liegt, okay?“

Nathan glaubte zu träumen, als Alexander tatsächlich nickte. Ruckartig rannte er Sekunden später davon. Verliebt guckte Nathan ihm hinterher.

❧

Alexander lief gedankenverloren die Treppe nach unten, als er unerwartet von Jennifer und Ebby aufgehalten wurde.

„Hey!“, sagte Ebby forsch. Erschrocken blinzelte Alexander zu ihr hoch.

„Na“, grinste Jennifer frech. „Da ist ja unsere kleine … Schwutte.“

„Du bist einer von denen?!“, wollte Ebby mit draufgängerischer Stimme wissen.

Alexander zuckte auf.

„Bist du ein verdammter Schwanzlutscher?!“, fauchte Ebby ihn an. Wieder zuckte er zusammen.

„Ebby“, meinte Jennifer erfreut. „Er ist einer von ihnen, und wenn du wüsstest, wie er untenrum aussieht, dann würdest du dich köstlich amüsieren.“

„Das würde ich nur zu gern“, gestand sie und packte Alex grob am Arm. „Komm mit!“, forderte sie und zerrte an ihm.

Jennifer blickte unauffällig um sich und griff dann nach Alex´ anderem Arm. Eingeschüchtert von den beiden starken Frauen ging er ängstlich mit. Sie brachten ihn auf die Behindertentoilette und schubsten ihn voller Kraft auf den Boden.

Panisch robbte Alexander auf seinem Hinterteil rückwärts und knallte mit dem Rücken gegen die Wand.

Jennifer verschloss hastig die Tür, während Ebby sich machomäßig hinstellte.

„Guck mal, wie der zittert", witzelte Jennifer.

„Los!", brüllte Ebby. „Steh auf!"

Doch Alexander regte sich nicht – die Angst war einfach zu groß.

„Los!", forderte sie erneut. „Steh auf!"

Noch immer zögerte Alexander.

„Ich sagte …", fluchte sie, „steh auf!"

„Nun trödel nicht rum!", nörgelte Jennifer und ging auf ihn zu. Sie packte ihn fest am Unterarm und zog ihn hoch. Vorsichtig versuchte er sich loszureißen, doch das machte sie nur noch wütender. Mit einem Satz donnerte sie ihm eine. Erschrocken sah Alexander sie an.

„So geht das!", meinte sie zu ihrer Freundin und gesellte sich zu ihr.

„Und nun", begann Jennifer höhnisch grinsend, „zeig uns dein kleines Geheimnis!"

Alexander war wie gelähmt.

„Los!", befahl Ebby hasserfüllt und drohte mit den Fäusten.

Langsam öffnete Alexander seine Hose.

❧

Nathan kam gerade die Treppe herunter, als er plötzlich ein lautes und schadenfrohes Gebrüll wahrnahm. Neugierig ging er etwas schneller die Stufen hinab. Schon von Weitem erkannte er Jennifer und Ebby, die vor der Toilette standen und laut grölten. Sie schienen auf jemanden zu warten. Sekunden später kam Alexander splitterfasernackt aus dem WC heraus. Sie brachen in lautes Gelächter aus und zeigten mit ihren Fingern auf ihn. Panisch blieb Alex stehen und bedeckte hastig seinen Schambereich. Nathan konnte und wollte nicht glauben, was er da sah. Aus den Augenwinkeln bemerkte Alexander ihn und rannte schnurstracks auf ihn zu. Angsterfüllt fiel er ihm um den Hals und schluchzte laut. Nathan war platt und den Tränen nahe.

„Ach", witzelte Jennifer. „Habt ihr euch so vermisst, ja?"

„Abartig!", schimpfte Ebby, trat näher und spuckte Alexander auf den Rücken.

„Netter Arsch, du Arsch!", feixte Jennifer, bevor sie sich mit Ebby rarmachte. Sie gackerten noch eine ganze Weile, während Nathan Alexander noch immer fassungslos an sich drückte.

„Was ist denn hier los?", meinte plötzlich eine Krankenschwester erbost, als sie den Nackten in den Armen Nathans sah. „Nathan?!"

Erschüttert starrte er sie an.

„Verlierst du jetzt ganz den Verstand?!", meckerte sie und zerrte Alexander mit aller Kraft von ihm weg. Sie schien die Lage total misszuverstehen.

„Du bist ja komplett entblößt!", erschrak sie und zog sich schnell ihren Kittel aus, um Alexander zu bedecken. „Nun aber!" Hastig brachte sie Alexander fort.

Erstarrt blickte Nathan ihnen nach.

❧

„Und du bist dir sicher?", wollte Schlaus erneut wissen, als Nathan in seinem Behandlungsraum umherlief.

„Ja, das sagte ich doch schon! Die haben einfach ihre Scherze mit ihm gemacht."

„Ich werde mich darum kümmern", versprach Schlaus.

132

„Will ich hoffen", knurrte Nathan und ging wieder. Er wollte sich gerade auf den Weg zu seinem Zimmer machen, als ihm unerwartet die beiden Ungeheuer entgegenkamen, die Alexander verhöhnt hatten.

„Nicht die!", stöhnte er leise.

„Hey!", schnauzte Ebby sofort und stellte sich vor ihn. „Ich hoffe, du hast deine Klappe gehalten!"

„Denkst du wirklich, dass ich mich von dir einschüchtern lasse?", wollte Nathan mit bitterernster Mimik von ihr wissen.

„Du!", warnte Ebby mit dem Finger, doch weiter kam sie nicht, denn Schlaus unterbrach sie schlagartig.

„Ebby!"

„Das letzte Wort ist noch nicht gesprochen!", drohte sie unbeeindruckt.

Schlaus winkte drei Pfleger zu sich. „Bringt Ebby in Raum G."

Die Männer nickten und liefen eilig auf sie zu. Zwei packten sie, während der andere Jennifer in ihr Zimmer begleitete.

„Wo bringt ihr mich hin?!", schnauzte Ebby und versuchte sich vergebens zu wehren.

Nathan drehte sich um und blickte zu Schlaus, der auf ihn zukam. „Wo bringen Sie dieses Etwas hin?"

„Du wirst sie für eine lange Zeit nicht mehr sehen", gab dieser flüchtig zurück, bevor er sich abwandte und den Pflegern folgte.

Tief atmete Nathan durch. Er sah Schlaus nach und ging dann in die entgegengesetzte Richtung davon.

Vor Alexanders Zimmer angekommen, warf er einen kurzen Blick hinein, doch es war niemand anwesend. Als er wieder gehen wollte, erschreckte ihn abrupt Bärbel.

„Na!"

„Mann!", zuckte Nathan. „Hast du mich erschreckt!"

„Was machst du hier?", wollte sie wissen und lugte in das Zimmer. „Ist doch nicht deins, oder?"

„Ich wollte nur …", stoppte er.

„Du empfindest etwas für ihn", erkannte Bärbel und lächelte.

Schnell versuchte Nathan vom Thema abzulenken. „Was machst du eigentlich hier?", fragte er sie.

„Ich spiele", antwortete sie erfreut.

„Du spielst?"

„Ja", grinste sie. „Fang die Verrückte."

„Fang die Verrückte?"

„Ich ärgere die Pfleger gerne, und wenn sie mich geschnappt haben, gibt es immer eine schöne Dröhnung."

Nathan musste schmunzeln.

„Hey!", meinte sie plötzlich etwas ernster.

Belustigt hob er die Augenbrauen.

„Es war nicht das erste Mal, dass sie Alexander auf dem Kieker hatten."

„Wie jetzt?"

„Er wird oft von den anderen fertiggemacht. Dabei ist er so eine liebe Seele."

„Wieso wird denn dann nichts unternommen?!"

„Da fragst du die falsche Person", entgegnete Bärbel. „Aber mach dir nichts draus. Er steckt das schon weg."

„Wenn du gesehen hättest, was die mit ihm gemacht haben!"

„Was war es denn dieses Mal?", fragte sie neugierig. „Haben sie ihn wieder irgendwo eingesperrt oder ihm ins Essen gespuckt …"

„Bitte?!", unterbrach Nathan sie fassungslos.

„Das tun sie andauernd", sagte sie.

„Da ist sie!", brüllte plötzlich ein Pfleger.

„Oh oh", griente Bärbel. „Ich muss dann mal." Sie lachte und flüchtete schnell.

„Schnappt sie!", lärmte der Pfleger, während Bärbel laut schäkernd davonrannte.

Nathan war absolut platt.

15. KAPITEL

Es war schon spät in der Nacht, als Nathan verwirrt durch die Flure der Anstalt wanderte.

„Na, Nathan, alles klar?", fragte David ihn, als sie sich plötzlich gegenüberstanden.

Erschrocken blickte Nathan auf. „David?"

„Wie geht es dir?"

„David … du …", stotterte Nathan und musterte ihn. Seine Kleidung, seine Schuhe, die Hände, die Frisur. Alles schien so real.

„Was machst du hier?", wollte der junge Südländer besorgt von ihm wissen.

Wenn ich das nur wüsste, dachte Nathan, während er ihn weiterhin fassungslos ansah. „David, du, ich …"

„Er ist nicht der Richtige, Nathan. Er wird es niemals sein", entgegnete David mit einem abwertenden Blick. Er drehte sich um und ging davon.

„David?"

„Er wird niemals der Richtige sein", hörte Nathan ihn erneut flüstern. „Niemals."

„David? Warte!", bettelte Nathan, als er ihm nachschaute.

„David? David?!", brüllte er und rannte ihm hinterher. Seine Bemühungen ihn einzuholen, schienen jedoch vergebens, denn jeder Schritt, den er tat, verlief wie in Zeitlupe.

„David?!", schrie er weinend, als seine Liebe um die Ecke verschwand. „Nein!" Nathan lief so schnell es ihm nur möglich war, doch David ging bereits durch eine Schwingtür, die sich rasch wieder schloss. Hastig eilte Nathan darauf zu und öffnete sie mit einem Ruck.

Geschockt blieb er stehen und starrte verwirrt nach vorn. Es war heller Tag, und die Sonne schien warm. Der Boden, auf dem er sich befand, bestand aus Sand, und nicht weit von ihm entfernt war ein kleiner Spielplatz. Fragend drehte Nathan sich um. Er verstand nicht, warum anstelle der Klinik nur noch ein großes grünes Feld zu erkennen war.

„Aber wo?", stutzte er, als ihm blitzartig Davids Geruch um die Nase flog. Zerstreut sah er sich um und erkannte, dass nicht weit von ihm entfernt jemand auf dem Boden saß und Blumen pflückte.

„David?", wisperte Nathan und begab sich zu der Person. Wenige Schritte vor dem Fremden entfernt blieb er jedoch wieder stehen, denn es war nicht David, der da auf dem Boden hockte, nein! David erschien aus dem Nichts neben dem Unbekannten und blickte auf den Braunhaarigen hinab.

„Er ist es", sagte David im selben Moment, während Alexander sich überraschend zu Nathan umdrehte und ihn fixierte. Nathans Gesichtszüge entgleisten.

„Alexander …", philosophierte Nathan, als Alex ihn mit einer kleinen Blume in der Hand anlächelte. David stellte sich direkt daneben.

Nathan erblasste schlagartig. Alexander und David waren bis auf die Kleidung völlig identisch – wie eineiige Zwillinge, die mit einem Mal ineinander verschmolzen und zu einer Person wurden.

„David?!", meinte Nathan ängstlich.

„Ganz ruhig", versuchte Alexander ihn zu besänftigen.

„David?", fragte Nathan erneut, der nicht mehr wusste, was er glauben sollte. Alexander sah nicht nur aus wie sein toter Geliebter, nein, er hörte sich auch genauso an.

„Er ist es nicht“, murmelte Alexander mit gesenktem Kopf.

„Wer ist was nicht?“, wollte Nathan wissen und erkannte, dass Alexanders Augen kurz nach rechts blickten.

„Dean?“, rätselte Nathan erstaunt, nachdem er dem stummen Zeichen gefolgt war.

„Nathan“, freute sich Dean, der nur wenige Schritte von ihm entfernt komplett entblößt herumstand. „Ist alles in Ordnung?“

Nathan wurde unruhig und starrte wieder auf Alexander. „David, was ist hier los?“, wisperte er.

„Ich bin nicht David, Nathan“, erklärte er. „Ich werde niemals er sein, doch er kann ich sein.“

„Was? Wie? Hä?“ Nathan war völlig durcheinander.

„Du hast die Wahl. Es ist deine Entscheidung – entscheide dich“, sagte er und zeigte langsam auf Dean. „Er … er meint es nicht ernst.“

„Nicht ernst?“, wiederholte Nathan perplex, als Dean plötzlich neben ihm stand. „Dean?! Musst du mich so erschrecken?!“

„Ich habe hier etwas für dich“, lächelte Dean und öffnete langsam seine Faust.

Nathan war wie vom Donner gerührt, als er sah, was Dean in seiner Hand hielt. Schnell wich er einen Schritt zurück.

„Ich schenke es dir“, meinte Dean und streckte ihm ein blutendes und noch schlagendes Herz entgegen.

Nathan schluckte und blickte auf Deans Brustkorb. „Dein Herz – es ist nicht mehr in deinem Körper.“

Gelassen blickte Dean an sich hinab und meinte dann locker: „Na und? Hauptsache du hast eines.“

„Das ist alles nicht wahr“, flüsterte Nathan mit geschlossenen Augen. „Alles nicht wahr.“ Seine Angst wurde immer größer.

„Nun nimm es schon!“, befahl Dean, der das schlagende Herz in seinen Händen langsam zerdrückte.

„Aufhören!“, bat Nathan ängstlich, als er auf das viele Blut blickte, das über Deans Finger floss.

„Nimm es!“, schnauzte Dean erneut und schmiss es ihm mit einem Mal entgegen. Bei dem Versuch auszuweichen, knallte Nathan auf den Boden und blieb starr liegen. Alles um ihn herum wurde mit einem Satz heller. Blitze zuckten vor seinen Augen, zwangen ihn dazu, seine Arme schützend vor sein Gesicht zu halten. Er begann laut zu schreien und fand sich urplötzlich in einem mit Kerzenlicht beleuchteten Raum wieder. Verstört sah er um sich. Ein Himmelbett befand sich nur wenige Schritte von ihm entfernt. Fragend schaute er auf den Schatten, der durch die hellgrünen Vorhänge des Bettes zu sehen war.

„Aber?“, wisperte er und machte kleine Schritte nach vorn.

„Kommst du?“, fragte eine männliche Stimme.

„David?“, erschrak Nathan den Tränen nahe.

„Ich warte schon“, rief sein Geliebter und legte sich hin.

Langsam öffnete Nathan die Vorhänge. Er war erstaunt und bekam große Augen. David lag umgeben von edelstem Stoff breitbeinig auf einem riesigen Kissen. Funkelnde Diamanten, die wie eine schmale Weste geformt waren, klebten auf seinem braun gebrannten Oberkörper, ragten wie ein schmaler Anzug an den Seiten hinunter und lagen wie eine zweite Haut an seinen muskulösen Oberschenkeln an. Ein großes Halsband aus Juwelen, an dem noch fünf weitere hochkarätige Ketten hingen, schmückte seinen Hals. Schimmernder Schmuck an seinen Handgelenken, Ringe um seine Finger und glitzernde Piercings in den Ohren. Seine rasierte Pracht komplett entblößt und steif. Hoden, die bis zum Anus hinunterragten.

Mit einem Blick in Davids Gesicht musste Nathan schlucken.

„David", flüsterte er und starrte in die grün glänzenden Augen, die geschminkt waren.

Sanft klopfte David auf den Platz neben sich. Nathan zögerte nicht eine Sekunde und legte sich – aus heiterem Himmel komplett entkleidet – neben ihn. Tief sah David ihm in die Augen, streifte mit seiner Hand über Nathans Wange und kam den schmalen Lippen mit den seinen immer näher.

Nathans Herz raste wie verrückt, doch das Verlangen David jetzt zu küssen, war größer als jede Angst, die er in sich trug. Er hielt es nicht mehr länger aus und zog ihn mit einem Satz zu sich. Wild und hemmungslos küssten und berührten sie sich. Davids zarte Hände kraulten seine schlanken Oberarme, wanderten mit den Fingerspitzen hinunter zu den Achseln. Immer tiefer bis zu den Pobacken. Inbrünstig klatschte Nathan auf die knackigen Arschbacken, krallte sich fest und stöhnte auf, als David auch schon in ihn eindrang.

Nathan riss die Augen auf und stemmte sich ruckartig hoch. Verwirrt sah er um sich. „Ein Traum?", murmelte er völlig verdattert. Er verstand gar nichts mehr. Diese Gefühle und Berührungen schienen so real gewesen zu sein. Mit einem Knurren ließ er den Kopf hängen, bevor er sich erhob und zu gähnen begann.

Es war bereits Mitternacht, als er völlig zerstreut durch den Flur in Richtung Deans Kleinwohnung wanderte. Noch immer hatte er dieses seltsame Gefühl in sich, das er nicht wirklich deuten konnte. War es nur die Nachwirkung dieses verrückten Traumes oder steckte mehr dahinter?

„Wo bleibt er nur?!", grübelte Dean leise, als überraschend die Tür aufging und Nathan mit gesenktem Kopf hereinkam.

„Da bist du ja!", meinte er erleichtert und lief zu ihm. „Ich dachte schon …", begann er und guckte etwas verunsichert auf den Kleinen. „Alles in Ordnung?"

„Ja, sicher", gab Nathan fast unhörbar zurück und schloss die Tür.

„Warum bist du so nachdenklich? Ist etwas passiert?"

Nathan schüttelte vorsichtig den Kopf. „Nein. Ich bin nur …" Er stoppte und schaute Dean tief in die Augen.

„Du bist was?", hakte er nach. „Was ist?"

Mann, ist dieser Typ sexy, dachte Nathan und bekam wieder dieses Gefühl in sich. Nun wusste er endlich, was es war: pure Lust. Sein Verlangen musste er einfach im Zaum halten. „Nichts. Alles ist bestens. Ich bin nur etwas …"

„Durch den Wind?", endete Dean mit hochgezogener Augenbraue.

„Ja, ich, ähm, bin nur etwas … durch den Wind", bestätigte Nathan mit einem Lächeln und begab sich hinüber zur Couch.

Dean zögerte. „Okay", meinte er dann und gesellte sich zu ihm. „Was ist los?"

„Nichts", schwor Nathan.

„Du hast doch was", rätselte Dean mit zarter Stimme. „Was ist los?"

„Ich habe echt nichts", versicherte Nathan, und er hatte wirklich nichts – außer dicken Klöten. Eine falsche Berührung würde ausreichen, um ihn zum Höhepunkt zu bringen. „Mir geht es den Umständen entsprechend."

Doch Dean war weiterhin skeptisch. „Okay."

„Du willst mein Blut, nicht? Hier", sagte Nathan und streckte ihm unerwartet seinen Arm entgegen.

„Nathan, ich …"

„Worauf wartest du?", wollte er wissen. „Freiwillig mache ich das bestimmt kein weiteres Mal. Nun mach schon. Sonst überlege ich es mir anders."

„Ich kann nicht."

„Wie, du kannst nicht?", stutzte Nathan und zog seinen Arm zurück. „Was meinst du?"

„Wir müssen bis Sonntagabend warten."

„Wieso?"

„Weil Schlaus übers Wochenende weg ist und er natürlich die Schlüssel bei sich hat. Er würde nur bei einem Notfall zurückkommen. Lieber geht er ein Risiko ein, anstatt der Klinik die Schlüssel zu überlassen."

„Klasse – und jetzt?"

„Na, wir könnten uns unterhalten", schlug Dean vor.

„Unterhalten", wiederholte Nathan leise und dachte dabei an ganz andere Sachen. *Sex. Liebe machen. Bumsen. Vögeln.* Ja, er hatte viele Bedeutungen dafür gefunden. Dazu brauchte er nicht einmal überlegen. Sie kamen ihm einfach in den Sinn.

„Nicht gut?"

„Doch, doch", stotterte Nathan. „Es ist nur, dass ..."

„Dass was?"

Kurz sah Nathan Dean in die Augen. „Ach, nichts." Er lächelte und stand auf.

„Was ist denn los mit dir?", wollte Dean erneut wissen, doch Nathan wagte nicht, die Wahrheit zu sagen.

„Mir geht es gut."

„Nathan!"

„Ich bin geil!", jammerte Nathan unvorhergesehen und hätte sich am liebsten selbst für die Worte geschlagen.

„Oh!" Dean machte große Augen.

„Oh?!", wiederholte Nathan mit noch größeren Glupschern. „Teufel, wie peinlich!" Er schlug die Hände über dem Kopf zusammen.

„Du bist also ..."

„Ja!", unterbrach er. „Tut mir leid."

„Das braucht dir nicht leidzutun", erklärte Dean mit einem sanften Lächeln. „Ich nehme an, dass du schon seit Längerem nicht mehr ..." Er zögerte. „Na, du weißt schon ..."

„Ich kann mich ehrlich gesagt nicht mehr dran erinnern."

„Und du möchtest, dass ich ...?"

Geschockt sah Nathan ihn an. „Was?! Nein!"

„Ich meine ja nur."

„Nein, ich ... es wäre, glaube ich, besser, wenn ich ..."

„Ja?"

Verdutzt sah Nathan ihn an. „Ich glaube, es wäre besser, wenn ich ..."

„Und darf ich fragen, wieso du nicht mit mir ...?"

„Dean?"

„Ja?"

„Ich glaube, es wird Zeit, dass ich gehe", sagte Nathan hastig und eilte zur Tür, bevor er noch etwas Unanständiges anstellen würde.

„Ey, ey!", meinte Dean und sprintete hinterher. „Nicht so hastig." Schnell hielt er die Tür zu.

„Es wäre nicht gut, wenn ich bleiben würde. Glaub mir", faselte Nathan, ohne ihn dabei anzugucken.

Dean schien selbst total fickerig zu sein. „Was spricht dagegen?"

„Du bist Arzt, und ich …“

„Ich bin Arzt, das ist richtig, aber wir sind doch Freunde und …“

„Ja, genau!“, stimmte Nathan ihm zu. „Wir sind Freunde, und Freunde poppen nicht miteinander!“

„Wer sagt denn, dass wir beide nur Freunde bleiben müssen?“, wollte Dean wissen, als er mit seiner Hand über Nathans rechte Wange glitt.

Ungewollt stellte Nathan sich Dean nackt vor. Das Verlangen wurde sofort größer. „Nein!“, brummte er und schüttelte den Kopf. „Niemals!“ Kurz starrte er in Deans Augen.

„Okay“, murmelte Dean enttäuscht und ließ die Tür los. „Du hast ja recht. Es wäre echt nicht gut, wenn du und ich es miteinander treiben würden. Zwar sind wir beide Single und geil, aber es wäre echt das Beste, wenn wir es nicht tun würden. Immerhin hast du dich mir anvertraut, und es würde nicht fair von mir sein, wenn ich dein Vertrauen ausnutze, nur weil einer von uns – oder wie in unserem Fall beide – sexuell erregt ist. Das wäre echt skandalös und …“

Ach, was soll's?! Ich sterbe doch sowieso bald. Ohne länger zu zögern, packte Nathan Dean am Kragen und presste seine Lippen gegen Deans. Doch bevor Dean überhaupt verstand, was geschah, stoppte Nathan auch schon wieder. „Nein, ich sollte das nicht tun.“

„Recht hast du“, stimmte Dean ihm mit einem lüsternen Blick in den Augen zu. Er klang nicht gerade überzeugend.

„Ach, scheiß drauf!“, fluchte Nathan und fiel ihm erneut um den Hals. Hemmungslose Küsse folgten, während sie sich ungestüm die Kleider vom Leib rissen.

„Warte“, meinte Dean. Sein Mund klebte noch auf Nathans. Rasch zog er sein Shirt aus und versuchte die Hose hinunterzuziehen, doch Nathans ungezügeltes Verhalten brachte ihn aus dem Gleichgewicht. Hastig griff er nach Nathan, um sich festzuhalten, doch stattdessen zog er den Jungen mit sich – sie knallten auf den Boden.

„Autsch!“, klagte Dean.

Nathan, der direkt auf Deans muskulösem Oberkörper zum Erliegen gekommen war, begann automatisch zu lachen.

„Lach nicht!“

„Entschuldige“, kicherte Nathan und versuchte aufzustehen. „Ich sollte wohl …“

„Komm her“, unterbrach ihn Dean und fasste ihn am Hinterkopf. „Und jetzt alles von vorn und langsam.“ Er schmunzelte, und Nathan lief knallrot an. Ihre Lust kannte keine Grenzen. Zeit verlor jegliche Bedeutung. Es zählte nur das Hier und Jetzt.

Einige Zeit später fanden sie sich nackt auf der Couch wieder und lächelten verlegen durch die Gegend. Von Glückshormonen erfüllt griff Dean nach der Kuscheldecke und deckte Nathan und sich zu.

„Alles in Ordnung?“, erkundigte er sich.

„Klar“, lächelte Nathan. „Und bei dir?“

„Erleichtert“, gestand Dean und schlang sanft seinen Arm um den Schlanken. „Schlaf gut.“

„Du auch“, gab Nathan zurück. Und während Dean schnell eindöste, genoss er noch eine lange Zeit den warmen und verschwitzten Körper, der sich gegen seinen Rücken presste. Deans Hand ließ er in dieser Nacht nicht ein einziges Mal los, dennoch wusste er, dass es nur Sex und keine Liebe gewesen war. Richtige Liebe fühlte sich einfach anders an. Da war er sich sicher. Seine Gedanken kreisten schließlich längst nur mehr um einen … Alexander.

16. KAPITEL

Vitalisierend prasselten die Wasserperlen über Dean, der unter der Dusche stand und sich die klebenden Überreste der Nacht von seinem muskulösen Körper wusch. Dabei war es noch nicht einmal fünf Uhr morgens. Nathan hingegen lag noch tief und fest schlummernd unter der Kuscheldecke und befand sich weit entfernt im Land der Träume. Als Dean aus dem Bad kam und den Schlafenden sah, huschte ein kleines Lächeln über seine Lippen.

„Süß", flüsterte er und trocknete sich auf dem Weg zur Couch die Haare mit einem Handtuch ab. Vorsichtig setzte er sich neben Nathan und legte es auf den Tisch. Wecken wollte er ihn noch nicht – immerhin war es eine sehr kurze Nacht gewesen.

Um sich die Zeit ein wenig zu vertreiben, begab er sich hinüber zur Kochecke und bereitete ein leckeres Frühstück vor, das aus Eiern, frischen Brötchen und mehreren Wurstsorten bestand. Über eine halbe Stunde ließ er sich dafür Zeit und dekorierte den Tisch so schön es ihm nur möglich war. Mit einem Blick auf die Uhr, die kurz vor sechs anzeigte, setzte er sich dann neben Nathan und versuchte ihn sanft zu wecken.

„Nathan?", flüsterte er und fasste ihm an die Schulter. „Nathan? Aufstehen. Du musst gleich zurück."

Doch Nathan schien ihn überhaupt nicht zu hören. Tief schlafend schnarchte er mit geöffnetem Mund. Dean schmunzelte. „Nathan?", wiederholte er. „Nathan?!" *Eigentlich viel zu schade, ihn jetzt zu wecken,* dachte er und schmollte kurz.

„Schlaus kommt!", brüllte er plötzlich.

Mit einem Satz riss Nathan die Augen auf und fuhr ruckartig hoch. „Was?! Wer?! Wo?!"

Dean kicherte. „Tut mir leid. Anders bekam ich dich einfach nicht wach."

„Hä?", stutzte Nathan mit zufallenden Augen. „Was?"

„Du musst aufstehen. In einer halben Stunde musst du zurück in deinem Zimmer sein. Deine Spritze, du weißt schon."

„Ach", seufzte Nathan und ließ sich wieder nach hinten fallen. Dumm nur, dass sein Kopf genau auf die Lehne donnerte. „Aua!", motzte er.

Dean verzog sein Gesicht. „Hast du dir wehgetan?"

Brummig sah Nathan ihn an.

„Ach, Süßer", murmelte Dean und nahm ihn in die Arme. „Ich habe uns Frühstück gemacht."

Fragend und nicht gerade begeistert blickte Nathan zum Tisch. „Heia machen", sabbelte er wie ein Kleinkind.

„Ach Gottchen. Tut mir ja auch leid, dass ich dich wecken musste, aber du willst doch keinen Ärger bekommen, oder?"

„Und ich dachte, dass ich aus dem Du-musst-zur-Schule-Alter heraus bin", jammerte er mit leichten Kopfschmerzen.

Bemitleidenswert sah Dean ihn an.

„Guck nicht so", murrte Nathan weiter und begann seinen Kopf zu kreisen. Es knackte mehrmals.

„Klingt ja gar nicht gut", erkannte Dean. „Geht es dir gut?"

„Ich bin müde, habe Kopfschmerzen und bekomme gleich wieder etwas gespritzt, was mich gesund machen soll, aber stattdessen eher durchdrehen lässt. Klar, mir geht es bestens!"

„Du solltest vorher noch duschen", meinte Dean mit einem Blick auf Nathans schlanken Oberkörper.

Nathan sah an sich hinab und knurrte. „Ist doch nur Sp …"

„Genau!", unterbrach Dean hastig. „Du willst doch nicht danach stinken, oder?"

„Ist doch deins", gab Nathan gleichgültig zurück und hätte sich am liebsten wieder umgedreht.

„Komm", forderte Dean und stibitzte ihm einfach die Decke.

„Ey!", beschwerte Nathan sich und hielt sich schnell die Hände vor seinen besten Freund.

„Nichts, was ich nicht schon gesehen hätte", sagte Dean mit einem dreisten Grinsen, als Nathan ihn auch schon beleidigt anschaute. „Oder nicht schon gekostet habe", fügte Dean mit angriffslustigem Blick hinzu.

„Blödmann!", brummte Nathan und stand auf.

„Gehst du duschen?"

„Nein, ich muss kacken", antwortete Nathan und verschwand im Bad. Dean war über Nathans offene Worte recht überrascht.

Als Nathan sauber und sichtlich erleichtert zurück aus dem Bad kam, schaute er auf die Wanduhr und rollte mit den Augen. „Klasse!", fluchte er und begab sich hinüber zu Dean.

„Entschuldige", laberte Dean mit vollem Mund „Ich konnte nicht mehr warten."

„Schon okay", entgegnete Nathan und griff nach seiner Hose.

„Du hast noch nasse Haare", bemerkte Dean und blickte kurz auf die Uhr. „Und noch nichts gegessen."

„Ist doch egal", gab Nathan zurück, als er nach seinem Shirt griff und es sich überzog.

„Nein, ist es nicht."

Nathan zuckte mit den Schultern.

„Komm. Iss wenigstens ein halbes Brötchen. Ich hole schnell den Föhn und trockne dir die Haare. Du hast schließlich nur noch zehn Minuten."

„Lass stecken, Dean", meinte Nathan desinteressiert und zog sich die Socken an. „Ich werde einfach zurück in mein Zimmer gehen. Nach der Spritze kann ich sowieso immer so toll schlafen."

„Du solltest wirklich was essen." Dean war voller Sorge. „Und mit nassen Haaren sollte man nicht ins Bett gehen."

„Wer bist du?", fragte Nathan. „Meine Mutter?"

Dean verstand nicht, warum Nathan plötzlich so pampig zu ihm war.

„Habe ich irgendwas falsch gemacht?"

„Nein, Dean", seufzte Nathan mit einem kurzen Kopfschütteln. „Es ist nicht deine Schuld, dass ich bald sterbe, sondern meine. Wir sehen uns heute Abend." Damit beendete Nathan das Gespräch und verschwand einfach.

Entgeistert starrte Dean auf die Tür, die sich nicht gerade leise schloss. Er verstand überhaupt nichts mehr, dabei hatte er sich so viel Mühe mit dem Frühstück gegeben, und auch sonst wollte er nur das Beste für Nathan. Doch das Beste schien für Nathan noch nicht gut genug zu sein. Oder lag es nur daran, dass er ihn geweckt hatte und er zurück in sein Zimmer musste?

Hätte ich vielleicht doch nicht mit ihm schlafen sollen?

Nathan betrat sein düsteres Zimmer und schlug die Tür lautstark zu. Es schepperte, und er brummte.

„Mann!", meckerte er und blickte auf das Bett. „Bei Dean war es viel schöner!" Er zog sich seine Sachen wieder aus und nörgelte. „Und ich habe Hunger!" Unter die kalte Decke geschlüpft, rubbelte er sich ein wenig warm.

„Mann!", schmollte er erneut und blickte an die Decke, bis die Krankenschwester mit seiner Medizin kam.

„Einen wunderschönen guten Morgen, Herr Schuster!", begrüßte sie ihn und machte das viel zu grelle Licht an.

Wieder knurrte er. „Morgen."

„Es wird Zeit für Ihre Medizin", sagte sie und zückte die Spritze.

„Ja, super", murmelte er und streckte ihr seinen Arm entgegen. Die Nadel drang in seine Haut, die eigenartige Flüssigkeit floss schnell in seine Venen und das Taumeln im Kopf begann wenige Sekunden später.

„Ich bringe Ihnen dann gleich das Frühstück."

„Wenn Sie gleich sagen, dann meinen Sie in drei oder vier Stunden, richtig?", hakte er nach.

Verstummt sah sie ihn an, denn sie wusste, dass er recht hatte. *Soll ich darauf jetzt etwa antworten?*

Nathan bemerkte, dass sie sich angepisst fühlte. „Schon gut. Ich möchte sowieso noch ein wenig schlafen." Rasch drehte er sich um.

„Heute Nachmittag wird noch Fieber gemessen", meinte sie.

„Meinetwegen. Ist ja nur was Kleines", brabbelte Nathan. Die Krankenschwester verstand zwar nicht, was er meinte, dennoch lächelte sie, bevor sie sich wieder zur Tür begab, diese öffnete, das Licht ausmachte und dann verschwand. Nathan hingegen war schon längst zurück im Land der Träume angekommen und lief unbekleidet Männern hinterher, die genau wie er entblößt waren und ständig mit ihren Hinterteilen herumwackelten.

„Ich fang dich", lachte Nathan und begrapschte einen Po nach dem anderen. „Ja, das gefällt mir."

Zufrieden lächelte er.

ॐ∙ॐ

Nathan schlief bis kurz nach vierzehn Uhr durch. Danach stand er endlich auf und ging zum Gemeinschaftsraum, wo er sich lustlos neben Bärbel setzte, deren Hände an ihrem Stuhl fixiert waren. Ihr Blick war vollkommen wirr.

„Hey!", sagte sie leise. „Hey!"

Zerstreut schaute er sie an. „Ja?"

Sie verstummte und starrte ihn nur weiter an.

„Okay", grübelte Nathan und wandte sich schnell von ihr ab.

„Hey!", meinte sie wieder.

„Was denn?!"

„Er wird kommen und dich holen."

„Was?"

„Er wird dich holen kommen, und dann hast du dein Ziel erreicht."

„Wovon redest du?", wollte Nathan von der *Entführten* wissen.

„Sie haben mich geholt und wieder zurückgebracht. Doch dich werden sie nicht zurückbringen. Dich werden sie behalten."

Nathan verstand immer noch nicht, was sie von ihm wollte, und stand rasch auf.

„Für immer!", brüllte sie plötzlich und brach in lautes Gelächter aus. Eine Krankenschwester, die den Vorfall bemerkte, lief sofort zu ihr.

„Wer wird mich holen?", fragte Nathan besorgt.

„Du wirst nicht entkommen!", lachte sie weiter.

„Was ist hier los?!", mischte sich die Schwester ein.

„Sie werden ihn holen", freute sich Bärbel.

Abwertend sah Nathan auf sie hinab, blickte dann kurz zur Krankenschwester und begab sich wieder aus dem Raum hinaus.

„Die tickt doch nicht ganz sauber!", motzte er und ging die Treppe hinauf.

„Sie werden ihn holen", kicherte Bärbel.

„Ja, Bärbel, ist ja gut."

„Es muss weg!", sagte Bärbel nun.

„Was muss weg?"

„Das Bügelbrett!", giftete Bärbel. „Es steht hinter der Tür und beobachtet mich! Raubt mir den Verstand, den Schlaf!"

„Ja, das Bügelbrett", wiederholte die Krankenschwester und versuchte sich das Lachen zu verkneifen, während Jennifer die *Entführte* beobachtete.

„Es kommt in der Nacht, macht mir Bauchschmerzen. Ich bekomme meine Tage nicht mehr!"

„Ich hole dann mal deine Medikamente", schmunzelte die Schwester und eilte davon.

„Das Bügelbrett!", lärmte Bärbel. Immer wieder wiederholte sie die Worte, während sie vor sich hin kauerte. „Es wird kommen. Es wird kommen. Es wird kommen …"

Jennifer, die Bärbel die ganze Zeit über gemustert hatte, meinte daraufhin: „Ein Bügeleisen wäre doch viel angebrachter. Ein Schlag, und deine Hackfresse ist Geschichte."

❦

„Wo bin ich hier nur gelandet?!", fluchte Nathan leise, als er an Alexanders Tür ankam und stehen blieb. Vorsichtig blickte er hinein und sah den Autisten mit dem Rücken zu sich auf dem Bett sitzen.

„Alexander?", wisperte er.

Hastig drehte sich der Hasenfüßige zu ihm um und sprang auf.

„Keine Angst", lächelte Nathan und ging vorsichtig ein paar Schritte in das Zimmer. „Wie geht es dir?"

Unerwartet rannte Alexander auf ihn zu, umarmte ihn rasch und lehnte seinen Kopf gegen seinen Brustkorb. Nathan war platt, völlig sprachlos. Alexander drückte ihn immer fester, und er wusste nicht, weshalb. Sofort musste er an David denken, bis er erkannte, dass Alexander ihn nicht aus Sehnsucht oder gar Liebe umarmte, sondern es nur tat, weil er sein Herz schlagen hören wollte.

Alexander ließ schließlich wieder von ihm ab und fasste sich dann an die Brust.

„Alex, was hast du?", wollte Nathan wissen. Schnell berührte Alex Nathans Brust und fühlte den Herzschlag.

„Hey!", meinte Nathan. „Ich bin hier doch der Ängstliche, nicht du – oder etwa doch?" Angespannt sah Nathan in die grünen Augen, die seinen immer schnell auswichen. „Geht es dir nicht gut?", fragte er besorgt. „Ist mit deinem Herzen etwas nicht in Ordnung?" Er zögerte, Alexanders Brust anzugreifen und nahm all seinen Mut zusammen. Zuerst wich Alexander ein Stückchen zurück, doch beim zweiten Versuch erkannte er, dass Nathan nichts Schlimmes vorhatte.

Behutsam drückte Nathan seine Handinnenfläche gegen Alexanders Brustkorb und spürte, wie es schlug. Doch er ertrug das Pochen nicht lange und ließ hastig wieder von ihm ab.

„Sorry", zischelte er furchtsam. „Ich habe es nicht so mit schlagenden Herzen."

Alexander sah ihn mit zuckender Augenbraue und einer Grimasse an.

„Nun guck doch nicht so", schmunzelte Nathan, der diesen Blick von David kannte. David hatte ihn immer eingesetzt, wenn Nathan schlechte Laune gehabt hatte. Seine Faxen hatten ihn meist wieder zum Lachen gebracht – so wie jetzt.

Alexander schien gut gelaunt zu sein und zog eine Fratze nach der anderen. Nathan konnte nicht mehr und kicherte sich einen ab.

„Jetzt ist gut!", forderte er glucksend, als sein Bauch zu schmerzen begann.

Alexander stoppte und sah ihn mit einem sanften Lächeln an.

„Das ist echt hart", sinnierte Nathan. „Du siehst genauso aus wie er. Dein Geruch, deine Gesten … alles erinnert mich an …"

„Da wäre ich!", rief unerwartet eine Krankenschwester.

Erschrocken drehte Nathan sich um. „Oh, Hallo", sagte er.

„Du hast Besuch, Alexander", staunte die Schwester. „Das freut mich für dich. Nun komm aber."

Alexander warf Nathan einen besorgten Blick zu und ging an ihm vorbei.

„Wo bringen Sie ihn hin?", fragte Nathan rasch, als er erkannte, dass Alexander nicht gehen wollte.

„Zu seiner Behandlung", gab sie zurück und ging mit Alexander an ihrer Seite fort.

Doch Nathan ließ nicht locker und folgte den beiden. „Was für eine Behandlung?"

„Das ist eine private Angelegenheit", sagte sie etwas gereizt.

„Sie meinen seine EKT-Behandlung?"

„Wenn Sie es wissen, wieso fragen Sie mich dann?!", knurrte die Krankenschwester und beschleunigte ihre Schritte.

„Muss er diese Behandlung denn wirklich machen?", wollte Nathan wissen, als sie um die Ecke bog. „Ich meine, vielleicht braucht er sie ja gar nicht."

Vor einer Schwingtür mit der Aufschrift „Nur für Personal" blieb die Schwester stehen und drehte sich noch einmal zu Nathan um. „Sie haben hier keinen Zutritt!"

Kurz blickte Nathan in Alexanders bängliche Augen. „Haben Sie vielleicht schon mal daran gedacht, dass er das überhaupt nicht möchte?"

„Wenn dem so wäre", begann sie patzig und öffnete die Tür, „dann hätte er es uns schon längst gesagt." Damit verschwand sie mit Alexander, den sie nicht gerade sanft am Arm packte.

„Was?", flüsterte Nathan erschrocken. „Wie soll er etwas sagen, wenn er …" Er zögerte, bevor er ihr einfach folgte, doch kaum einen Schritt gemacht, kamen ihm schon zwei Ärzte entgegen, die ihn sofort wieder nach draußen schickten.

„Ist ja schon gut!", giftete Nathan und lief wütend zurück auf sein Zimmer.

In Gedanken vertieft öffnete er die Tür und erschauderte, denn Jennifer saß auf seinem Bett.

„Was willst du denn hier?!"

„Ich wollte mal meinen alten Bettnachbarn, der ja anscheinend keine Frau ist, besuchen und sehen, wie es meinem Liebling denn so geht", antwortete sie.

„Klar, sicher. Du machst dir Sorgen um mich. Dass ich nicht lache", antwortete Nathan und ließ die Tür gleich offen stehen.

„Du kannst sie ruhig schließen", lächelte sie.

„Damit du gehen kannst, muss sie aufbleiben. Es sei denn, du möchtest aus dem Fenster springen, was mir ehrlich gesagt auch recht wäre."

„Da hat wohl jemand schlechte Laune", erkannte sie und erhob sich. „Doch die wird dich nicht weiterbringen."

„Was soll das nun schon wieder heißen?"

„Du weißt ganz genau, was ich meine, Nathan."

„Wenn ich es wüsste, dann würde ich nicht danach fragen, oder?"

„Du und Dean", sagte sie plötzlich.

„Was ist mit Dean und mir?", wollte er genervt wissen.

„Ich weiß, dass ihr beide euch heimlich trefft."

„Ach", staunte Nathan. „Hat dir das vielleicht die Entführte oder vielleicht eine deiner vielen Persönlichkeiten erzählt?"

„Mach dich ruhig über mich lustig, Schwuchtel."

Nathan war geschockt über die Beleidigung, hatte jedoch keinen Bammel vor ihr. Wütend starrte er sie an.

„Ich werde ein Auge auf dich und Dean werfen, und sobald ich euch zusammen sehe, gehe ich zu Schlaus und erzähle ihm alles."

„Du hast echt nichts Besseres zu tun, oder?"

„Es macht mir halt Spaß."

„Spaß, anderen Leuten auf die Nüsse zu gehen? … Ihnen zu schaden?!"

„Nein", sagte sie mit gehässigem Blick. „Andere Leute ins Verderben zu schicken."

„Was bist du nur für ein elendes Miststück?!"

„Besser als eine Schwuchtel, nicht?"

„Wie lange habt ihr, du und deine kranke Freundin, Alexander denn schon auf dem Kieker?!"

„Ach, interessierst du dich auch noch für den bemitleidenswerten Alex, ja?", höhnte sie.

„Lasst ihn gefälligst in Ruhe!", mahnte Nathan.

„Sonst was?!", wollte sie mit einem bösen Blick wissen. Rabiat sah sie ihm in die Augen.

„Verschwinde!", forderte Nathan sie auf. „Sofort!"

Jennifer lächelte und ging mit einem kecken Grinsen an ihm vorbei. Wütend knallte Nathan die Tür hinter ihr zu.

„Miststück!", fauchte er noch einmal und setzte sich auf sein Bett. Erschöpft ließ er sich nach hinten fallen und wartete auf das Mittagessen, das allerdings längst auf seinem Tisch stand. Doch er bemerkte es nicht gleich.

„Ich habe Hunger!", beschwerte er sich und sprang auf, als er das Tablett erblickte. Er nahm den Deckel ab und verzog sein Gesicht zu einer angewiderten Grimasse.

„Ist ja ekelig", klagte er und würgte sich die kalte Brühe – bestehend aus Kartoffelpüree und Bratwurst mit ein wenig Salat – hinein. Danach wurde ihm schlecht. So übel, dass er sich hinlegen musste. Nach einer gefühlten Ewigkeit schlief er ein und träumte wie so oft von David.

ↀↁ

„Dean!", rief eine Schwester.

„Ja?"

„Ich brauche hier mal deine Hilfe", schrie sie aus einem Zimmer, als sie versuchte, einem Patienten die Windeln zu wechseln.

Dean brummte leise vor sich hin. „Wie mich dieser Scheißjob doch ankotzt!", jammerte er und ging mit einem heuchlerischen Lächeln auf die Krankenschwester zu. „Bin schon da."

„Halt das mal", meinte sie und drückte ihm eine Hose in die Hände.

Angewidert blickte Dean auf die entblößten Genitalien. *Bah, wieso tu ich mir diese Scheiße eigentlich noch an? Ich bin Dean! Dean Harris! Ich könnte Model werden oder Musik machen! Stattdessen stehe ich hier herum und schau der Ollen dabei zu, wie sie einem Anfang Zwanzigjährigen die Windeln wechselt. Irgendetwas habe ich in meinem Leben falsch gemacht. Soll das etwa alles gewesen sein?*

„Hier!", sagte die Schwester und klatschte ihm mit einem Mal die volle Windel in die Hände.

Deans Blick sagte alles.

17. KAPITEL

Eigentlich war Dean der Ansicht, dass er alles richtig gemacht hatte, doch seine Zweifel wurden von Sekunde zu Sekunde größer. *Ich muss irgendetwas falsch gemacht haben*, dachte er, als wenige Minuten später die Tür aufging und Nathan mit einem schüchternen Blick hereinkam.

„Hey", sagte er mit einer kurzen Handbewegung und schloss die Tür hinter sich ab.

„Hey", gab Dean erleichtert zurück und erhob sich. „Wie geht es dir? Alles in Ordnung?"

Nathan rieb an seinem Arm und meinte dann mit schwacher Stimme: „Die Bitch hat mir die Scheiße doch tatsächlich gespritzt, als ich geschlafen habe."

„Wie jetzt?"

Wortlos schob Nathan den Ärmel seines Pullovers hoch und zeigte Dean den blauen Fleck.

Erschrocken sah Dean darauf. „Hat sie dir denn kein Pflaster draufgeklebt?!"

„Nein, und wie es aussieht, musste sie auch mehrmals ansetzen."

„Warte", meinte Dean und begab sich zügig in die Kochnische. „Ich werde es verbinden. Tut es sehr weh?"

„Wenn ich den Arm stillhalte, dann nicht."

„Das haben wir gleich", versicherte Dean und eilte zu ihm zurück – und während er den Arm verarztete, dachte Nathan die ganze Zeit über an Alexander.

Sein Blick. Diese Angst.

„So", sagte Dean. „Das hätten wir."

Nathan blickte auf den Verband und bedankte sich. Er nickte und ging zur Couch.

„Kann ich dir sonst noch was Gutes tun?", fragte Dean nervös.

„Geht schon." Dass Dean sichtlich ruhelos war, fiel Nathan keineswegs auf.

„Du, das mit letzter Nacht ...", begann Dean und setzte sich neben ihn. „Das war ..."

„Schon okay", unterbrach ihn Nathan.

Fragend sah Dean ihn an. „Wie jetzt?"

„Dean", murmelte Nathan und lehnte sich etwas erschöpft zurück, „du warst nicht der Erste."

„Und wie soll ich das jetzt verstehen?"

„Es war wirklich schön", gestand Nathan, „und es ist echt in Ordnung, dass es nur eine einmalige Sache war."

„Eine einmalige Sache?", wiederholte Dean. Nathan nickte und blickte in Gedanken vertieft starr nach vorn. „War es das also, ja?"

„Was sollte es denn sonst gewesen sein?", sagte Nathan mit schwacher Stimme. „Einmal drüber und der Spuk ist vorbei."

Dean war entsetzt. „Sag mal! ... Sonst alles klar da oben, ja?!"

„Klar, sicher."

„Willst du mir jetzt ernsthaft weismachen, dass es für dich nur eine einmalige Sache war? Ich meine ... du ..."

„Dean, jetzt tu bitte nicht so, als wäre es für dich mehr gewesen als wilder, leidenschaftlicher und hemmungsloser Sex."

„Das war es!", bestätigte Dean überzeugend.

„Wieso?"

„Wieso was, Nathan?!"

„Wieso machst du dir Hoffnungen?"

Böse sah Dean ihn an und erhob sich. „Hast du vielleicht schon mal daran gedacht, dass sich eventuell jemand in dich verlieben könnte?!"

„Wieso? Weil ich so bemitleidenswert bin? So schwach, so ängstlich und so …"

„Ach, halt doch die Klappe!", unterbrach ihn Dean. „Wir hätten vielleicht echt nicht miteinander schlafen sollen."

„Sagte ich doch", stimmte Nathan ihm zu. „Es war ein Fehler. Wie jedes Mal."

„Willst du mich jetzt verarschen?!", wütete Dean. „Ich habe doch nicht aus der Not heraus mit dir geschlafen oder es nur getan, damit du „entgeilt" bist!"

„Nein, sicher nicht", seufzte Nathan und stand auf. „Du hattest deinen Spaß – ich meinen. Machen wir uns nichts vor. Es war nur Sex, Dean. Nicht mehr und nicht weniger. Du wirst noch viele Jahre auf diesem Planeten verbringen, während ich jeden Augenblick umkippen und im Paradies oder sonst wo sein könnte."

„Hörst du dir eigentlich selbst zu, wenn du sprichst?!"

„Ich möchte mich nicht mit dir streiten. Wirklich nicht."

„Dann lass es doch einfach!"

„Ich kann nicht", flüsterte Nathan mit gesenktem Kopf.

„Was kannst du nicht?!", fragte Dean, doch er bekam keine Antwort. „Hallo?! Redest du jetzt nicht mehr mit mir? Nathan?!"

„Es tut mir leid."

„Was tut dir leid?! Nathan! Jetzt rede verdammt noch mal mit mir!"

„Was willst du hören? Dass ich mich in dich verliebt habe? Oder vielleicht, dass ich die Nacht mit dir echt schön fand? Oder willst du vielleicht hören, dass ich wieder gesund werde und wir beide eines lieben Tages gemeinsam hier weggehen und ein schönes Leben haben werden?"

Dean starrte ihn sprachlos an.

„Das kann ich nicht. Ich will es ehrlich gesagt auch nicht. Ich möchte einfach nicht, dass du dir falsche Hoffnungen machst. Wir beide wissen, dass es nur Sex war. Liebe war das nicht …"

„Vielleicht solltest du mir die Entscheidung überlassen, wen oder was ich liebe."

„Du bist schon zu lange hier." Dean schien sprachlos zu sein. „Selbst ich, als bald Sterbender, erkenne, dass du hier mehr als nur unglücklich bist."

„Ja, du kennst mich auch."

„Kennst du mich?", wollte Nathan mit einem Lächeln wissen.

Dean fehlten nun endgültig die Worte – andererseits lag Nathan mit seiner Behauptung gar nicht mal so falsch. Er war in der Tat unzufrieden.

„Du kennst nur das, was ich dir erzähle … und das ist echt nur das, was mich ankotzt. Mein Leidensweg, der hier in der Klinik bald ein Ende nehmen wird."

„Selbst wenn ich hier unglücklich sein sollte, was ich nicht einmal verneine", überlegte Dean und sah ihn streng an. „Woher willst du wissen, dass ich keine Gefühle für dich empfinde?"

„Ich tu dir nicht gut."

„Woher willst du das wissen?!"

„Weil jeder Mensch sich früher oder später aus meinem Leben verabschiedet. Meine Mom, David …"

„Das sind zwei Menschen, Nathan. Der eine wollte dich nicht haben, und der andere wurde dir genommen. Das ist aber nicht deine Schuld! Dafür kannst du nichts!"

„Und was ist mit all den angeblichen Freunden?! Sie kommen und gehen wie der Wind. Erst erzählen sie einem, dass man doch der Beste sei. Labern und müllen dich mit ihren Problemen zu, aber sobald man selbst etwas auf der Seele hat, haben sie plötzlich keine Zeit mehr oder verschwinden. Machen sich rar."

„Es hat schon seinen Grund, warum Menschen aus der Vergangenheit nicht mehr in der Gegenwart vorhanden sind, Nathan."

„Ach, und welchen, du Schlaumeier?!"

„Sei doch mal ehrlich", meinte Dean mit sanfter Stimme und fasste Nathan zärtlich an die Oberarme. „Wären es Freunde, dann würden sie dich auch in schlechten Zeiten besuchen. Sie würden sich nicht von dir abwenden, nur weil du anders bist oder ein Problem hast."

„Ich bin ganz allein, Dean, ganz allein."

„Niemand ist ganz allein. Schau mal", lächelte Dean, „hier hast du mich, und ich lasse dich bestimmt nicht allein oder werde aus deinem Leben treten. Und wenn du wieder hier raus bist, dann wartet draußen sicherlich auch der eine oder andere Freund auf dich."

„Ich habe keine Freunde", stellte Nathan mit schwacher Stimme fest. Den Tränen war er nahe.

„Jeder Mensch hat Freunde, Nathan. Auch du."

„Nein – es gibt niemanden. Es gab sie einmal, doch das ist schon Jahre her."

„Du verarscht mich gerade, nicht?"

Schweigend sah Nathan ihm in die Augen.

„Komm schon", schmunzelte Dean. „Jeder hat Freunde. Auch wenn es nur einer ist."

Nathan schüttelte den Kopf.

„Oh", staunte Dean bestürzt. „Das tut mir leid." Er nahm Nathan hastig in seine Arme. „Das tut mir leid, wirklich."

„Sie sind alle gegangen", flüsterte Nathan.

„Ich bin aber hier … Ich bin hier."

„Und für wie lange?!", wollte Nathan von ihm wissen, als er sich aus dessen Armen befreite. „Jetzt bist du da. Jetzt. Doch früher oder später bist auch du nicht mehr da. Und sage jetzt nicht, dass du immer für mich da sein wirst, denn das haben schon viele gesagt, und sie alle haben gelogen!"

„Ich bin aber nicht die anderen."

„Und auch das habe ich schon zigmal aus Mündern gehört, die jedes Mal nur das eine wollten."

„Klasse, Nathan!", beklagte sich Dean nun. „Vergleich mich ruhig mit all den Losern, die dich haben sitzen lassen. Finde ich echt nett von dir! Und das nach allem, was ich für dich getan habe!"

„Und wenn du mich nicht verlässt, würde ich es früher oder später tun", fügte Nathan bitter hinzu, ohne auf Deans Vorwurf einzugehen.

„Kannst du bitte damit aufhören? Ernsthaft. Ich finde das Ganze echt nicht mehr lustig."

„Ach, denkst du, dass ich es lustig finde?!"

„Anscheinend ja, denn wenn nicht, würdest du dich nicht so aufführen!"

„Wie führe ich mich denn auf, hä?!"

„Als ob du nicht mehr du selbst wärst, sondern eine komplett andere Person!"

„Früher war ich nicht so", erklärte Nathan kummervoll. „Früher war alles anders. Besser."

„Was meinst du mit früher? Du meinst, bevor du deine Herzprobleme bekommen hast oder bevor man dich hier eingewiesen hat, als du versucht hast, dir das Leben zu nehmen?!"

„Vor diesem einen Tag im Bus …", sagte Nathan. „Ich war eine ganz andere Person."

„Welcher Tag im Bus?", wollte Dean überrascht wissen.

„Als es wieder losging." Er rieb sich über die Augen. „Vor diesem Tag war ich jemand völlig anderes."

„Nein, Nathan, das warst du nicht."

„Doch!"

„Du hast dich in dem Augenblick verändert, als David aus deinem Leben verschwand."

„Lass David da raus", forderte Nathan gereizt.

„Nein, Nathan, es ist so. Doch dir sollte klar sein, dass Menschen sich immer verändern werden. So ist der Lauf der Dinge. Gerade noch mochtest du Eis, und plötzlich hast du eine Laktoseintoleranz."

„Musst du alles auf mich beziehen?"

Dean rollte mit den Augen. „Was ich damit sagen will, Nathan, ist, Menschen verändern sich. Sie werden schlauer, klüger, reifer, und einige von uns bleiben dumm wie Brot."

„Brot ist gar nicht mal so übel", räumte Nathan ein.

Dean schmunzelte. „Du weißt, was ich meine."

„Es ist alles einfach …"

„Zu viel für dich", endete Dean. „Ich weiß. Doch es wird auch nicht besser, wenn du die Menschen wegstößt, die dich wirklich ins Herz geschlossen haben."

„Und was, wenn ich sie nicht mag?"

Dean stöhnte. „Dann magst du mich eben nicht. Tja, kann ich nicht ändern."

„So meinte ich das nicht", warf Nathan schnell ein. „Es ist nur, dass es so viele Menschen in meinem Leben gab und immer noch gibt, die mich zwar lieben, ich sie aber nicht. Sie würden wirklich alles für mich tun, nur um mit mir zusammen sein zu können."

„Was meinst du?"

„Dean, ich …"

Dean begann zu rätseln. „Um zu verstehen, was du meinst, müsstest du es mir erklären."

„Ich weiß, nur …"

„Du kannst nicht", meinte Dean mit genervter Miene. „Schon klar."

„Nein, das ist es nicht … Diese Tabletten, diese Beruhigungsdinger da …"

„Benzodiazepine", korrigierte Dean.

„Ja, genau. Als ich begann, diese zu nehmen … nur kurze Zeit später, … da wurde ich so …"

„Zügellos?", unterbrach Dean.

Erstarrt sah Nathan ihn an. „Woher …?"

„Es liegt nicht wirklich an den Pillen, Nathan."

„Wie meinst du das?", stotterte er.

„Die Pillen beruhigen dich, nehmen dir deine Hemmungen. Doch all das, was du unter dem Einfluss der Pillen tust oder vorhast zu tun, steckte schon vorher tief in dir drin. Ich weiß ja nicht, was genau du alles gemacht hast, aber ich kann es mir vorstellen."

Nathan zögerte. „Ich wurde so … so … freizügig."

„Nackt?"

„So wie du. Nur schlimmer", gestand er.

„Schlimmer als ich?", lachte Dean.

„Ich war wirklich nackt! Überall. Am liebsten wäre ich nackt auf die Straße gegangen. Okay, nicht komplett. Eine Unterhose hätte ich schon noch angehabt", erklärte Nathan und schüttelte dann seinen Kopf. „Was labere ich da eigentlich?!"

Zögernd mit seiner Antwort kratzte sich Dean am Dreitagebart. Seine Mundwinkel gingen langsam nach oben.

„Wieso grinst du?!"

„Ich grinse nicht, Nathan."

„Und was ist es dann, wenn kein Grinsen?!"

„Jeder Mensch ist anders, Nathan. Glaub mir", versuchte Dean ihn zu beruhigen, ohne auf die letzte Frage zu antworten. „Wenn ich es könnte, dann würde ich meine Jeanshose so zerfetzen, dass man wirklich alles sehen könnte. Würde Chaps auf offener Straße anziehen und viele andere Dinge tun, die aber in unserer Gesellschaft nicht geduldet werden. Und weißt du, warum das so ist?"

Unentschlossen sah Nathan ihn an.

„Es liegt in unserer Natur."

„In unserer Natur?"

„Kennst du die Geschichten der alten Griechen?"

Nathan zuckte mit den Schultern.

„Nicht nach Christus, sondern davor. Sie alle lebten ihr Leben so, wie sie es wollten. So etwas wie Schamgefühl gab es nicht oder nur kaum. Abgesehen von dem Sklavenhandel, war es eigentlich eine recht freie Gesellschaft. Männer trugen meist nur ein schmales Gewand und konnten vögeln, wen sie wollten. Ausdrücke wie schwul oder Schwuchtel existierten einfach nicht. Es störte niemanden, wenn ein Mann oder eine Frau nackt herumliefen. Genauso wenig störte es jemanden, wenn sich zwei Männer liebten. Das kam alles erst, nachdem der Heilige, unser Gott, und die – ach so tollen – Christen sowie der Rest der Bande mit ihrem Glauben ankamen."

„Aber …"

„Du hast dich nicht verändert, Nathan", beteuerte Dean. „Du bist einfach nur *du* oder versuchst es zu sein. Es ist die Gesellschaft und der Glaube der Masse, der dir versucht, deinen klaren Menschenverstand auszureden, dich umzukrempeln …"

„Denk an die Kinder", warf Nathan feixend ein.

„Das tu ich, und ich bin der Überzeugung, dass, wenn Eltern ihre Kinder offener erziehen würden, ihnen nicht nur erklären würden, dass ein Mann nur eine Frau, sondern auch einen Mann, und eine Frau auch eine andere Frau lieben kann, vieles anders sein würde. Die Menschen wären viel freier und hätten bei Weitem weniger Probleme. Auch wenn es dauern würde und wir es wahrscheinlich nicht mehr erleben werden … eines Tages, und da bin ich mir sicher, da gibt es so etwas wie *Schwule sind pervers* oder *Nacktheit ist eine Sünde* nicht mehr."

„Wieso bist du dir da so sicher?"

„Der Glaube hat schon vieles zerstört, Nathan. Doch die Starken, und das wären in diesem Fall die Normalen unter uns, werden siegen. Du solltest aufhören auf andere zu hören und nur das tun, was du möchtest."

„Das habe ich ja versucht! Immer und immer wieder, doch … es hat nie funktioniert. Und die gesundheitliche Sache machte es auch nicht wirklich leichter."

„Es ist nicht deine Schuld, dass ein Teil der Bevölkerung so tickt. Neid macht nicht nur hässlich, Nathan, es macht Menschen zu boshaften Wesen. Neid wird zu Hass und Hass wird gerne mit Taten abgebaut. Sie beleidigen andere, machen sie nieder, wo sie nur können und einige von uns töten sogar. Sei es aus Neid, Hass oder aus Gier."

„Ich weiß", stimmte Nathan ihm zu und lehnte sich mit dem Kopf gegen Deans Oberarm.

„Die Tabletten nahmen dir einfach nur die Angst, so zu sein, wie du wirklich bist. Sei doch mal ehrlich", meinte Dean und zögerte kurz. „Wenn der Einfluss der anderen nicht wäre, würdest du dich dann so in der Öffentlichkeit benehmen, wie du es tust?"

„Woher willst du wissen, wie ich mich in der Öffentlichkeit benehme?", stutzte Nathan.

„Nun ja", sinnierte Dean. „Du darfst nicht vergessen, dass ich nicht nur Internist, sondern auch Psychotherapeut bin."

„Oh, ich vergaß."

„Aber keine Angst", witzelte Dean, „für dich ist es umsonst."

Nathan brummte.

„Nein, aber jetzt mal ernsthaft. Wären die Menschen nicht so prüde erzogen worden oder ständig vom Glauben der Bücher überzeugt, dann müsstest du dich in der Öffentlichkeit nicht schämen. Du könntest ohne Probleme durch die Stadt laufen und deinen Mann an der Hand nehmen, ohne dass auch nur irgendjemand etwas dazu sagen würde. Sie würden es nicht einmal bemerken, da es das Normalste der Welt wäre. Ist es zwar, aber viele wollen es einfach nicht verstehen, weil sie nichts anderes kennen, außer der Welt, in der sie aufgewachsen sind. Stell dir mal vor, dass es genau andersherum wäre. Dann würden die Homos die Heten auslachen oder beschimpfen oder gar verprügeln."

„Kann ich mir nur schwer vorstellen."

„Weil es genauso falsch wäre. Nur aus diesem Grund kann man es sich nicht vorstellen. Ich nehme an, auch wenn du jetzt keine langen braunen Haare mehr hast, wurdest du oft mit Worten betitelt, die dich innerlich sehr verletzt haben, richtig?"

Nathan nickte.

„Und ich nehme an, dass du auch auf offener Straße von Beschränkten beleidigt oder angepöbelt wurdest, stimmt´s?"

„Trifft wohl auf jeden Homo zu."

„Nicht auf jeden, denn die meisten trauen sich oft erst, sich mit fünfzig oder noch älter zu outen." Dean kicherte.

„Was ist?"

„Ich hasse dieses Wort."

„Welches?"

„Outen. Das klingt so dermaßen scheiße … ich oute mich … noch bekloppter geht es doch wirklich nicht mehr, oder? Ich meine, ein Heterosexueller muss sich auch nicht outen. Ich oute mich", spaßte Dean und grinste frech. „Ich habe kein Problem mit der Nacktheit und würde am liebsten den ganzen Tag über leicht oder gar nicht erst bekleidet herumlaufen."

„Oh, ein ganz schlimmer Finger", witzelte Nathan.

„Ach, komm schon", brummte Dean etwas beleidigt. „So schlimm ist mein *Finger* auch wieder nicht."

„Eher angenehm", gestand Nathan leise.

Erfreut zuckte Dean mit der linken Augenbraue. „Also bereust du die Nacht nicht?"

„Nein, es ist nicht der Sex, den ich bereue … verstehe das bitte nicht falsch, aber …"

„Du liebst einen anderen", erkannte Dean.

„Ich mag dich wirklich, und ich bin auch gern mit dir zusammen, aber …"

„Ich verstehe das schon", unterbrach Dean ihn mit einem gespielten Lächeln.

„Wirklich?"

„Wir mögen uns und hatten Sex miteinander. Ist ja nichts Verwerfliches dran, oder?"

„Darf ich trotzdem bei dir bleiben?"

„Klar", versicherte Dean, auch wenn er innerlich den Tränen nahe war. Schon lange hatte er keine solch starken Gefühle mehr für einen Menschen verspürt, und ausgerechnet dieser Mensch suchte nur seine Nähe, um nicht allein zu sein. Von grenzenloser Liebe keine Spur.

„Woran denkst du gerade", fragte er schließlich, als er auf Nathan blickte.

„Irgendwie an … gar nichts", stellte Nathan schockiert fest.

„An nichts?"

„Mein Kopf dröhnt irgendwie."

„Kopfschmerzen?"

„Nein …"

„Aber du sagtest doch gerade, dass du …"

„Ich weiß", unterbrach ihn Nathan, „aber es ist anders."

Dean stutzte. Ihn befiel ein grauenvoller Gedanke. „Sieh mir mal bitte in die Augen."

Nathan stemmte sich hoch und blickte tief in die bestürzten Juwelen.

„Was ist?", fragte er, als er in das entsetzte Gesicht schaute.

„Deine Pupillen", sagte Dean.

„Was ist mit ihnen?"

„Sei mir jetzt nicht böse, aber kann es sein, dass du dir vielleicht irgendwas …"

„Nein!", fiel Nathan ihm ins Wort. „Ich nehme keine Pillen oder sonst was."

„Ich glaube dir ja."

„Danke."

„Dann muss es an den Spritzen liegen, die man dir verabreicht."

„Du meinst dieses Digimon oder wie sich das Zeug nennt?"

„Wohl eher an den Substanzen, die wir nicht kennen."

„Ich bin müde", klagte Nathan plötzlich schläfrig und legte seinen Kopf auf Deans Oberschenkel. „Und das nervt."

„Du bist nur noch am Schlafen, richtig?"

„Nach der Spritze werde ich rasch müde und schlafe ein. Danach geht es einigermaßen, doch dann kommt gleich die nächste und alles beginnt von vorn."

„Du musst dich noch bis Montag gedulden. Dann kennen wir die Antwort."

„Und was ist, wenn nichts dabei herauskommt und es einfach nur an meinem Herzen liegt?"

„Denk bitte nicht daran."

„Tu ich aber."

„Versuch es", bat Dean. „Es bringt nichts, wenn du den ganzen Tag darüber grübelst."

„Du meinst die wenigen Stunden, in denen ich wach bin."

„Alles wird gut", sagte Dean.

Tief atmete Nathan durch. „Du, Dean?"

„Ja?"

„Sei mir bitte nicht böse, aber können wir uns morgen weiter unterhalten?"

„Klar können wir das", lächelte Dean und streifte sanft über Nathans Wange.

„Nimm mir meinen Ausrutscher von vorhin bitte nicht übel."

„Tu ich nicht. Versprochen. Es liegt nicht an dir."

„Wenn du das sagst", gähnte Nathan.

„Vertraue mir."

„Das tu ich … Wir sind beide Nudisten."

„Oder Exhibitionisten", fügte Dean hinzu. „Es gibt doch für alles ein Wort."

„Ja, das gibt es."

„Sagen wir einfach, wir sind normal."

„Wir sind total normal", stimmte Nathan zu, bevor seine Augen sich schlossen und er rasch einschlief.

„Nathan?"

Nun war sich Dean sicher. Schlaus hatte mit Sicherheit etwas zu verbergen.

18. KAPITEL

Richtig ausgeschlafen fühlte Nathan sich nicht, dennoch öffnete er zögernd die Augen. Langsam richtete er sich von der Couch auf und blickte verblüfft um sich. „Dean?", flüsterte er, als er auf den Nackten blickte, der mit dem Rücken zu ihm am Herd stand und irgendetwas zu essen machte. *Hat was*, gestand er sich ein.

„Dean?"

„Hm?", erschrak der Entblößte und drehte sich ein Stückchen um. „Morgen", lächelte er. „Gut geschlafen?"

Verwirrt blickte Nathan zum Fenster. „Es ist hell."

„Jepp, das ist es", zwinkerte Dean.

„Und du bist nackt."

„Ich versuch nur, ich selbst zu sein", gab Dean erfreut zurück.

„Wieso bin ich hier?"

„Du wolltest heute Morgen nicht wach werden", begann Dean zu erklären und stellte den Herd ab. „Und da dachte ich mir ...", er ging zu Nathan hinüber, der auf sein großes Gehänge und die fetten Klöten starrte, die bei jedem Schritt an seinen kräftigen Oberschenkeln rieben, und setzte sich, „... dass ich dich einfach schlafen lasse und dich in dein Zimmer trage. Nachdem die Schwester dir die Spritze gegeben hat, habe ich dich wieder mitgenommen."

„Ich hoffe für dich, dass es niemand bemerkt hat." Nathan gähnte. „Danke dir."

„Keine Angst. Mich hat schon niemand gesehen und selbst wenn. Was soll mir schon geschehen? So einfach kann Schlaus mich nicht kündigen, und da du ja selbst *mit mir verkehren* möchtest, mache ich mich nicht einmal strafbar. Hoffe ich zumindest mal. Also nicht, dass ich mich strafbar mache, sondern dass du mit mir abhängen willst."

Deans Worte wie „abhängen" oder „verkehren" bekamen für Nathan bei diesem Anblick eine ganz andere Bedeutung.

„Und wieso bist du nackt?"

„Das hast du gerade schon einmal gefragt."

Nathan runzelte die Stirn. „Ich weiß ..."

„Stört es dich? Soll ich mir was anziehen?"

„Nein, ist schon in Ordnung", antwortete Nathan. „Und was machst du, wenn jemand in dein Zimmer kommt?"

„Es ist doch abgeschlossen", plauderte Dean locker und erhob sich wieder. Er wusste, Nathans Augen klebten an seinem Prachthintern, und das genoss er. „Ich mache uns was Leckeres zu essen", sagte er und ging zum Herd zurück. „Und damit dir danach oder davor auch nicht übel wird oder vielleicht schon ist, habe ich dir eine Nexium auf den Tisch gelegt."

Hastig blickte Nathan zum Tisch und erkannte die kleine lilafarbene Tablette. Ein Lächeln flog ihm übers Gesicht. „Was gibt es denn?"

„Also, als Vorspeise gibt es einen kleinen gemischten Salat, damit du mal zu Kräften kommst. Als Hauptgericht gibt es Nudeln mit selbst gemachter Soße, und als Nachtisch ...", erklärte er und grinste frech. „... mich."

„Kann man den Nachtisch auch vorverlegen?", wollte Nathan in einem kecken Ton wissen.

Dean wackelte mit dem Finger. „Nein, nein. Geduld, Süßer, Geduld."

„Hast du was, damit ich dieses Ding", er warf einen Blick auf die Pille, „runterwürgen kann?"

„Was möchtest du denn?"

„Ich weiß, dass es nicht gut ist, aber hast du …"

„Ja", unterbrach Dean und bückte sich zum Kühlschrank. Großäugig blickte Nathan auf das Hinterteil, das ziemlich einladend aussah. Er schluckte.

Dean holte eine Dose Cola hervor und überreichte sie ihm. „Aber nur die eine", sagte er mit starker Stimme.

„Du bist ja fast ein Engel", schwärmte Nathan, als er die Dose entgegennahm.

„Was heißt denn hier nur fast?!", fragte Dean entsetzt und kehrte zu der kleinen Kochnische zurück.

Nathan biss sich lüstern auf die Lippe und schluckte die Tablette mit einem kräftigen Schluck Cola hinunter. Danach rülpste er laut.

Dean störte es nicht einmal, stattdessen kostete er mit einem Löffel von der Soße. „Mmh, nicht schlecht", meinte er selbstsicher.

ᘛ•ᘚ

Alexander saß mit den anderen Patienten im Gemeinschaftsraum und wartete hungrig auf das Essen.

„Mittagszeit", rief eine Schwester quer durch den Raum und teilte mit ihren Kollegen die vollgepackten Teller aus.

„Nudeln mit Soße!", freute sich Bärbel und klatschte in die Hände.

Schon ganz gespannt auf die Köstlichkeit hielt Alexander Löffel und Gabel in der Hand.

„Hier", lächelte die Schwester und stellte ihm den Teller auf den Tisch. „Guten Appetit", wünschte sie und ging zum nächsten Patienten.

Die Vorfreude war Alexander ins Gesicht geschrieben, als plötzlich Jennifer, die soeben in den Raum gekommen war, nach seinem Teller griff und diesen mit einem Ruck vom Tisch schubste. Es scheppterte laut. Die meisten Patienten zuckten vor Schreck auf, nur Jennifer ging nichts ahnend weiter. Verdutzt blickte Alexander an sich hinab.

„Ach, Alexander!", beschwerte sich eine Pflegerin. „Sieh an, was du schon wieder gemacht hast!"

Sofort war Alexander den Tränen nahe.

„Ach, Alex!", meckerte die Pflegerin weiter. „Wieso machst du so etwas immer?!"

Schluchzend sprang Alexander auf, sah zornig zu Jennifer, die ihn abwertend anlächelte, und rannte dann mit einem hastigen Blick zu der Pflegerin davon.

ᘛ•ᘚ

Nathan saß nur mit einer Unterhose bekleidet auf der Couch und aß langsam von seinem Teller, während Dean nackt neben ihm alle Sitten beiseiteließ und sich das Essen regelrecht hineinstopfte. Staunend sah Nathan ihm beim Hinunterschlingen zu.

Nach einer Weile bemerkte Dean, dass er beobachtet wurde. „Was?!"

Schmunzelnd blickte Nathan ihn an.

„Was ist? Noch nie einen Mann essen gesehen?"

„Hat dir schon mal jemand gesagt, dass du echt süß bist?"

Selbstverliebt nickte Dean und aß weiter, während Nathan sich Zeit ließ und leise vor sich hin kicherte.

„Hat es dir auch schon mal jemand gesagt?", wollte Dean nun wissen.

„Ja, sicher. Leider immer die Falschen."

„Ey", knurrte Dean und sah ihn etwas ernster an.

„Ja?"

„Du bist echt süß."

Ein schüchternes „Danke" kam zurück.

Dean zwinkerte. „Und … schmeckt es dir wenigstens?"

„Aber so was von", nickte Nathan.

„Und wieso dann so zurückhaltend?"

„Glaub mir", begann Nathan mit Nudeln im Mund. „Du willst mich nicht wirklich dabei beobachten, wenn ich richtig zuschlage."

„Komm schon. Wir sind hier unter uns Männern, Nathan. Wir sind Männer!" Er rülpste. „Außerdem hast du es schon einmal getan", erinnerte Dean.

Doch Nathan konnte sich nicht überwinden. Nicht dieses Mal. „Nein, sorry."

„Du hast alle Zeit der Welt." Für diesen Satz hätte Dean sich am liebsten selbst geohrfeigt.

„Ja", murmelte Nathan mit dem Blick auf die Nudeln. „Das habe ich." Langsam aß er weiter.

Eine halbe Stunde später saßen sie satt und vollgefuttert bis oben hin erschöpft auf der Couch. Der eine eingepackt unter einer warmen Decke und der andere nackt und breitbeinig wie ein Macho.

Die Stille gefiel Nathan nicht. „Und?"

„Hm?"

„Was machen wir jetzt?"

„Bevor ich dir jetzt diese Frage beantworte", begann Dean mit einem tiefen Blick in Nathans Augen, „sage mir, wie geht es dir?"

„Gut."

„Dein Herz?"

„Ich nehme es nicht einmal mehr wahr."

„Glaube ich dir sofort", gab Dean zurück, als er in die erweiterten Pupillen blickte.

„Und?"

„Ja?"

„Du wolltest mir doch …"

„Ach ja, sorry", meinte Dean. „Da wir jetzt endlich mal ein paar Stunden für uns haben, ohne dass du gleich wieder zurück in dein Zimmer musst, dachte ich mir, dass du mir vielleicht erzählst, wie es damals im Krankenhaus weiterging, und vor allem, was dann alles geschah."

Nathan knurrte kurz.

„Nur wenn du möchtest."

„Schon klar, nur ist es so, dass …"

Dean winkelte sein Bein auf der Couch an. „Ja?"

„Ich will dich echt nicht mit meiner Vergangenheit nerven. Ich rede dauernd nur von mir und meinem schrecklichen Leben … beklage mich und heule rum."

„Das empfindest du falsch."

„Ich will dich echt nicht nerven."

„Würde ich fragen, wenn du mich damit nerven würdest?"

„Du bist der Erste, dem ich das alles erzähle", gestand Nathan erneut.

„Das ist mir klar, und ich weiß das auch wirklich zu schätzen. Genau aus diesem Grund möchte ich auch den Rest der Geschichte kennen."

„Wieso bist du nur so zu mir?"

„Die Antwort kennst du", entgegnete Dean und griff nach der Kuscheldecke. Er gesellte sich zu Nathan und drückte ihn mit den Worten „Komm her" sanft an sich.

Beim Versuch, sich anzulehnen, betatschte Nathan aus Versehen Deans Fleischstück. „Sorry!", erschrak er voller Scham und zog seine Hand hastig zurück.

„Wofür?"

„Na, ich habe gerade deinen … na, du weißt schon …", stotterte er.

„Und?"

„Und?", wiederholte Nathan mit großen Augen.

Dean zuckte mit den Achseln. „Kennst du doch schon."

„Ja, aber …"

„Aber?"

„Es muss ja nicht sein, dass ich ihn wie eine Hand halte oder wie einen Schnuller behandle."

Grinsend streckte Dean das Kinn vor. „Das mit dem Schnuller klingt vielversprechend."

„Blödmann!", knurrte Nathan und schlug sanft gegen Deans Brust.

Resigniert hob Dean die Hände und zog belustigt die Augenbrauen hoch. „Jetzt aber mal ernsthaft."

„Ja?"

„Wenn dir danach ist, dann …"

„Nein."

„Gut, aber du brauchst dich nicht dafür zu schämen. Immerhin bin ich freiwillig unbekleidet, und du liegst in meinen Armen. Also …"

„Also?"

„Hab keine Scheu, oder stört es dich? Ich kann mir was anziehen."

„Nein, ist schon gut so, wie es ist."

„Ach, ist es das?"

„Meine Augen wollen schließlich auch mal was Schönes sehen", gestand Nathan und schmunzelte.

„Soll ich die Decke wegnehmen?", fragte Dean – er war schon dabei. Doch Nathan hielt ihn zurück.

„Nein!"

„Dann nicht, aber wenn …"

„Dean!?"

„Ich hab dich lieb", lenkte Dean mit sanfter Stimme ein.

Nathan lächelte. „Ich dich auch", gab er leise zurück und lehnte sich an ihn.

„Und nun erzähl mir vom vierten Tag des Krankenhausaufenthaltes."

„War ich schon bei Tag vier?", stutzte Nathan, der dem Gespräch am liebsten ausgewichen wäre.

„Jepp. Das warst du, und nun zögere nicht."

„Ist ja gut."

„Ich zwinge dich aber auch nicht. Wenn du nicht darüber reden möchtest, dann …"

„Doch …"

„Gut."

Nathan atmete tief durch. Mit einem flauen Gefühl im Bauchraum erinnerte er sich zurück.

Am vierten Tag meines Aufenthaltes verlief eigentlich alles wie gewohnt. Morgens wurde man geweckt, und Stunden später gab es dann das leckere Frühstück. Cos kam kurz darauf in mein Zimmer, um mir noch einmal Blut abzunehmen. Leider war der Doc zu dämlich dazu. Ganze sechs Mal stach er daneben.

„Tut mir leid", wiederholte er mehrmals. „Aber deine Adern sind kaum zu erkennen."

Selbst ich sehe sie.

„Klappt nicht", meinte er. Mein Arm schmerzte schon.

„Dann muss ich es vom Finger nehmen", tönte es plötzlich aus seinem Mund. Erschrocken sah ich ihn an, und natürlich stach er auch bei diesem Vorhaben mehrfach daneben, bis es ihm endlich gelang und mein Blut tröpfchenweise in die Kanüle lief.

Später durfte ich wieder zu Frau Archim. Es war echt das Schärfste, was ich je erlebt habe.

„Jetzt machen wir was", sagte Frau Archim und stand auf. „Kommen Sie." Sie grinste und trat an die Tür. „Sie stellen sich bitte einige Meter entfernt mir gegenüber", forderte sie. Ihrer Anweisung kam ich natürlich nach.

„Und nun?", fragte ich.

„Jetzt erleichtern wir unsere Seele", plapperte sie und gab urplötzlich Töne wie die von einer Kuh von sich. Ich konnte nicht mehr und begann laut zu lachen. Verdattert sah sie mich an. „Wieso lachen Sie?", wollte sie ernsthaft von mir wissen.

„Entschuldigung", heulte ich schon fast. „Aber ich weiß echt nicht, was dieses MUUH soll." Ich kicherte.

„Versuchen Sie es einfach mal", schnatterte sie eingeschnappt und tat es erneut. „Es hilft Ihnen."

Allen Mut nahm ich zusammen, brachte allerdings nur das Geräusch einer heiseren Kuh aus mir heraus. Es war zu lustig, um es richtig hinzubekommen.

„Das finde ich jetzt aber nicht ulkig", klagte sie. „Sie versuchen es ja nicht einmal. Stattdessen stehen Sie da und lachen sich einen ab!"

Und das tat ich auch. *Teufel, die Alte hat doch einen Schaden!*

„Das finde ich jetzt echt nicht gut von Ihnen!"

Mein Gegacker nahm einfach kein Ende.

„Gut!", meinte sie beleidigt. „Dann versuchen wir etwas anderes." Sie motzte und ging mit einem Kopfschütteln zu einem Ball, den sie mir plötzlich zuwarf. Leider war ich so sehr damit beschäftigt, mich wieder einzukriegen, dass ich diesen gar nicht erst versuchte zu fangen.

„Ach, Entschuldigung", gluckste ich und hob den gelben Ball auf.

Teufel, ist der gelb!

„Und nun werfen Sie ihn mir genau zu … sodass ich diesen Ball, den Sie gerade in Ihren Händen halten, auch wirklich fangen kann."

Die Alte will mich doch jetzt verarschen, wütete ich innerlich und warf ihr den blöden Ball direkt in die Hände. *Ich bin doch nicht behindert!*

„Ja!", freute sie sich. „Sehr gut! Und jetzt noch einmal!"

Ihr *noch einmal* dauerte eine knappe halbe Stunde. Die Langweile packte mich ziemlich schnell.

„Es macht Ihnen offensichtlich keinen Spaß!"

„Was habe ich auch davon, wenn ich hier den Ball durch den Raum werfe?", wetterte ich.

„Dann hören wir auf!" Sie fühlte sich angepisst und legte den Ball zurück zu den anderen Spielsachen.

„Was macht Ihnen denn wirklich Spaß?", wollte sie blitzartig wissen.

Sex. Shoppen. Sex. Schlafen. Mich gesund fühlen. Tanzen und viele andere Dinge, die ich dir Sumpfkuh aber nicht sagen werde, dachte ich und schüttelte unentschlossen meinen Kopf.

„Ach, kommen Sie!", jammerte sie entgeistert. „Es muss doch etwas geben, was Ihnen Spaß macht! Waren Sie schon einmal im Urlaub?"

„Ja!", strahlte ich und hatte die perfekte Lüge parat.

„Ach, wirklich?!", staunte sie. „Und wo waren Sie?"

„In Los Angeles", log ich.

Sie machte große Augen. „Und wie war es da?"

„Wunderschön", antwortete ich, als sie mir immer näher kam.

„Ich sehe, wenn Sie darüber sprechen, dann funkeln Ihre Augen so schön."

Die funkeln immer, du verblödete Gans! Ich grinste. „Ach, wirklich?"

„Ja. Sie schwärmen ja richtig davon", lächelte sie, dabei sagte ich kaum etwas. „Und haben Sie noch einmal vor, dort hinzufahren?"

„Ja, sobald es mir besser geht. Falls dies überhaupt jemals der Fall sein wird."

„Ich glaube, dass Ihre Erkrankung nicht körperlicher Natur ist. Sie sagen ja immer, dass Sie unter Herzrasen leiden, aber Menschen mit Herzrasen benehmen sich anders."

Fassungslos sah ich sie an. „Ach, und wie benehmen sich Menschen mit Herzrasen?!"

„Ja … anders eben."

„Hier!", maulte ich etwas aufgebracht. „Fühlen Sie doch selbst."

„Ach, nein", zögerte sie, fasste mir dann aber doch an die Brust, um meinen Puls zu fühlen. Eine Weile schwieg sie, bis sie gestand: „Ist wirklich ein bisschen schnell."

„Sage ich doch", antwortete ich abwertend.

„Tja, dann …", grübelte sie und überlegte. „Dann sehen wir uns morgen wieder? Ich muss jetzt noch etwas anderes erledigen, und mein nächster Patient kommt auch gleich."

„Klar, sicher", sagte ich und begab mich nach draußen. Das Erste, was ich tat, war eine halbe Tablette zu schlucken und eine zu rauchen. Als ich Jan davon erzählte, lachte er sich schlapp.

Doch Frau Archim war nicht die Einzige, die mir an diesem Tag auf die Nüsse ging. Später besuchte mich noch der Cos und wollte wissen, ob ich mich bezüglich der Irrenanstalt entschieden hätte. Ich verneinte. Cos war alles andere als erfreut. „Überlegen Sie es sich bitte. Man kann Ihnen da helfen, wirklich!"

Als er weg war, versuchte ich zu relaxen, doch es dauerte nicht lange, bis der nächste Verrückte in das Zimmer kam.

Gemütlich saß ich auf meinem Bett, als schlagartig die Tür aufging und ein total Geisteskranker mir einen Ball zuwarf. Natürlich fing ich diesen vor Schreck auf.

„Super!", freute sich diese dauergrinsende Bohnenstange. „Du hast gute Reflexe!

Und du einen an der Waffel. „Wie kann ich dir behilflich sein?"

„Doktor Cos schickt mich. Bin der Dieter."

Ich rollte mit den Augen. „Ach."

„Und er möchte gerne, dass wir beide zusammenarbeiten."

„Aha, und was?"

„Komm mit", forderte er.

„Wohin?"

„Komm einfach", sagte er, lächelte und machte seltsame Kopfbewegungen, die wie Zuckungen aussahen. Lustlos folgte ich dem Clown zum Fahrstuhl.

Er deutete auf einen, in den eigentlich niemand reinpassen konnte. „Wir nehmen den."

„Der ist mir zu eng", stellte ich rasch klar. „Da steig ich nicht ein."

„Nun hab dich nicht so", meinte er und betrat den mehr als nur engen Kasten.

„Ne, nein!" Ich blieb stur, brachte mir nur nichts.

„Wir müssen nach ganz oben und laufen dauert zu lange."

„Laufen ist gesund", gab ich zurück.

„Nun komm schon!"

Gegen meinen Willen betrat ich den Fahrstuhl, der nicht einmal ein Licht besaß, schloss die Augen und versuchte die Enge auszuhalten. Oben angekommen, war ich mehr als nur froh, mich endlich wieder bewegen zu können.

„Noch einmal steige ich nicht in dieses Teil ein!", tobte ich. „Nie wieder!"

„Hast es doch überstanden", witzelte er und begab sich zu einer Tür. Er öffnete sie und sagte: „Komm."

Langsam betrat ich das Zimmer und sah mich verwirrt um. Die Aussicht aus dem großen Fenster war zur Abwechslung mal richtig schön. Nun ja, zumindest schöner als die in meinem Zimmer. *Stadt, Zivilisation*, dachte ich, als ich auf eine weit entfernte Metropole blickte.

„So ... bereit?"

„Bereit wozu?"

Unerwartet warf er mir den Ball zu, und natürlich fing ich diesen wieder auf. „Und jetzt?"

„Spielen wir ein wenig *Fang-den-Ball*", grinste er und schien sichtlich Spaß dabei zu haben. Diesen wollte ich ihm auf alle Fälle nicht nehmen und spielte das Spiel eine Weile mit, bis ich den Ball auf dem kleinen Tisch ablegte und sagte: „Was soll dieser Schwachsinn hier?"

„Wenn Dir langweilig ist, können wir ja zu der nächsten Herausforderung übergehen."

Gespannt wartete ich, dann kam der Schock.

„Geh mal eine Acht", meinte er zu mir.

„Wie jetzt?"

„Geh mal eine Acht", wiederholte er und lehnte seinen linken Fuß gegen die Wand.

„Ich soll eine Acht laufen?"

Er nickte.

„Wie soll ich denn eine Acht laufen?" Ich war völlig perplex und wusste wirklich nicht, was er von mir wollte.

Dieter rollte genervt mit den Augen und zeigte mir, wie man eine Eins läuft. Innerlich kochte ich vor Wut. *Wo bin ich hier bloß gelandet?! Tanja!*

„Und nun machst du bitte eine Acht!", befahl er gereizt.

Wortlos kam ich seiner Aufforderung nach und kam mir mehr als nur blöd dabei vor.

„Der Kreis oben hätte kleiner sein müssen. Noch einmal", beanstandete er tatsächlich.

Noch hielt ich mich zurück und tat genau das, was er wollte.

„Gut, und nun eine Drei."

„Soll ich jetzt alle Zahlen laufen oder was?!", meckerte ich und lief diese bekloppte Drei. „Was bringt es mir denn, wenn ich irgendwelche Zahlen laufe?!"

„Sei doch nicht so verschlossen. Du musst lernen, dich zu öffnen."

„Ach, und das kann ich am besten, indem ich Bälle fange, dämliche Mandalas ausmale oder wie jetzt bescheuerte Zahlen laufe?!"

„Wieso sind Zahlen denn deiner Ansicht nach bescheuert?"

Ganz ruhig, Nathan! Nicht böse werden. „Das war nur ein Spruch", sagte ich.

„Was denn für ein Spruch?"

„Haben Sie noch andere tolle Spiele für mich?", wich ich schnell aus.

„Nein. Für heute war es das, aber sag mal."

„Ja?"

„Ich habe gehört, dass du zu der Einrichtung Nein gesagt hast, und ich möchte gerne wissen, wieso du ablehnst."

„Weil ich nicht wie andere verrückt bin." Dass dies eine Andeutung auf ihn war, schien er nicht zu verstehen – hätte mich aber auch gewundert.

„Ich würde es mir aber noch einmal überlegen."

„Habe ich schon, und meine Antwort ist gefallen. Nein!"

Dieter zuckte mit den Schultern und begleitete mich nach draußen. „Nimm den Fahrstuhl", sagte er. Grimmig sah ich ihn an und ging zur Treppe. „Wir sehen uns dann morgen!", rief er mir nach.

„Ja, kann es kaum erwarten!", fluchte ich leise vor mich hin.

Dean brach in lautes Gebrüll aus. Beleidigt sah Nathan ihn an. „Das ist nicht lustig!"

„Doch, Nathan … das ist es!", heulte Dean vor Lachen.

Brummig guckte Nathan ihn an, musste dann aber selbst schmunzeln. Dean sah in seinen Augen einfach göttlich aus. Besonders jetzt, wo er einen Lachanfall hatte.

„Entschuldige." Dean versuchte sich wieder zu beruhigen.

„Kann ich dann weitererzählen?"

„Ja, das kannst du", gab Dean zurück, doch kaum holte Nathan Luft, begann er von Neuem laut zu gackern. Es dauerte noch eine ganze Weile, bis er sich wieder beruhigt hatte und Nathan weitererzählen konnte.

Der Tag war für mich gelaufen, und es nervte mich tierisch, dass mich alle für verrückt hielten, nur weil ich unter Herzrasen und einer andauernden Übelkeit litt.

Später bat ich den Cos, ein Bad nehmen zu dürfen, und er genehmigte es sogar. Da wir zu Hause nur über eine Dusche verfügten, freute ich mich wie ein Kleinkind. Der Raum war riesig, und am Ende stand eine sehr kleine Badewanne. Ich ließ das Wasser einlaufen und blickte immer wieder verängstigt um mich. Überall führten Rohre durch die Wände, und das die Tür abgeschlossen war, beruhigte mich auch nicht wirklich.

Was ist, wenn mir was passiert und niemand hereinkann?

Nachdem ich mich in das warme Nass gelegt hatte, versuchte ich mich zu entspannen. Es war seit Jahren mein erstes Bad, doch wirklich genießen konnte ich es nicht. Fortlaufend spürte ich, wie mein Herz schlug. Besonders im Bauchraum. Dieses Gefühl nervte mich dermaßen, dass ich nicht lange drinnenblieb und mich, natürlich bekleidet, zurück in mein Zimmer begab. Spät am Abend besuchte mich der Cos noch einmal. Wieder hielt er irgendwelche Broschüren in seinen Händen.

Nicht schon wieder.

„Hallo, Nathan", lächelte er und setzte sich neben mich.

„Was haben Sie dieses Mal Schönes für mich?", fragte ich mit einem gespielt fröhlichen Ausdruck.

„Wir machen morgen eine Magenspiegelung", sagte er.

Mein Herz machte einen starken Stolperer. Angst machte sich in mir breit.

„Eine Magenspiegelung?!"

„Wir wollen wissen, warum dir immer so übel ist", erklärte er und zeigte mir die Unterlagen. Seine Worte gingen allerdings irgendwie an mir vorbei, denn ich dachte nur noch an eines: mein Ende.

Der nächste Tag verlief wie die anderen. Früh am Morgen wurde ich geweckt und bekam erneut ein Fieberthermometer entgegengestreckt. Meine Temperatur war normal, doch ich durfte nichts essen, denn in wenigen Stunden bekam ich meine

Magenspiegelung, und schon jetzt raste mein Herz vor Angst. Gegen halb neun begab ich mich noch einmal auf den Balkon, um eine zu rauchen. Zurück in meinem Zimmer kam wenige Minuten später auch schon ein Arzt herein und meckerte erst einmal herum.

„Sie sollen doch nicht rauchen!"

Peinlich berührt sah ich ihn an. „Man sagte mir nur, dass ich nichts essen und trinken dürfe, aber es fiel kein Wort über das Rauchen", gab ich patzig zurück.

„Na, auch egal!", meinte er und spielte plötzlich am Bett herum. Auf einmal bewegte es sich.

„Was machen Sie da?"

„Ich fahre Sie jetzt zum Untersuchungsraum", antwortete er und schob mich aus dem Zimmer.

„Wieso kann ich denn nicht laufen?"

„Weil Sie danach nicht mehr laufen können", gab er ohne jede weitere Erklärung zurück.

Nicht mehr laufen können?!, dachte ich und bekam immer mehr Panik.

In diesem mit Computern gefüllten Raum angekommen, saß ich eine knappe halbe Stunde auf meinem Bett herum und zitterte am ganzen Leib. Mein Herz donnerte, als ob ich einen Marathon laufen würde. Dauernd versuchte ich mich selbst zu beruhigen. Leider klappte es nicht ganz, und das Zittern wurde immer schlimmer. Dann kam er: der Arzt samt Krankenschwester.

„Hallo", begrüßte er mich. „Alles in Ordnung?"

„Mein ... mein Herz", stotterte ich und sah schon das Schlimmste auf mich zukommen.

„Wir verabreichen dir jetzt etwas, damit du schlafen kannst", lächelte er frech. „Leg dich bitte hin."

Ich gehorchte wie ein Hund und bekam grob einen Mundspreizer reingestopft.

„Mir ist schlecht. Ich muss kotzen", versuchte ich zu wimmern, während die Krankenschwester mir ein Mittel spritzte.

„Ja", nickte der Doktor. „Machen Sie nur." Es klang fast so, als ob er nichts dagegen gehabt hätte.

Völlig panisch versuchte ich mich zu beherrschen und begann urplötzlich auch schon zu träumen. Einige Zeit später wachte ich auf meinem Bett wieder auf. Ich fühlte mich wie ausgekotzt, konnte mich kaum bewegen und beschloss, noch eine Weile liegen zu bleiben.

„Ach", sagte der Arzt plötzlich. „Sind Sie schon wach?!" Er warf einen Blick auf die Wanduhr.

Grimmig sah ich ihn an und fand mich, wie verhext, einen Augenschlag später in meinem Zimmer wieder. Mein Hals tat ein wenig weh und essen durfte ich immer noch nichts. Wenn man narkotisiert wurde, verläuft die Zeit irgendwie anders. Schneller – viel schneller.

„Hallo", sagte Cos, der plötzlich auf meinem Bett saß.

„Hä?", stutzte ich.

„Ich habe jetzt das Ergebnis der Magenspiegelung."

„Ach, und?"

„Du hast tatsächlich etwas", staunte er mit einem Blick in seine Unterlagen.

Du Arschloch, dachte ich. *Ich wusste es!*

„Wir geben dir jetzt Tabletten, die du die nächsten Wochen oder auch Monate einnehmen musst. Und wegen des Herzrasens, da wird sich später noch einmal der Oberarzt mit dir unterhalten."

Ich nickte, und natürlich versuchte er mir erneut die Klinik aufzuschwatzen.

„Wie ich Ihnen schon sagte …", brummte ich mit heiserer Stimme.

„Gut, dann kann ich jetzt auch nichts mehr für dich tun. Heute Nachmittag darfst du dann wieder nach Hause." Er stand auf, musterte mich bemitleidenswert und verabschiedete sich. Trotz der Vorschrift, nicht zu rauchen, begab ich mich schnurstracks auf den Balkon und quarzte mir eine. Jan war ebenfalls anwesend.

„Ach! Haben die also doch etwas gefunden?! Ich wusste, dass da etwas nicht stimmen kann."

Ich zuckte mit den Achseln und laberte noch ein wenig mit ihm.

Und obwohl ich am gleichen Tag noch entlassen werden sollte, musste ich noch einmal zu Frau Archim, die mir natürlich alles Gute dieser Welt wünschte. Ich hingegen hätte ihr am liebsten Geld für einen Rasierer dagelassen. Auch der Verrückte vom Vortag wollte mich noch einmal sehen. Es war eine kurze Begegnung, da ich ihm sofort sagte, dass ich jeden Moment abgeholt werden könnte. Zurück in meinem Zimmer erkannte ich diese kleine lilafarbene Tablette auf dem Tisch. Schnell nahm ich sie und würgte sie mit einem Schluck Wasser hinunter. Laut rülpste ich, und urplötzlich war meine seit Monaten anhaltende Übelkeit verschwunden. Verblüfft und hocherfreut begann ich meine Tasche zu packen. Der Oberarzt kam kurz ins Zimmer und unterhielt sich nicht wirklich lange mit mir.

„Ihr Hausarzt wird Ihre Werte immer überprüfen. Nehmen Sie also weiterhin die Betablocker und die Nexium gegen Ihre Oberflächengastritis, den Reflux und bald wird alles gut."

Als mich Bianca am späten Nachmittag abholte, fühlte ich mich seit Langem zum ersten Mal wieder gut genug, um zu leben. Ja, ich ging sogar noch am gleichen Tag einkaufen, um zu sehen, wie weit ich gehen konnte. Und es klappte. Zwar hatte ich Herzklopfen, weil ich aufgeregt war, aber das nahm ich in Kauf.

„Nathan", unterbrach Dean ihn.

„Ja?"

„Du bist nicht verrückt."

„Sehr nett, dass du das auch schon bemerkt hast."

„Haben Sie also nach Monaten doch etwas gefunden?"

„Ja, und du kannst dir nicht vorstellen, wie erleichtert ich war."

„Das glaube ich dir, aber ohne unhöflich zu werden …"

„Hm?"

„Ich muss ganz dringend mal aufs Klo." Dean hob die Decke ein Stückchen an.

Fassungslos starrte Nathan auf den Bolzen, der in die Höhe ragte.

„Husch, husch", scheuchte Nathan ihn.

„Bin gleich zurück." Er eilte ins Bad.

Nathan schmunzelte. *Scheiße … irgendwie ist er ja schon süß.*

Hastig klappte Dean den Klodeckel auf und schiffte drauflos. „Mann!", fluchte er. „Mit einem Steifen zu pissen, ist echt eine Kunst für sich!" Ein erleichtertes Stöhnen flog ihm aus dem Mund, als sich seine Blase langsam zu leeren begann. Er schüttelte seinen besten Freund ab, wusch sich die Hände und betrachtete sich dann kurz im Spiegel.

Du wirst wieder, Nathan, das weiß ich. Ich glaube daran, dachte er und betete zum Unbekannten, während sich Nathan an seine schlimmste Zeit erinnerte …

19. KAPITEL

Dean war erfreut, als er zurückkam und mit einem fröhlichen „Hey" auf die Couch hüpfte. „Ohne dich ist es irgendwie kalt", beschwerte er sich und zog Nathan an sich.

„Ja, stimmt", gab Nathan besorgt zurück.

„Alles in Ordnung?"

„Ich hatte gerade nur so einen Flashback …"

„Flashback?"

„Ja, ich habe mich an jenen Tag zurückerinnert, als alles wieder begann."

„Du meinst die Sache im Bus?"

„Ja", antwortete Nathan und sah Dean kurz an. „Es ist ein echt merkwürdiges Gefühl, sich an diese Zeit zurückzuerinnern. Irgendwie macht es mir Angst."

„Du musst nicht darüber reden, wenn es dir schwerfällt."

„Nein, das ist nicht das Problem."

„Sondern?"

„Dass es mir so vorkommt, als ob es erst letzte Woche gewesen wäre."

„Wie lange ist es denn jetzt her?"

„Vier, fünf Jahre", grübelte Nathan. „Noch nicht lang genug, um es vergessen zu können."

„Was geschah denn damals im Bus?"

Nathan sah ihm in die Augen und begann zu erzählen. „Es war ein Tag wie jeder andere auch. Ich war gerade dabei, in den Bus zu steigen, um in die Stadt zu fahren. Ich hatte im Internet etwas Tolles bestellt und wollte die Überweisung bei meiner Bank veranlassen. Danach wollte ich noch ausgiebig shoppen gehen …"

Endlich fand ich einen Sitzplatz. So gelassen und ruhig hatte ich mich schon lange nicht mehr gefühlt. Die Aussicht war recht schön, und das Wetter herrlich warm. Dann geschah es. Innerlich verspürte ich ein seltsames Gefühl. Ein Gefühl, als ob etwas sehr Kaltes und Unangenehmes durch meinen Darm sauste. Mit einem Mal wurde mir total schlecht. Mein Herz stolperte stark und begann trotz der Medikamente zu rasen. Es war nicht das übliche Herzrasen. Das Gefühl war komplett anders. Alles begann sich zu drehen.

Als ich versuchte, meinen Puls zu spüren, fühlte es sich so an, als ob meine Halsadern platzen würden. Geschätzte zweihundert. Hastig stand ich auf und drückte auf den Knopf, der zum Halten diente. Eilig düste ich nach vorn zum Busfahrer. Die Jugendlichen hinter mir feuerten mich an: „Kotz, kotz!", riefen sie und lachten sich kaputt, während ich kurz vor einem Zusammenbruch stand. An der nächsten Haltestelle hastete ich hinaus und griff nach meinen Tabletten, die ich immer dabeihatte.

Ich bin unterzuckert, dachte ich und rannte hinüber zum Kiosk. „Eine Cola bitte!"

„Eine Flasche oder eine Dose?"

„Egal!", sagte ich. Mein ganzer Körper zitterte.

„Die Flasche kostet 2,50 Euro und die Dose 1,80 Euro. Dann haben wir noch die kleinen Flaschen und …"

„Geben Sie mir einfach eine bekloppte Cola!", wütete ich.

„Die große oder …"

„Die kleine!", unterbrach ich hektisch. Sie ließ sich Zeit.

Nachdem ich bezahlt hatte, schluckte ich eine Tablette, trank viel Cola und versuchte, mich auf dem Weg zu einer Ampel wieder zu beruhigen. Es klappte. Mein Herz schlug wieder normal.

„Was war das denn?!", lachte ich leise und überquerte die Straße. Doch wenige Meter weiter spürte ich, dass mein Herz erneut raste. Kurz nahm ich auf einer Treppe Platz. Alles um mich herum kam mir plötzlich so unreal vor, so unecht. Das Herz klopfte immer noch stark, als ich mich in die Innenstadt zur Bank begab, und kaum betrat ich diese, ging das Ganze von vorn los. Das gleiche Gefühl wie im Bus. Schnell düste ich hinaus.

Ne, das reicht mir jetzt!, dachte ich. *Ich gehe jetzt ins Krankenhaus!* Doch auf dem kurzen Weg zum Hospital ging es mir wieder besser.

„Ich werde krank", seufzte ich. „Wie ich das doch hasse!"

Mein Herz begann bei einer Grippe immer zu rasen. Unerträglich. Eigentlich hatte ich vorgehabt, shoppen zu gehen, doch mit diesem Gefühl in mir, wollte ich nur noch eines: nach Hause. Ich rief ein Taxi und wartete ungeduldig. Noch ging es mir einigermaßen gut. Als es endlich kam, stieg ich nichts ahnend ein. Mit voller Kraft schlug mein Herz gegen meinen Brustkorb, donnerte dagegen, als ob es herausspringen wollte. Mehrfach klopfte ich gegen meine Brust.

„Ist alles in Ordnung?", fragte mich die Taxifahrerin besorgt. „Soll ich sie nicht lieber ins Krankenhaus bringen?"

„Nein. Mir ist nur etwas übel. Das mache ich immer, wenn ich mich so fühle", log ich, während meine Gliedmaßen zu kribbeln begannen. Die kurze Taxifahrt kam mir wie eine halbe Ewigkeit vor.

Unvorstellbar, aber als ich ausstieg, ging es mir wieder bestens. Auf dem Weg zu dem Haus, in dem mein Vater mittlerweile wohnte, fragte ich mich ständig, was mit mir los war. Da ich aufgrund von Schimmelbefall leider aus meiner Wohnung rausmusste, hatte ich zu allem Übel kurzfristig zu ihm ziehen müssen. Es war schon schlimm genug, dass ich meine große Wohnung aufgeben und in ein kleines Zimmer siedeln musste. Meine Wohnungssuche verlief leider auch nicht gerade gut. Entweder gab es keine in meiner Preisklasse oder die freien Objekte befanden sich nur in Gegenden, in denen wirklich die Hölle ausgebrochen war.

„Ich bin wieder da", sagte ich, als ich die Wohnzimmertür öffnete und meinen Vater auf dem Sessel sitzen sah.

„Schon zurück?"

„Ja, mir geht es irgendwie nicht gut", begann ich zu erklären, doch es schien ihm völlig egal zu sein. Er sagte nicht ein Wort dazu. Wütend, gekränkt und auch ängstlich begab ich mich hinauf in meine Luxusbude und setzte mich auf meine Couch. Alles kam mir so seltsam vor. So unwirklich. *„Morgen geht es mir besser",* hoffte ich, und so war es auch. Früh am Morgen machte ich mich zum Einkaufen fertig, stylte meine Haare und zog mir was Schickes an. Ich brauchte unbedingt noch Fressalien für das Wochenende. Gut gelaunt machte ich mich auf den Weg, da geschah es erneut. Kaum an der Ampel angekommen, bekam ich wieder dieses Stechen im Bauch. Mein Innerstes fühlte sich an, als hätte ich zehn Liter Eis auf einmal gegessen. Das Herz geriet aus dem Takt.

„Jetzt reicht es mir!", grantelte ich und ging zurück. Zu meinem Glück befand sich in der Nähe ein Kiosk, wo ich einfach schnell etwas kaufte. Wieder zu Hause war ich völlig entkräftet. Ich verstand die Welt nicht mehr. Später sollte ich für meinen Vater zur Tanke gehen und hoffte nur, dass dieses Gefühl nicht wieder kommen würde, doch da lag ich falsch. Kaum betrat ich den Ort, wo ich schon Hunderte Male zuvor gewesen war, da begann alles von vorn. Mein Herz schien förmlich aus mir herausspringen zu wollen. Dennoch kaufte ich die Sachen ein, die Hendrik haben wollte.

Lass mich nicht sterben, hoffte ich, als ich bezahlte. *Nicht umkippen. Lass mich leben, bitte.* Ich zahlte und eilte aus der Tanke, und kaum war ich wieder allein, fern von allen Menschen, ging es mir wieder besser. Erneut versuchte ich meinem Vater davon zu erzählen, doch der feierte lieber mit seinen Saufkollegen und interessierte sich kein Stückchen für mich. In meinem Zimmer angekommen, wusste ich echt nicht mehr, was ich tun sollte.

Am darauffolgenden Tag ging ich erneut zur Tanke, und es verlief genauso wie am Vortag. Es war ein Gefühl, als stünde man kurz vorm Sterben. Mein Körper machte, was er wollte, und immer, wenn mir jemand zu nahe kam, spielte mein ganzer Leib verrückt. *Wenn das die Hölle ist, dann möchte ich niemals sterben.*

Spät am Abend rief mich ein Freund an, und ich erzählte ihm alles, was mich bedrückte. Er war völlig baff und meinte, dass ich keine Panik bekommen solle. Für ihn klang es wie Hyperventilieren.

Am nächsten Morgen begab ich mich sofort zu meinem Hausarzt. Die Wartezeit war kaum auszuhalten. Dauernd spürte ich, wie mein Herz schlug. Überall! Im Bauch, in den Füßen, im Hals, sogar in den Fingerspitzen. Es machte mich wahnsinnig. Eine ältere Frau, die mich heimlich beobachtete, fragte mich irgendwann: „Ist alles in Ordnung mit Ihnen?"

„Panik", sagte ich mit einem gespielten Lächeln und begab mich rasch aufs Klo. Die Luft wurde immer dünner und ich immer nervöser. Zurück im Wartezimmer versuchte ich mich mit schönen Gedanken zu beruhigen. Klappte nur nicht wirklich. Nervös wippte ich mit meinem Bein auf und ab.

„Herr Schuster?", rief mich der Arzt.

Endlich! Hastig eilte ich in das Sprechzimmer und erzählte ihm, ohne Punkt und Komma, von meinem Leiden.

„Aha", staunte er und horchte mein Herz ab. „Ein wenig schnell."

„Das hatten wir doch schon einmal, und es verlief all die letzten Jahre so gut", warf ich ein. „Wieso jetzt schon wieder und dann auch noch in diesem Ausmaß?!"

„Wenn ich das wüsste, würde ich es Ihnen sogar sagen", lächelte der Arzt und nahm wieder Platz.

Super Antwort!

„Ich verschreibe Ihnen etwas gegen die Angst. Es wäre auch gut, wenn Sie sich um einen Termin bei einem Psychiater kümmern würden. Vielleicht kann dieser Ihnen ja helfen."

„Ja", fluchte ich entnervt und nahm das Rezept entgegen. Kaum hatte ich die Praxis verlassen und auf die Menschenmenge geblickt, begann es wieder und wieder, doch um zum Psychiater zu gelangen, musste ich durch die Masse hindurch.

„Verfickte Scheiße!", schnauzte ich, als ich den Flur des Arztes entlangeilte. „Hör auf zu spinnen!", meckerte ich mein Herz an und begab mich in die Praxis.

„Was wollen Sie?", fragte mich die unfreundliche Frau an der Anmeldestelle.

„Einen Termin", sagte ich.

„Es sind Wartezeiten von bis zu sechs Monaten."

„In sechs Monaten könnte ich schon tot sein", gab ich trotzig zurück. Ihr Blick sagte alles.

„Was haben Sie denn?!"

„Ich leide unter Panikattacken und müsste ganz dringend zum Arzt!"

Dabei wusste ich nicht einmal, ob das, was ich gerade von mir gegeben hatte, der Wahrheit entsprach.

Sie stöhnte und schaute in den eigentlich recht leeren Terminkalender. „Übermorgen um neun Uhr und Ihre Versicherungskarte", meinte sie dann unhöflich. Schon jetzt mochte ich sie gern.

Den Rückweg beschloss ich zu laufen. Da das Nachbarskind seinen vierzehnten Geburtstag feierte, und ich seiner Mom versprochen hatte, ein paar Süßigkeiten zu besorgen, ging ich trotz dieses Gefühls in einen Supermarkt. Zu meinem Glück war dieser kaum besucht.

Am Abend nahm ich dann eine von den Angsthemmern, die sich Opipramol nannten, und war völlig high. So kopflos hatte ich mich noch nie gefühlt, doch das Gute war, dass ich dieses andere Gefühl nun los war. Zumindest für den Abend.

„Okay, Nathan", sprach ich zu mir selbst, als ich am nächsten Tag vor dem großen Supermarkt stand. „Du gehst da jetzt rein und kaufst das, was dein Vater haben will."

Ich nahm all meinen Mut zusammen und betrat die Höhle des Löwen. Sofort machte meine Pumpe einen Aussetzer, und das grauenhafte Gefühl kam zurück. Zitternd und total angsterfüllt begab ich mich, nachdem ich alles besorgt hatte, zur Kasse. Wie immer stand natürlich ausgerechnet jetzt eine lange Schlange vor mir. Mit gesenktem Kopf und geschlossenen Augen versuchte ich, die Symptome zu ertragen. Die ganze Zeit glaubte ich, jeden Moment kotzen zu müssen. Nervös bewegte ich meine Finger, wippte leicht auf und ab. Nicht aufzufallen, war nicht gerade sehr leicht. Noch nie in meinem Leben war ich so froh gewesen, wieder aus einem Supermarkt raus zu sein. Den restlichen Tag verbrachte ich in meinem kleinen Zimmer und versuchte zu verstehen, was mit mir passierte.

„Nathan!", rief mich mein Vater gegen zwanzig Uhr zu sich. „Du musst mal eben zur Tanke. Ich brauche Tabak!"

In Gedanken vertieft, lief ich zum Zielort, und es hatte sich rein gar nichts geändert. Wieder dieses Gefühl, wieder diese Angst. Den nächsten Tag konnte ich kaum erwarten.

Frühmorgens ging ich aus dem Haus, um zum Arzt zu laufen. Mit dem Bus hätte ich zwar fahren können, doch ich hatte zu viel Angst. Selbst der Fußweg wurde für mich zur Tortur. Um mich abzulenken, schrieb ich mit einem Freund ständig SMS. So bekam ich mein Umfeld weniger mit, doch sobald ich irgendeine Person anguckte und diese zurückblickte, bekam ich wieder diese widerlichen Zustände. Zittern, Herzrasen, Übelkeit. Pure Panik.

Mein Termin beim Arzt war um neun Uhr. Dran kam ich kurz nach elf.

„Hallo", begrüßte mich der kleine Arzt. „Ich habe gehört, Sie haben Panikattacken." Er lächelte und setzte sich vor mich. Sein Dialekt war polnischer Herkunft.

„Ja, ich …", begann ich zu erzählen. Er nickte ständig.

„Das klingt ja gar nicht gut", sagte er und tippte wie wild auf der Tastatur seines Computers herum.

„Und was mache ich jetzt?", fragte ich besorgt.

„Erst einmal beruhigen Sie sich. Wurden schon Untersuchungen gemacht?"

„Ich war vorgestern bei meinem Arzt, und der horchte mein Herz ab", antwortete ich.

„War das alles?"

„Ja."

„Beim Kardiologen waren Sie noch nicht?"

„Nein."

„Machen Sie bitte einen Termin aus. Auch wenn ich nicht glaube, dass es daran liegt."

„Woran liegt es denn dann?"

Seine Mundwinkel gingen nach oben. „Das werden wir eben noch herausfinden müssen."

„Und was mach ich, wenn es wieder kommt? Ich meine, es kommt ständig!"

„Ich weiß da was", sagte er und tippte wieder auf seiner Tastatur herum. „Ich verschreibe Ihnen etwas. Und wenn Sie meinen, dass dieses Gefühl erneut auftritt, dann nehmen Sie eine Tablette davon."

„Noch mehr Tabletten?!" Ich war entsetzt.

„Ja. Sie nennen sich Benzodiazepine. Das ist so eine kleine Dose. Ich weiß nicht, ob Sie diese schon einmal gesehen haben."

Ich schüttelte den Kopf.

„Keine Ahnung, wie viel Sie brauchen, um wieder ruhig zu werden, aber nehmen Sie dann einfach mal eine und schauen Sie, was passiert."

„Okay", nickte ich.

„Wir werden uns nächste Woche wiedersehen", sagte er und erhob sich. „Vorne wird Ihnen das Rezept ausgestellt."

„Okay", murmelte ich ein weiteres Mal und verabschiedete mich mit einem unguten Gefühl. Zwar holte ich das Rezept ab, ging aber nicht zur Apotheke.

Zu Hause versuchte ich mich erneut zu entspannen, doch alles um mich herum kam mir so anders, so fremd vor. Als ob ich gefangen wäre. Gefangen in einem Schleier aus Angst, Leid und Sehnsüchten.

Wie so oft begann ich am Abend *The Simpsons* zu sehen. Eigentlich nichts Außergewöhnliches, doch dieses Mal sollte alles anders sein. Nichts ahnend und halbwegs gelassen saß ich auf meiner Couch, als meine Pumpe plötzlich zu stolpern begann. Früher hatte es mir nichts ausgemacht, da ich es gewohnt war, doch jetzt wollte es einfach nicht mehr aufhören. Das Herzrasen begann. Alle paar Sekunden stolperte es kräftig, und ich bekam Panik. Jeden Aussetzer konnte ich klar und deutlich in meinem Hals spüren. Gebeugt begab ich mich zu meinem Vater und jammerte: „Mein Herz, mein Herz!"

Er blickte starr zu mir herunter, bis er endlich schnallte, dass es mir nicht gut ging.

„Komm rein! Soll ich einen Arzt rufen?", fragte er nach einer gefühlten Ewigkeit. Nickend stimmte ich seinem Vorschlag zu.

„Was hast du?", wollte Bianca von mir wissen, als ich im Wohnraum ankam.

Ich gab ihr keine Antwort und legte mich auf die Couch. Meine Gliedmaßen kribbelten, die Luft wurde immer dünner und mein Herz raste ohne Ende.

„Ich guck mal eben nach einem Notarzt", sagte mein Dad.

„Wäre es nicht besser, wenn wir einen Krankenwagen rufen würden?", warf Bianca mit einem besorgten Blick ein.

„Brauchst du einen?", fragte mich mein Vater tatsächlich.

Fast schon heulend flüsterte ich: „Ja!"

„Dann rufe ich einen", meinte er gelassen, während Bianca Panik bekam. Es war ungewohnt für mich, dass ausgerechnet sie sich um mich sorgte.

Eine knappe halbe Stunde ließ der Krankenwagen auf sich warten, dann endlich stürmten zwei Männer und eine Frau die Treppe herauf und eilten zu mir. Dauernd musste ich gegen meinen Brustkorb klopfen, da ich das starke Donnern einfach übertönen wollte.

„Was hat er?", erkundigte sich der Arzt bei meinem Dad und blickte dann mit einem Schmunzeln auf meine Boxerstiefel, die ich gerne trug.

„Sein Herz", grübelte mein Dad, der nun endlich begriff, dass ich nichts vortäuschte.

„Nehmen Sie irgendwelche Tabletten ein?", fragte mich die Sanitäterin.

„Ja", sagte ich. „Betablocker und Omeprazol."

„Nun hören Sie mal auf, sich dauernd gegen die Brust zu klopfen!", knurrte der Doktor, als er versuchte, das EKG anzulegen. „Stopp!"

„Es rast", jammerte ich.

„Ja, aber Sie haben keine Schmerzen, oder?"

Hektisch schüttelte ich meinen Kopf und wäre am liebsten in Tränen ausgebrochen.

Nachdem er meinen Blutdruck gemessen hatte, sagte er: „Ziehen Sie sich an, wir nehmen Sie jetzt mit."

So viele Menschen.

Dad zögerte kurz. „Soll ich mitkommen?"

Total entkräftet nickte ich ihm zu.

„Wir geben Ihnen jetzt etwas, das Sie beruhigt." Der Arzt nahm einen großen Beutel, gefüllt mit einer weißen Flüssigkeit, aus der Tasche. „Das sticht kurz", sagte er.

Mit dem Tropf, den der andere Sanitäter in seinen Händen hielt, brachten sie mich runter zum Krankenwagen. Mein Dad setzte sich nach vorn, während ich mit den beiden Männern im hinteren Bereich allein war.

„Müssen Sie kotzen, wenn Sie rückwärtsfahren?", fragte der Sanitäter unfreundlich.

„Nein", gab ich zurück und legte mich auf die Trage.

„Gut! Ich möchte nämlich nicht Ihre Kotze wegmachen müssen!"

Als ob das jetzt noch eine Rolle spielen würde, dachte ich und versuchte mich zu entspannen. Der eigentlich sehr lange Weg zum entfernten Krankenhaus kam mir viel kürzer vor. Fünf Minuten, wenn überhaupt, doch waren es keine fünf, sondern knapp zwanzig Minuten. Dort angekommen, brachte man mich direkt in die Notaufnahme und schloss mich wieder an ein EKG-Gerät an. Nun lag ich da und blickte auf den Tropf, der immer leerer wurde.

„Ich will mehr", murmelte ich völlig benommen.

„Wie geht es Ihnen?", wollte die Krankenschwester von mir wissen, die plötzlich hereinkam und auf den Monitor blickte.

„Komisch", flüsterte ich. „Wieso nur?", fragte ich dann.

„Wieso?", stutzte sie.

„Ich bin noch so jung. Wieso spielt mein Herz verrückt?"

„In der Medizin ist alles möglich", lächelte sie und blickte erneut auf den Monitor. „Puls liegt konstant bei unter achtzig. Alles in Ordnung." Sie verschwand wieder.

Dieser blöde Satz *„In der Medizin ist alles möglich"* verfolgte mich noch Stunden später.

Als mein Dad sich nach einer Weile kurz zu mir gesellte, brach ich ungewollt in Tränen aus.

Nach einer halben Ewigkeit brachte man mich in ein Zimmer. Bianca, die sich extra für mich auf den Weg gemacht hatte, blieb wie mein Vater allerdings nicht lang. Nun lag ich da. Ängstlich und mit dem ständigen Gefühl, gleich sterben zu müssen. Ein Arzt gab mir später eine Schlaftablette, doch sie wirkte nicht. Erst in der Nacht fand ich Ruhe.

Frühmorgens nahm man mir Blut ab und schickte mich zum Echo. Am Nachmittag erzählte mir eine Ärztin, dass alles okay sei und ich einfach nur hyperventiliere. Sie entließen mich am gleichen Tag und gaben mir noch einen Tipp, wie ich in solch einer Situation reagieren solle.

„Atmen Sie einfach langsam in diese Tüte", erklärte eine Schwester und streckte mir so eine blöde Plastiktüte entgegen. „Langsam und gleichmäßig."

Ich wollte nur noch weg. Als Bianca mich abholte, ging es mir nicht wirklich besser, und auch die Diagnose über mein angeblich gesundes Herz, beruhigte mich nicht, denn die Symptome kamen und gingen, wann und wie sie wollten.

Die nächsten Tage, Wochen und Monate wurden zur Qual. Termine bei Internisten, Kardiologen und anderen Ärzten zogen sich wie Kaugummi hin. Einkäufe wurden unerträglich, dennoch stellte ich mich dieser Herausforderung, wieder und wieder. So riet es mir mein Psychiater. Doch gebracht hatte es nichts. Kardiologen versicherten mir, dass mein Herz gesund sei, bis dann die Nuklearmedizinerin kam und meinte, dass ich eine Schilddrüsenunterfunktion hätte. Sie gab mir ein Rezept, und ich begann sofort mit der Einnahme des Medikaments, das sich L-Thyroxin nannte. Da es mir einige Wochen später immer noch nicht besser ging, wechselte ich erneut den Hausarzt. Doch auch fünf weitere Ärzte konnten mir nicht helfen. Als ich dann zum ersten Doktor zurückging, sagte mir dieser, dass ich eine Schilddrüsenüberfunktion hätte, dabei hatte ich die Tabletten schon vor Wochen abgesetzt. Erneut durfte ich zu einem Spezialisten, doch der bekräftigte mir, dass alles in Ordnung sei. Ein weiterer Krankenhausaufenthalt in einer anderen Stadt folgte, doch die entließen mich schon am gleichen Tag wieder.

Es ist ein echt seltsames Gefühl, wenn man plötzlich allein an einem Ort ist und diese Ängste in sich hat. Man fühlt sich einfach verloren … als könnte jeder Moment der letzte sein. Gerade noch konnte man allein zwischen fünfzehntausend Menschen bei einem Konzert stehen und urplötzlich erträgt man nicht mal mehr auch nur eine Person um sich.

Erneut begab ich mich zu einem Internisten und hatte allmählich keine Lust mehr auf diese ganze Scheiße. Mein Psychiater verschrieb mir erneut Benzodiazepine, die ich beim ersten Mal ja nicht abgeholt hatte. Doch als ich die Nebenwirkungen las, schmiss ich sie in die Ecke, bis mein Dad eines trüben Tages mit mir einen Großeinkauf machen wollte. Ich konnte einfach nicht mehr und begann mit der Einnahme der Tabletten.

„Eine halbe", sagte ich bedächtig. „Es ist nur ein halbes Milligramm." Ich zögerte weiterhin, bis mein Dad mich rief. Schnell warf ich mir die Tablette ein und begab mich dann zu ihm. Komischerweise bekam ich bei dem Großeinkauf nicht ein einziges Mal einen von diesen seltsamen Anfällen. Irgendwie fühlte ich mich wieder einigermaßen zurechnungsfähig.

An den darauffolgenden Tagen versuchte ich es trotzdem ohne Tabletten. Da es aber nicht klappte und mich diese Gefühle und Attacken jedes Mal überraschten, obwohl ich diese ja eigentlich schon hätte gewöhnt sein müssen, begann ich mit der täglichen Einnahme der Benzodiazepine. Immer eine halbe Tablette, und mein Leben ging einigermaßen weiter. Ich traute mich wieder woanders hin, fuhr mit dem Bus, der Bahn, dem Taxi und tat Dinge, die ich in den letzten Monaten alle versucht hatte zu vermeiden. Nach einigen Monaten fand ich sogar eine neue Wohnung und zog glücklich dort ein. Kurz darauf bekam ich noch das Jobangebot und alles wurde wieder ein wenig normaler. Doch eine halbe Tablette reichte bald nicht mehr aus, und ich steigerte auf eine ganze, bis ich die Dosis später auf eineinhalb erhöhte. Wirklich gut ging es mir dabei nicht, denn trotz der Einnahme, kamen die Panikattacken manchmal zurück, doch musste ich sie einfach irgendwie aushalten. Die Arztbesuche wurden weniger und mein Leben ging weiter. Jedoch wollte ich es einfach nicht dabei belassen – es konnte nicht die Psyche sein. Immerhin bekam ich diese Anfälle überall. Egal, ob beim Duschen oder auf dem Klo oder sonst wo. Mein Blut wurde mehrmals untersucht, und ständig war die Diagnose eine andere. Mal eine Schilddrüsenunterfunktion, dann eine Überfunktion, dann wieder gar nichts. Irgendwann wurde ich positiv auf antinukleäre Antikörper getestet, und meine Hautärztin meinte zu mir, dass ich Hashimoto hätte. Erneut ließ ich mein Blut testen und alles war wieder in Ordnung. So kam es, dass ich immer weniger zum Arzt ging und es mir manchmal echt egal war, ob ich sterben oder umkippen würde.

Dean sah Nathan sprachlos an.

„Ist jetzt nur eine Kurzfassung gewesen. Wollte nicht zu sehr ins Detail gehen", lächelte Nathan verlegen.

„Komm mal her", meinte Dean den Tränen nahe. Verdutzt ließ sich Nathan drücken. „Das tut mir alles so leid, Nathan."

„Ist ja nicht deine Schuld", flüsterte er und sah Dean tief in die Augen.

„Was geschah dann? Ich meine, wenn dir ein Arzt sagt, dass du Hashimoto hast, dann hast du es höchstwahrscheinlich auch. Und bei dieser Krankheit ist es eben so, dass du mal eine Unter- und dann wieder eine Überfunktion der Schilddrüse hast. Und die Symptome, die du hattest, deuteten ja auch alle darauf hin."

„Ich hatte einfach keine Lust mehr."

„Aber es war doch ein Anhaltspunkt und eine eigentlich schon gestellte Diagnose."

„Ich ging irgendwann noch mal zu zwei Spezialisten, die mir beide wieder was anderes sagten, und danach hatte ich einfach keine Lust mehr. Mir wurde es egal. Tagtäglich spürte ich mein Herz. Im Bauch, in den Fingern, einfach überall. Die Beruhigungspillen raubten mir manchmal den Verstand, und so ging mein Leben halt weiter."

„Jeden Tag so viele Tabletten?"

„Jeden Tag."

„Wer hat dir denn ständig die Benzodiazepine verschrieben?", wollte Dean mit ernster Miene wissen.

„Jeder."

„Wie, jeder?"

„Egal, bei welchem Arzt ich war. Jeder hat sie mir verschrieben. Und wenn nicht auf Rezept, dann privat."

Fassungslos schüttelte Dean seinen Kopf. Ihm fehlten die Worte.

„Du, Dean? Ich geh mal kurz aufs Klo, ja?"

„Mach das", sagte er und sah ihm nach. „Ich glaube es einfach nicht."

Nathan schloss die Badezimmertür hinter sich ab und begab sich zum Spiegel. Er blickte hinein und brach nach wenigen Sekunden lautlos in Tränen aus.

20. KAPITEL

Atembeschwerden plagten Nathan. Er wusste, dass er sie nur wieder loswurde, wenn er sich beruhigte. Tief atmete er ein und wieder aus – und noch mal. „Reiß dich zusammen!", fluchte er sein Spiegelbild an und wusch sich die Tränen aus dem Gesicht. Langsam begab er sich zurück zu Dean, der nichts ahnend auf der Couch saß.

„Hey", lächelte Dean erfreut, als Nathan sich wieder neben ihn setzte.

„Alles in Ordnung?", fragte er, als er auf den gesenkten Kopf Nathans blickte, der völlig in sich gekehrt zu sein schien. „Was hast du?"

„Ich wünschte", begann Nathan erneut den Tränen nahe, „mir wäre das alles niemals passiert."

„Nathan", sagte Dean besorgt. Er konnte seine Gefühle nicht mehr zurückhalten. „Komm her", schluchzte er mitfühlend und drückte ihn fest an sich.

„Ich wollte doch nur ein ganz normaler Junge sein", wimmerte Nathan. „Ein ganz normales Leben führen, wie all die anderen auch. Jeder hatte seinen Spaß … genoss sein Leben … nur ich nicht. Ich habe aufgehört zu leben. Ich lebe schon lange nicht mehr."

„Doch, das tust du!", widersprach Dean. „Du lebst, Nathan. Du bist am Leben."

„Das ist kein Leben. Es ist schon lange keines mehr. Seit diesem Tag habe ich aufgehört zu leben. Es ist nur noch eine Qual."

„Nathan …"

Sofort wurde er unterbrochen. „Nein, Dean! Du kannst dir das einfach nicht vorstellen. Niemand kann es. Vielleicht andere Betroffene, falls es diese überhaupt gibt, und selbst wenn. Keiner weiß, wie es sich anfühlt, *ich* zu sein. Es ist unerträglich. Du wachst morgens auf und das Erste, das du spürst, ist dein Herz. Du gehst duschen und das, was du fühlst, sind nicht die Wasserstrahlen, die auf deinen Körper herabprasseln, sondern deine Pumpe. Du bist am Essen und kannst es nicht genießen, da du es spürst. Die ganze Zeit über.

Egal, was ich auch tat. Ich spürte es andauernd. Nicht einmal diese bescheuerten Medikamente haben es geschafft, mich ruhigzustellen. Ich meine … du musst dir vorstellen, dass du einfach nur ganz in Ruhe irgendwas machen möchtest. Sei es jetzt Fernsehen oder verdammt noch mal bescheuerten Sex mit einem noch beschisseneren Typen zu haben. Stell dir vor, dass deine Gedanken die ganze Zeit nur um dein Herz kreisen. Du drückst deine Fingerspitzen zusammen, um zu spüren, wie es schlägt. Zu Beginn greifst du dir noch an die Brust, doch das strengt dich irgendwann zu sehr an. Und wenn du es mal geschafft hast, nicht daran zu denken, dann kommt dieses Gefühl von ganz allein wieder. In deinem Hals, in deinem Bauch oder auch in deiner Nase."

Dean wurde bei den Worten mit einem Mal total hibbelig und begann auf sein Herz zu hören. „Hör auf!", forderte er und sprang von der Couch auf. „Dass es dir unangenehm gewesen sein muss, das weiß ich wirklich. Doch du musst nicht so ins Detail gehen, in Ordnung?"

„Wieso nicht?", stutzte Nathan und stellte sich vor ihn. „Du hast doch nichts zu verlieren. Ich bin derjenige, der stirbt, und nicht du."

„Erstens stirbst du nicht, und zweitens macht mich diese ganze Herzsache nervös!"

„Wieso?"

„Weil …"

Fragend sah Nathan zu Dean, der nun komplett verunsichert zu sein schien. „Was hast du?"

„Wenn du so detailliert davon erzählst, dann … fange ich auch noch damit an!"

„Entschuldige … ich wollte dir keine Angst machen."

„Ach", sagte Dean und schüttelte seinen Kopf. „Das ist doch bescheuert. In jedem Menschen schlägt ein Herz. In dir und auch in mir. Es wird es ewig tun, bis es irgendwann aufhört."

„Und plötzlich stoppt es, und du liegst da", murmelte Nathan in Gedanken vertieft.

„Nathan!"

„Entschuldige."

„Ich weiß, dass mein Herz gesund ist und …"

„Das ist schön für dich", sprach Nathan bekümmert und ließ sich wieder auf die Couch fallen. „Sei froh."

„So meinte ich das nicht", entschuldigte sich Dean und setzte sich rasch neben Nathan. „Hör zu." Er griff nach Nathans Hand. „Ich kann mich nicht in deine Lage hineinversetzen, und wenn ich ehrlich sein soll, dann möchte ich das auch nicht. Aber du sollst bitte wissen, dass ich mein Bestes geben werde, dir zu helfen, okay?"

„Es ist zu spät. Es hat keinen Sinn mehr."

„Kerl!", fluchte Dean. „Jetzt reiß dich doch mal zusammen!"

Erschrocken sah Nathan zu Dean.

„Du hast eine starke Herzneurose, und nach Doktor Schlaus´ Aussage auch einen Schaden am Herzen, der sich nicht so einfach beheben lässt. Doch vielleicht ist es ja auch ganz anders. Vielleicht hast du wirklich Hashimoto und nur wegen der Symptome diese Neurose entwickelt, und wenn es so ist, wie ich denke, dann brauchst du dir um deine Zukunft keine Gedanken machen. Ich werde dir helfen!"

Ein „Wow" kam zurück.

„Wow?", wiederholte Dean angespannt.

„Du bist ja ein richtiger Optimist."

„Nein, das bin ich eigentlich überhaupt nicht."

„Deine Hoffnung wird dich enttäuschen."

„Wird sie nicht."

„Das Leben verläuft nicht immer nach Wunsch."

„Es sollte kein Wunsch sein, *gesund* zu sein. Es sollte normal sein. Jeder sollte bis zu einem bestimmten Zeitpunkt seines Leben gesund sein und bleiben. Eine Grippe kann jeden von uns treffen, aber das, was ich schon alles in meinem Leben erlebt habe … diese Furcht, all diese traurigen Gesichter … du bist nicht der Einzige in dieser Scheißwelt, der leidet."

„Nicht die Welt ist scheiße", widersprach Nathan sanft. „Es sind die Menschen selbst, die für all das Leid verantwortlich sind. Der Planet an sich ist doch eigentlich was Wunderschönes. Allein das Meer. … Teufel … was würde ich dafür geben, jetzt fröhlich und munter am Strand zu liegen und das Rauschen des Ozeans hören zu können. Oder einfach nur an einem Pool zu relaxen, aber ich schätze, dass das nichts mehr wird. Zumindest nicht mehr in diesem Leben."

„Ich kann deine Ängste verstehen, doch es bringt nichts, wenn du dich die ganze Zeit selbst bemitleidest."

„Und was soll ich deiner Meinung nach tun, hä? Soll ich fröhlich umherwandern und schreckliche Lieder singen?"

„Nein, du …"

„Soll ich lächeln, auch wenn es mir schlecht geht? Sorry, aber das kann ich nicht. Ich will es auch nicht. Was glaubst du, warum ich nicht mehr leben wollte? Nicht weil ich *das* Leben gehasst habe, Dean, sondern weil ich *mein* Leben hasste. Wenn du vierundzwanzig Stunden am Tag nur eins spürst, und zwar dein Herz, dann ist es kein Leben mehr. Es ist eine Qual. Eine niemals endende Qual."

„Ich gebe dir doch nicht die Schuld an deinem Leiden, Nathan."

„Das habe ich auch nicht so verstanden."

„Ich weiß", meinte Dean und sah ihn unschlüssig an. „Willst du dir denn immer noch das Leben nehmen? Sei bitte ehrlich."

Nathan zögerte und klagte dann: „Ich will wieder siebzehn sein."

Zügig drückte Dean ihn an sich. „Alles wird wieder gut", versicherte er. „Habe bitte keine Angst mehr. Ich werde dir helfen, das verspreche ich dir. Bitte!"

„Ich will das alles nicht mehr …", wisperte Nathan und brach erneut in Tränen aus.

„Bitte, bitte, hör auf zu weinen"; flehte Dean, der es einfach nicht länger ertragen konnte. „Bitte!"

Entkräftet ließ sich Nathan, umklammert von den starken Armen, von der Couch auf den Boden sinken. „Ich will leben, Dean … ich will einfach nur normal leben. Bitte … bitte hilf mir."

Dean herzte Nathan mit all seiner Kraft. Mehr konnte er in diesem Moment einfach nicht für ihn tun.

„Teufel!", heulte Nathan. „Ich wollte doch nur ganz normal leben. Mit Freunden weggehen und das tun, was sie auch taten. Feiern, mich amüsieren. Andere Länder besuchen und die Welt erkunden."

„Das kannst du und wirst du alles noch."

„Lass mich nicht los", schluchzte Nathan. „Lass mich nicht los."

„Das werde ich nicht, niemals", hauchte Dean ihm ins Ohr. „Ich bin für dich da. Wir schaffen das. Vertraue mir."

Langsam beruhigte sich Nathan wieder und sah ihm tief in die Augen. „Und was soll ich deiner Meinung nach tun?"

„Als Erstes kommst du heute Nacht zu mir. Dann nehme ich dir Blut ab und stelle es dieses Mal sofort kalt. Ich werde es dann morgen früh direkt untersuchen. Außerdem", sagte Dean etwas ernster, „werden wir heute Nacht in einen der Untersuchungsräume gehen und ein EKG durchführen sowie ein Echo machen."

„Aber das wurde doch schon alles tausendfach gemacht."

„Ich weiß, aber seitdem du hier bist, hat nur Schlaus dich untersucht. Alles andere, was ich machen wollte, und ich bin immerhin Internist, durfte ich nicht tun."

„Was meinst du damit?"

„Als du zusammengebrochen bist, wollte ich einen Ultraschall von deinem Herzen machen, doch der Doc hat mich davon abgehalten. Die Auswertung des EKGs, welches ich dir bei deiner Ankunft gezeigt hatte, hat mir auch der Blödmann gegeben. Untersuchungen meinerseits fanden nicht statt. Zu keinem Zeitpunkt. Klar, ich habe dein Herz abgehört, doch wenn ich ehrlich sein soll, konnte ich nichts Auffälliges hören, und wenn man etwas am Herzen hat, dann kann man dies eigentlich sehr gut."

„Ich verstehe nicht, was du mir damit sagen willst."

„Das kann ich dir jetzt noch nicht erzählen, weil ich auch falschliegen könnte, aber wenn es so ist, wie ich denke, dann wird mit dir ein übles Spiel gespielt. Vertraue mir einfach."

Nathan nickte und zog die Rotze hoch.

Dean half ihm aufzustehen. „Alles in Ordnung?"

„Ich bin etwas erledigt", gestand Nathan.

„Möchtest du dich hinlegen?"

Mit einem kurzen Blick auf die Wanduhr lächelte Nathan ihn an. „Vielleicht wäre es besser, wenn ich schon einmal zurück auf mein Zimmer gehen würde."

Fragend sah Dean zur Uhr. „Du hast noch über eine Stunde Zeit, bevor du zurück musst."

„Ich weiß, aber ich wäre jetzt gern etwas allein."

„Nathan", brummte Dean.

„Nein, Dean. Bitte … ich möchte ein wenig allein sein."

Dean nickte nachgebend. „Ist gut, aber wenn du mich brauchst, dann komm einfach her, ja?"

„Werde ich", versprach Nathan und ließ sich noch einmal von Dean drücken, bevor er sich auf den Weg zu seinem Zimmer machte. Dass er dabei von jemandem beobachtet wurde, bekam er nicht mit.

„Wusste ich's doch", freute sich Jennifer mit gehässigem Blick.

❧⊰

Klammheimlich schlich Nathan um kurz vor Mitternacht aus seinem Zimmer. Andauernd sah er sich um. Sein Herz klopfte leicht. Jennifer, die ihm leise und barfuß folgte, bemerkte er nicht. Langsam öffnete er Deans Tür und blickte zu ihm. Sachte schloss er sie wieder hinter sich. „Hey."

„Hey", gab Dean zurück, der die Nadel zur Blutabnahme schon in den Händen hielt. „Bereit?"

Nathan brummte.

Beide Männer ahnten nichts davon, dass Jennifer draußen vor der Tür stand und auf das Namensschild starrte. „Harris", flüsterte sie wütend. „Wusste ich's doch!" Wachsam drückte sie sich an die Tür und horchte.

„Aua!", beschwerte sich Nathan, als Dean ihm Blut abnahm.

„Wenigstens steche ich nur einmal zu", lächelte er frech.

„Zumindest mit der Spritze", murmelte Nathan.

Fast hätte Dean die Kanüle fallen lassen. „Was?", sagte er nervös.

„Ach, nichts", brabbelte Nathan. „Bekomme ich auch ein Pflaster?"

„Ja, sicher", meinte Dean hibbelig.

„Mann!", fluchte Nathan entgeistert. „Du bist ja nervöser als ich."

„Nein, ich … ähm …", stotterte Dean. „Egal." Er lächelte verlegen. „Bist du bereit?"

„Ist es denn weit von hier?"

„Nein", antwortete Dean und erkannte sofort Nathans Angst. „Mach dir keine Sorgen. Ich bin bei dir, in Ordnung?"

Nathan nickte.

„Dann los", forderte Dean ihn auf. Mit einem unguten Gefühl folgte Nathan ihm.

„Vertrau mir." Dean berührte den Türgriff, als Jennifer panisch davonrannte und um die Ecke huschte. Weder Nathan noch Dean bemerkten sie.

„Ganz ruhig", flüsterte Dean und blickte etwas unsicher aus seiner Kleinwohnung hinaus. „Komm."

Nathan ging langsam an ihm vorbei und wartete, bis Dean geräuschlos die Tür schloss. „Komm", wisperte Dean erneut mit einem auffordernden Handzeichen und tippelte durch den Flur.

„Wie weit ist es denn noch?", fragte Nathan, der im Dunkeln immer hasenfüßiger wurde. Dean fasste prompt nach seiner Hand. Sofort fühlte Nathan sich sicherer.

„Da wären wir schon", lächelte Dean nach wenigen Minuten und zückte dezent seinen Schlüsselbund. Er schloss den Raum auf und ließ Nathan vorangehen. „Da", sagte er und zeigte auf eine Liege.

Mit einem Seufzer begab sich Nathan zu ihr und blickte zu Dean, der die Tür schloss, das Licht anmachte und dann zu ihm ging.

„Mach deinen Oberkörper frei und leg dich bitte hin." Nathan kam der Aufforderung nach.

„Wird kurz kalt", warnte Dean ihn vor und besprühte den schlanken Oberkörper.

„Viel kälter als es sowieso schon ist, kann es nicht werden", klagte Nathan.

„So kalt?", wollte Dean besorgt wissen, als er die Saugnäpfe in seine Hände nahm.

„Nein, ich zittere aus Spaß", motzte Nathan.

„Dir ist nicht kalt", erkannte Dean schließlich und begann die Sauger an Nathans Brust zu platzieren.

„Ach, was denn sonst?! Denkst du, ich zittere mir hier einen ab, um dich zu ärgern?"

„Angst", erklärte Dean, als er den letzten Saugnapf befestigte.

„Ja, sicher."

„Glaub mir, Nathan. Die Psyche spielt uns manchmal einen Streich."

„Ich bin sehr schlank", entgegnete Nathan.

„Und ängstlich."

„Nein!"

„Ich sehe es doch", meinte Dean und blickte auf den Monitor, als Nathan auch schon angespannt schluckte. „Aber keine Angst. Die Kurven sehen alle normal aus, auch wenn dein Herz gerade ein wenig rast."

Furcht machte sich sofort bei Nathan bemerkbar. „Ich spüre es aber nicht!" Sein Gesicht wurde augenblicklich immer wärmer. „Mir ist so warm … Dean!"

„Keine Angst, Nathan. Die Kurven sehen normal aus", versuchte Dean ihn zu beruhigen und rätselte. „Zu normal."

„Wie kann etwas denn zu normal sein?", bibberte Nathans Stimme.

„Für jemanden, der etwas am Herzen haben soll, sind diese Kurven …"

„Was?!", fluchte Nathan besorgt. „Was sind die Kurven?!"

„Ich sehe mir eben den Ausdruck an. Dauert nicht lange." Dean begab sich zügig zum Gerät.

„Dean?!"

„Moment!", knurrte er und sah sich das Ergebnis des Elektrokardiogramms etwas genauer an, während Nathan gespannt auf eine Antwort wartete. „Hat man bei dir mal eine Telemetrie durchgeführt?"

„Eine was?"

„Hä?", stutzte Dean etwas verwirrt. „Ich meine eine Telemetrie."

„Was ist das?"

„Ähnlich wie ein Langzeit-EKG, nur werden die Daten direkt an einen Computer gesendet, und bei einem Notfall wüsste das Personal sofort Bescheid."

„Nein."

„Ist auch nicht so wichtig. Die Wellen sehen alle in Ordnung aus. Nichts, was dich beunruhigen müsste."

„Wie jetzt?"

„Ich nehme dir die Dinger mal vom Körper", murmelte Dean, ohne auf die Frage einzugehen und begann die Saugnäpfe von Nathan zu entfernen. Entgeistert blickte der Neurotiker auf sich hinab.

Mit einer auffordernden Handbewegung deutete Dean auf eine andere Liege und begutachtete weiterhin die Aufzeichnung, um etwas Auffälliges zu finden.

Unterdessen streifte Jennifer noch immer durch den Flur. „Ich finde euch schon noch." Von Sekunde zu Sekunde wurde sie wütender.

„Leg dich bitte auf die Seite", bat Dean. Er setzte sich zu ihm und griff nach dem Ultraschallkopf.

„Wo seid ihr?", rätselte Jennifer und begann mit einem Satz laut zu kreischen.

Erschrocken von diesem Lärm ließ Dean den Ultraschallkopf fallen. Nathan zuckte zusammen.

„Los!", tönte Dean und sprang auf. „Versteck dich!" Er rannte zum Lichtschalter. Sofort erlosch es. Hastig eilte er zurück, um das Gerät abzuschalten.

„Ich finde euch", griente Jennifer mit einem wahnsinnigen Blick in den Augen und versuchte eine verschlossene Tür nach der anderen zu öffnen.

„Scheiße!", fluchte Dean, als er realisierte, dass er die Tür zwar geschlossen, aber nicht abgesperrt hatte.

„Haha!", schallte es von draußen. Jennifer kam dem Untersuchungsraum immer näher.

Nathans Herz raste. Schweißperlen machten sich auf Deans Stirn bemerkbar.

„Wo seid ihr?", grübelte sie, als sie schließlich vor der Tür stand, die Dean lieber hätte abschließen sollen. Sie war kurz davor, sie zu öffnen, als unerwartet ein Arzt um die Ecke kam und sie entdeckte.

„Hey!", rief er. Panisch blickte Jennifer sich um und schluckte.

„Was machen Sie da?!", brüllte der Doktor und ging vorsichtig auf sie zu.

„Die Hoheit kannst du nicht fangen, denn sie ist schneller", feixte sie und rannte prompt davon.

„Stehen bleiben!", forderte der Arzt sie auf und hetzte ihr nach.

Dean horchte, wartete so lange, bis die Schritte im Flur leiser wurden, und starrte dann zu Nathan, der sich nervös in einer Ecke verkrochen hatte. „Wir sollten von hier verschwinden!"

„Und was ist mit dem …?"

„Müssen wir auf morgen Abend verschieben", unterbrach Dean und stand auf.

Nathan nickte und huschte ängstlich zu ihm.

„Ich guck vorsichtig raus, ob da noch jemand ist, und sobald die Luft rein ist, gehst du schnurstracks in dein Zimmer zurück, verstanden?"

„Ich will aber bei dir bleiben", jammerte Nathan und griff nach Deans Arm.

„Ich weiß, ich weiß – aber ich glaube, dass uns jemand beobachtet hat, und falls ich mich nicht täusche, dann weiß ich auch wer."

„Bringst du mich nicht in mein Zimmer?", bangte Nathan.

„Es wäre zu gefährlich. Komm morgen Vormittag zu mir, dann habe ich die Blutwerte analysiert und kann hoffentlich endlich Licht ins Dunkel bringen."

„Okay", seufzte Nathan und nickte, als Dean kurz davor war die Tür zu öffnen. Er handelte und packte Dean am Kragen – ein langer Kuss auf den Mund folgte. Völlig überrascht schloss Dean die Augen und genoss den Augenblick. „Danke", hauchte Nathan ihm zu.

Verblüfft sah Dean ihn an. „Wow … ich meine, … nichts zu danken …", stotterte er und blickte nach draußen. Einmal nach links, dann nach rechts. „Die Luft ist rein."

Nathan schlich an ihm vorbei und schaute ihn dann verliebt an. „Bis morgen?"

„Ja, bis morgen", freute sich Dean und zwinkerte ihm zu.

Leicht errötet machte Nathan sich vorsichtig auf den Weg zu seinem Zimmer, während Dean die Tür abschloss und in entgegengesetzter Richtung davoneilte.

„Endlich!", hechelte Jennifer. Sie hatte es schließlich geschafft, sich vor dem Arzt zu verstecken. „Ich sagte doch, dass mich niemand bekommt!" Sie sah sich um und erkannte Dean, der auf dem Weg zu seinem Reich war.

„Ach!", staunte sie und erschreckte Dean, der ruckartig stehen blieb. „Wen haben wir denn da?" Ein breites Grinsen war auf ihrem Gesicht zu erkennen.

Wusste ich's doch! „Was machst du denn um diese Uhrzeit hier?!", meckerte Dean sofort, der nicht gerade begeistert war, sie hier anzutreffen.

„Das Gleiche könnte ich Sie fragen, Herr Doktor!"

„Ich …", begann er und schüttelte dann seinen Kopf, „ich arbeite hier und muss dir überhaupt nichts erklären!"

„Ach!" Jennifer kam ein wenig näher. „Soviel ich weiß, Herr Doktor, wurden Sie beurlaubt." Ein irrer Blick spiegelte sich in ihren Augen wider.

„Und?", zuckte Dean mit den Schultern, fragte sich jedoch stumm, woher sie das wusste. „Was geht dich das an."

„Ich weiß es", stellte sie sicher klar.

„Du weißt was?"

„Dass Sie etwas verheimlichen", erklärte Jennifer.

Gespannt wartete Dean auf weitere Details. „Und das wäre?"

„Sie und Nathan."

„Was ist mit Nathan und mir?"

„Ich weiß, dass Sie etwas mit ihm vorhaben."

Belustigt hob Dean die Augenbrauen und verschränkte die Arme vor der Brust. Er räusperte sich und fragte erneut: „Und das wäre?"

„Ich weiß noch nicht was, aber ich werde es herausfinden", warnte sie freundlich.

„Jetzt hör mal zu, du vorlautes Stück", fluchte Dean böse. „Was ich in meiner Freizeit mache, geht dich überhaupt nichts an, und soviel ich weiß, hast du um diese Uhrzeit in deinem Zimmer zu sein und zu schlafen!"

„Ach", lachte Jennifer. „Freizeit nennen Sie das also?"

Garstig sah Dean sie an. „Sieh zu, dass du auf dein Zimmer kommst, ansonsten werde ich veranlassen, dass du an einen Ort gebracht wirst, an dem du lieber nicht sein möchtest."

Resigniert hob sie die Hände. „Ich ergebe mich – dennoch werde ich Sie im Auge behalten." Einige Sekunden später zog sie sich zurück.

„Blödes Miststück!", murrte Dean leise, während Jennifer sich stumm freute und sich sicher war, noch so einiges herauszufinden.

21. KAPITEL

Vielleicht würde er scheitern – vielleicht aber auch nicht. Mit ernster Miene stand Dean vor seiner Couch und überlegte. Er blickte auf seine Hand hinab, in der er die Kanüle hielt, die mit Nathans Blut gefüllt war. Mehrmals atmete er tief ein und aus. *Jetzt oder nie,* dachte er und nahm allen Mut zusammen. Entschlossen verließ er seine kleine Wohnung.

Am Labor angekommen, blickte Dean sich kurz um. Seine Hand zitterte, als er den Schlüssel aus seiner Hosentasche nahm, den er Schlaus heimlich abgenommen hatte. „Dann wollen wir mal", flüsterte er schwitzend und schloss die Tür auf. Ruckartig sah er sich um, hetzte in den Raum und schloss sie wieder leise hinter sich. Hastig machte er das Licht an, als er urplötzlich erschrak. Die Röhre mit Nathans Blut fiel auf den Boden und zersplitterte sofort. Dean war wie gelähmt, als er in das wütende Gesicht seines Chefs blickte. Woher wusste Schlaus, dass er kommen würde?

Dean war ohne Worte.

჻

Mit einem lauten und quietschenden „Guten Morgen" betrat die völlig überdrehte Krankenschwester Nathans Zimmer und weckte ihn.

„Was?!", erschrak er und stemmte sich hoch. „Ach, Sie!" Er ließ sich wieder aufs Bett fallen.

„Es wird Zeit für Ihre Spritze", lächelte die Schwester und zückte sie sogleich.

„Keinen Bock!", motzte Nathan verschlafen.

„Schön artig sein." Sie setzte sich neben ihn.

„Ich bin doch kein Hund!", meckerte er.

„Arm freimachen, bitte!"

„Ist ja schon gut!" Lustlos streckte ihr Nathan den Arm entgegen. Nur wenige Sekunden später schrie er kurz auf. „Aua!"

Sie grinste schadenfroh.

Doofe Kuh, wütete er innerlich. *Fahr doch zur Hölle!*

჻

Wortlos sahen die beiden Ärzte sich in die Augen. Einige Sekunden vergingen, ohne dass etwas geschah – bis Schlaus das Eis brach und lapidar meinte: „Sie sind entlassen."

„Aber ich …", stotterte Dean. „Ich wollte …"

„Sie haben", unterbrach der Chefarzt ihn laut und siezte ihn wieder einmal, „alle Regeln gebrochen, die ich Ihnen auferlegt habe! Sie haben meine Anweisungen missachtet und versucht mich auszutricksen!"

„Ich wollte doch nur …"

„Harris!", unterbrach Schlaus Dean erneut, der den Tränen nahe war. „Wie oft habe ich Ihnen gesagt, dass Nathan Schuster nicht mehr Ihr Patient ist?!"

Dean verstummte.

„Und wie oft habe ich Ihnen gesagt, dass Nathan schon zigmal von mir und anderen Kollegen untersucht worden und immer das Gleiche dabei herausgekommen ist?! Er wird sterben, Harris, und da bringt auch so eine blöde Blutuntersuchung nichts!"

„Wieso lassen Sie mich dann diese nicht einfach machen, wenn Sie doch nichts zu verbergen haben?!", platzte es aus Dean endlich heraus.

„Weil es nicht nur Zeit-, sondern auch pure Geldverschwendung ist!"

„Ach", lachte Dean, „Sie wollen mich doch verarschen."

„Sie haben mehrmals die Regeln, *meine* Regeln, missachtet, und das kann und will ich nicht länger dulden! Vom Diebstahl der Laborschlüssel mal ganz abgesehen."

„Ihre Regeln?", wiederholte Dean fassungslos. „Ihre Regeln? Soll ich Ihnen mal etwas sagen, Schlaus?!" Wütend sah er ihn an. „Ihre Regeln können Sie sich sonst wohin stecken!"

Zu Deans Entsetzen blieb sein Chef aber völlig gelassen. „Nathan wird sterben, und da können auch Sie nichts mehr dran ändern. Ihn nachts heimlich zu sich zu holen und ihm Versprechungen zu machen, wird diese arme gequälte Seele auch nicht retten können."

„Woher?!", stutzte Dean entgeistert.

„Ich weiß es, Harris. Ich weiß es", sagte Schlaus mit einem abwertenden Blick und wechselte wieder zum Du über. „Ich weiß alles. Dank dir kenne ich Nathan jetzt besser als je einen anderen Patienten zuvor, und dafür muss ich mich auch wirklich bedanken. Wenn du ihn nicht Nacht für Nacht zu dir genommen hättest, dann würde ich die ganze Geschichte über ihn, seinen verstorbenen Freund David und seine komplette Geschichte, die er dir ja bis ins kleinste Detail erzählt hat, nicht kennen."

„Sie haben uns belauscht?!", fragte Dean außer sich. Seine rechte Hand formte sich langsam zu einer Faust.

„Nein – ich habe euch nicht belauscht. Ich habe euch gesehen. Ich habe alles gesehen, und manches hätte ich lieber nicht beobachtet, aber das konnte ich ja zum Glück vorspulen."

„Sie haben eine Kamera in meinem Zimmer angebracht?!"

„Es ist meine Klinik, Harris. Ich entscheide."

„Es ist meine Privatsphäre, die Sie absolut nichts angeht!"

„Nathan ist mein Patient, Harris, und wenn ich dir sage, dass du dich gefälligst von ihm fernhalten sollst, dann hast du dies zu respektieren und dich nicht heimlich mit ihm zu treffen."

„Sie haben eine Kamera in meinem Zimmer angebracht?!" Dean konnte es immer noch nicht glauben und war kurz davor, komplett auszurasten. „Ich glaube es einfach nicht!"

„Du hast dich nicht nur meinen Anweisungen entzogen", tönte Schlaus wütend, „Du hast dich auch noch in einen Sterbenden verliebt, ihm Hoffnungen gemacht und ihn sexuell verführt! Dass du deshalb entlassen bist, brauche ich ja nicht zu wiederholen … Du hast dir einen Vorteil verschafft, und dafür könnte ich dich sogar anzeigen."

„Einen Vorteil?!", wiederholte Dean erbost. „Einen Vorteil?!"

„Du hast dich an einem Patienten vergangen", meinte Schlaus gelassen.

Das war zu viel für Dean. Mit einem Mal holte er aus und schlug seine Faust in das überhebliche Gesicht Schlaus', das ihm spöttisch zulächelte. Die enorme Kraft, die von seinem Schlag ausging, ließ die Nase des Chefarztes laut knacken. Blut spritzte über den Boden. Ein Vorderzahn folgte.

Wortlos rieb Schlaus sich die Nase und blickte auf seine mit Blut besudelte Hand. Zornig sah er zu Dean. „Verschwinden Sie sofort aus meinem Blickfeld!"

„Ich scheiß auf Sie und ihre bescheuerte Klinik!" Mit grimmigem Blick stürmte Dean aus dem Raum.

„Sehen Sie zu, dass Sie von hier verschwinden, und wagen Sie es nicht, jemals wieder hier aufzutauchen!", warnte Schlaus ihn. Erneut rieb er sich die bluttriefende Nase und blickte auf seine Hand. „Das wird noch ernsthafte Konsequenzen haben!"

Wutentbrannt knallte Dean seine Wohnungstür zu und verwüstete den Raum. Brüllend griff er nach dem Tisch, hob ihn hoch und schmiss ihn mit aller Kraft gegen die Wand.

„Ah!", schrie er und begann Sekunden darauf mit dem Packen seiner Kleidungsstücke. „Dieses Arschloch und seine bekloppte Klinik können mich mal!", schnauzte er und dachte nicht eine Sekunde lang an Nathan, der nichts ahnend in seinem Zimmer auf dem Bett lag und ruhig vor sich hin schlummerte.

Eine halbe Stunde später hatte er das Nötigste in zwei Sporttaschen und in einen Rucksack gepackt. Er wollte nicht zurückblicken, hinterließ jedoch einen kleinen Zettel auf der Couch. Auf dem Flur kam ihm unerwartet Jennifer entgegen. Von Kopf bis Fuß checkte sie ihn ab.

„Na, Herr Harris", grinste sie frech. „Wo wollen Sie denn so schnell hin?"

„Geh mir aus dem Weg, bevor ich mich vergesse!", drohte er und rempelte sie beim Vorbeigehen unsanft an.

„Warum denn so garstig?", fragte sie gelassen. „Will Nathan nichts mehr von dir wissen? Hat er dich verlassen?"

Schlagartig blieb Dean stehen, drehte sich zu ihr um und knurrte: „Weißt du, was ich dir schon seit einer halben Ewigkeit einmal sagen wollte?"

Sie zuckte mit den Schultern. „Vielleicht", sinnierte sie und siezte ihn wieder, „dass Sie sich in mich verliebt haben?"

„Du bist die größte Bitch, die hier in der ganzen Klinik herumläuft!" Er nickte bestätigend und ging weiter.

Jennifer war außer sich und für einen kurzen Augenblick total sprachlos. „Du kennst doch nicht einmal die Bedeutung des Wortes!", brüllte sie. Durch ihre Stimmungsschwankungen wechselte sie ständig vom Du zum Sie.

„In seiner ursprünglichen Bedeutung", erklärte Dean, „ist es das englische Wort für Hündin."

„Was?!"

„In der englischen Sprache ist *Bitch* ein beleidigender Ausdruck für eine Frau und bedeutet Miststück, Luder oder Weibsstück."

„Das können Sie nicht einfach so zu mir sagen!"

Er zeigte ihr gekonnt den Mittelfinger und ging weiter.

„Und was ist mit Nathan?", rief sie ihm spöttisch nach.

„Er wird seinen Weg schon gehen. Auch ohne mich", beendete Dean das Gespräch und verschwand.

„Ja, das nenne ich wahre Liebe", hänselte sie. „Sich erst einschleimen, um in die Grotte zu gelangen, und sich dann vom Acker machen. Das ist wohl Standard bei euch Männern!" Sauer sah sie ihm nach.

Dean jedoch lief zu seinem Auto, schmiss seine Sachen hinein, stieg ein und knallte die Tür laut zu. Eine Weile starrte er regungslos nach vorne, bis ihm bewusst wurde, dass Nathan recht behielt.

Menschen gehen immer fort …

Tränen der Hoffnungslosigkeit kullerten an seinen Wangen herunter. „Es tut mir leid, Nathan", schluchzte er und startete den Wagen. „Leb wohl, Kleiner." Schweren Herzens fuhr er schließlich davon.

Es war gegen Mittag, als Nathans Magen so laut knurrte, dass er davon wach wurde. „Hunger", jammerte er und stand mit leichten Bauchschmerzen auf. Mit einem Blick zu seiner Uhr rollte er mit den Augen.

„Klasse!", fluchte er und sah hinüber zu seinem Tisch, auf dem kein Tablett mit Essen stand. „War ja klar", brummte er weiter und streckte sich.

Im Gemeinschaftsraum angekommen, sah er sich kurz um. Dean war nicht anwesend, und auch Alexander schien wie vom Erdboden verschluckt zu sein.

„Hallo, Nathan!", begrüßte Schlaus ihn. Nathan erschrak und drehte sich hastig zu ihm um. „Sind wir auch mal wieder hier, ja?"

Doch auf die Frage ging Nathan gar nicht erst ein. Er fragte sich stattdessen, wieso die Nase seines Lieblingsarztes getaped war.

„Was ist denn mit Ihnen geschehen?!"

„Ach das", antwortete er mit einer Handbewegung auf seine Nase. „Nichts Schlimmes. Bin nur gestürzt."

„Aha", meinte Nathan desinteressiert und blickte sich wieder um.

„Hältst du nach jemandem Ausschau?"

Verdutzt sah Nathan ihn an. „Hä, was?"

„Du suchst doch jemanden", sagte Schlaus. „Ist es vielleicht Dean?"

„Nein, Dean interessiert mich nicht die Bohne", log er.

Dass es eine Lüge war, wusste der Chefarzt, doch er äußerte sich nicht dazu. „Alexander?", fragte er dann.

Wie vom Schlag getroffen glotzte Nathan ihn an. „Was? Nein, ich, ähm … ich suche … nach einer Schwester", stotterte er und lächelte.

„Nach einer Schwester?"

„Ja, nach einer Schwester", nickte Nathan. „Ich habe nämlich einen tierischen Hunger. Wenn Sie mich also entschuldigen würden." Seine Mundwinkel gingen kurz nach oben, bevor er sich an Schlaus vorbeidrängelte.

Fassungslos schüttelte Schlaus den Kopf. „Ich bete, dass es klappt", flüsterte er.

***

Auf das Essen wartend, das ihm eine Schwester versprochen hatte, saß Nathan auf seinem Bett und dachte die ganze Zeit über nur an Dean. *Ob die Untersuchung vielleicht etwas ergeben hat?*

Es klopfte an der Tür. „Ja?"

„Hallo", sagte die Krankenschwester, die ihm endlich das Essen brachte und auf den Tisch stellte. „Guten Appetit", wünschte sie ihm und verschwand wieder.

In Windeseile verspeiste Nathan die warm gekochte Mahlzeit, die wie gewohnt nicht die leckerste war. Ihm wurde abrupt übel. Müde legte er sich auf sein Bett. Sekunden später schlief er ungewollt ein. Dass ihm eine Schwester eine weitere Spritze verabreichte, bekam er überhaupt nicht mit. Erst gegen zweiundzwanzig Uhr kam er wieder zu sich.

„Was?", nuschelte er, als er sich in der Dunkelheit seines Zimmers wiederfand. „Schon so spät?" Er beugte sich zu seiner Uhr.

„Klasse!", maulte er und reckte sich in die Höhe. Laut gähnte er, bevor er sich frische Kleidung überzog und sich dann in Gedanken vertieft zu Deans Zimmer begab.

Ich hoffe echt, dass er etwas herausgefunden hat. Vielleicht hatte er ja sogar recht und die spritzen mir etwas völlig anderes.

Mit einem verliebten Blick kam Nathan an Deans Tür an. *Er ist schon etwas ganz Besonderes,* dachte er, als er die Tür öffnete und dann geschockt stehen blieb. Seinen Augen wollte er nicht glauben. Unsicher betrat er das verwüstete Zimmer. „Dean?", fragte er leise. „Bist du hier?"

Vorsichtig sah er sich um. „Dean?" Er entdeckte einen Zettel auf der Couch. Verwirrt nahm er ihn an sich, setzte sich und begann zu lesen.

Lieber Nathan! Es tut mir leid, dass dein Leben nicht immer nach Wunsch verlaufen ist. Ich wünschte, ich könnte dir all dein Leid nehmen und es einer Person schenken, die es verdient hat. Bitte sei mir nicht böse, weil ich gegangen bin, und versteh dies bitte auch nicht falsch, aber ich kann und will das alles hier nicht mehr. Sicherlich denkst du, dass ich dich allein lasse, dich im Stich lasse, doch so ist es nicht. Ich habe mein Bestes gegeben. Mehr ist leider nicht drin. Menschen gehen tatsächlich immer fort, und ich entschuldige mich dafür, dass ich es jetzt auch tue. Schlaus hat mich entlassen, und ich habe keine Möglichkeiten mehr, dir zu helfen. Wie schon einmal erwähnt, sei mir bitte nicht böse. Ich habe dich lieb. Vielleicht sehen wir uns eines Tages wieder. Und wer weiß? Vielleicht bist du dann ja auch schon wieder der Alte und hast endlich dein Männchen gefunden. Ich wünsche es dir von ganzem Herzen. In Liebe, Dean.

„Dean", wisperte Nathan mit Tränen in den Augen.

„Er ist nicht mehr hier", erschreckte Jennifer ihn, die urplötzlich im Türrahmen stand und ihn mit verschränkten Armen ansah.

„Was willst du denn hier?!", fluchte Nathan sofort.

„Ja", sagte sie und machte einen Schritt in das Chaos, „Dean ist schon seit heute Morgen nicht mehr hier."

„Das weiß ich", flüsterte er und legte den Zettel zur Seite.

„Mach dir nichts draus. Es gibt genügend Schwänze auf dieser Welt."

Böse blickte er sie an. „Ja, sicher."

„Ich bitte dich. Du hast dich doch nicht ernsthaft in Dean verknallt?", höhnte sie.

Nathan antwortete nicht – er starrte nur auf den Boden.

„Nein!", staunte sie und nahm mit einem breiten Grinsen neben ihm Platz. „Du hast dich tatsächlich in ihn verliebt!"

„Ich schätze, dass mir die Gespräche mit ihm einfach nur gutgetan haben", erklärte er.

„Wir alle brauchen doch mal jemanden, der uns in den Arm nimmt, uns zuhört und für uns da ist", sagte sie mit sanfter Stimme.

Skeptisch musterte er sie.

„Was ist?"

„Wieso bist du plötzlich so nett?"

„Ich bitte dich. Ich bin zwar manchmal ein ziemliches Miststück, aber wenn Typen einen sitzen lassen, dann bin ich auf der Seite des Opfers."

„Opfer", wiederholte Nathan leise. „Sehr nett."

„Vergiss ihn einfach."

„Danke."

„Keine Ursache."

Nathan stand auf und sah sie noch kurz an, bevor er zur Tür ging.

„Ach, Nathan?", rief sie.

„Ja?", rätselte er und drehte sich zu ihr um.

„Frieden?"

Er lächelte. „Frieden."

„Gut", nickte sie.

Langsam begab sich Nathan in den Flur hinaus und ließ Jennifer ohne ein weiteres Wort zurück. Nachdenklich lief er herum.

Nach einer ganzen Weile des Herumirrens ließ er sich mit einem Mal vor einer Tür fallen. „Dean", wisperte er und krümmte sich auf den Boden. „Wieso?" Er versuchte es zu verstehen – konnte es aber nicht.

Schleppend stand er wieder auf und schaute auf die Tür vor sich, auf der ein kleines Schild angebracht war. „Musikraum", las er und öffnete die Tür. Sein Blick fiel direkt auf das große Klavier, das in der Mitte des Raumes stand. Leise schloss er die Tür hinter sich und ging zum Flügel. Seine Hand glitt sanft über den geschlossenen Deckel. Ohne darüber nachzudenken, nahm er auf dem Hocker Platz und hob die Abdeckung hoch. Seine Finger berührten zart die Tasten. Er räusperte sich, bevor die ersten Töne eines traurigen Stückes erklangen. Seine Lippen öffneten sich langsam und er begann zu singen.

Love, dies down - like a cigarette - the void you leave behind - the shadows on my face - I remember - back in the day - when we were together - ya know it should be forever - the wind of bitter - loneliness grabs me - wrapped in pain - trapped in the past

I have learned - that people always leave - no matter what I do or try to say - there is no way that you stay - and I have learned - that tears of yearning - bring me any further - maybe someday - I will forgive you - people always leave - they always leave - everytime.

Somebody - should tell me - the rules of life - cause I don´t understand - tell me cause I - just want to know - why did it becomes - this one man show? - now I´m sitting here - all alone with my tears - nothing seems to be - the way that it used to

Ya should know - that I´m always missing you.

22. KAPITEL

In diesem Moment erklang der letzte Ton. Nathan schloss die Augen und versank tief in seinen Gedanken. Der Wunsch zu leben wurde immer größer. Tränen der Sehnsucht rannen über seine Wangen.

Alexander, der zur gleichen Zeit durch den Flur ging, starrte wie immer auf den Boden. Innerlich fühlte er sich wie so oft vollkommen allein.

„Ah!", schrie Nathan im selben Moment voller Verzweiflung und klimperte völlig aufgebracht auf den Tasten herum. Es klang grauenvoll.

Verwirrt sah Alexander sich um, als er die seltsamen Geräusche hörte, bevor er ihnen folgte. Am Musikzimmer angekommen, war es jedoch schlagartig still. Vorsichtig blickte er hinein und erkannte Nathan, der mit dem Rücken zu ihm saß. Soeben fuhr er sich durchs Haar. Er hielt kurz inne, bevor er eine Pianoversion des Liedes *Unusual You* von *Britney Spears* zu spielen begann. Die Musik erfüllte Alexanders Herz augenblicklich mit Traurigkeit und einem Bedürfnis, welches ihm völlig fremd war. Der Drang, Nathan näherzukommen, wurde immer größer. Mit Bedacht ging er auf den Spielenden zu. Sein Herz raste wie wild. Zögernd streckte er seine Hand nach Nathans Schulter aus und trat noch näher.

Nathan erschrak, stoppte und beäugte die Finger, die ihm bekannt vorkamen. Er sah Alexander in die Augen, der sich seitlich an den Flügel stellte, lächelte und spielte dann das Lied *Out From Under*. Nicht eine Sekunde lang wich Alexanders Blick von ihm, und auch Nathan sah immer wieder schüchtern zu ihm hoch. Alexanders Nähe erfüllte ihn mit Glück. Schon lange hatte er sich nicht mehr so im Einklang mit sich selbst gefühlt. Nathan schloss die Augen und spielte voller Leidenschaft weiter. In seinen Gedanken stellte er sich Alexander vor – wie die grünen Juwelen ihn erstaunt musterten. Der letzte Ton erklang und Nathan blieb zufrieden sitzen. Stück für Stück schaute er hinauf zu seinem beeindruckten Gegenüber. Ihre Blicke trafen sich. Die Zeit schien stillzustehen. Erleichtert begann Nathan klanglos zu lachen. Erfreut über Alexanders Anwesenheit stand er auf und ging auf ihn zu. Beide versanken augenblicklich in den Glanzstücken des anderen, kamen sich immer näher. Ihre Herzen klopften aufgeregt.

Sanft berührten sich ihre Nasenspitzen. Ein Knistern lag in der Luft. Keiner konnte es noch länger aushalten. Unerwartet packte Alexander Nathan an der Hüfte, zog ihn zu sich und stierte eingehend auf den schmalen Mund. Nathan krallte sich an Alex fest und begann ihn mit einem Mal zügellos zu küssen. Ihre Lippen passten perfekt zusammen und schmiegten sich vollkommen an die des anderen. Ungestüm ließen sie sich Sekunden später auf den Boden fallen und rissen sich gegenseitig die Kleider vom Leib.

Stürmisch setzte sich Nathan auf Alexander und stöhnte hitzig auf, als dieser in ihn eindrang und sie sich endlich zu lieben begannen.

Lange Zeit später betraten die beiden Hand in Hand und nur leicht bekleidet Alexanders Zimmer. Alexander schloss die Tür, während Nathan die warme Hand in seiner nicht eine Sekunde losließ. Gemächlich begaben sie sich auf das Bett und legten sich hin. Stundenlang musterten sie sich stumm, bis sie aneinandergekuschelt einschliefen.

☙❧

Ungewollt wurde Nathan am frühen Morgen wach, und das Erste, das er erblickte, war das Gesicht von Alexander. Seine Mundwinkel gingen sofort nach oben. *So süß*, dachte er und beäugte jeden Zentimeter von Alexanders Haut. Jede Pore – jedes Härchen.

Liebevoll streifte er über die weichen Lippen und schloss erleichtert die Augen. Es war kein Traum gewesen.

Die friedliche Ruhe wurde jedoch blitzartig unterbrochen, denn der Klang von Schlaus´ Stimme sowie die von einer Krankenschwester drangen an seine Ohren.

„Er ist nicht in seinem Zimmer", quasselte die Schwester, „und seine Klamotten waren wie die von Alexander im Musikraum!"

„Das haben wir gleich!", murrte der Doc.

Schlagartig ließ sich Nathan auf den Boden fallen und versteckte sich gerade noch rechtzeitig unter dem Bett.

Schlaus öffnete mit einem Ruck die Tür und blickte wütend auf den Schlafenden. „Alexander!", meckerte er. Erschrocken sprang Alex von seinem Bett hoch und sah den Arzt völlig verstört an.

Nathan schluckte nervös.

„Wo ist Nathan?!", wollte Schlaus wissen. Eigentlich hätte er wissen müssen, dass seine Frage überflüssig war. Er brummte. „Du kannst mir ja doch nicht antworten. Wird echt Zeit, dass du wieder sprichst. Es kann doch so nicht weitergehen!"

„Vielleicht ist er unten?", warf die Krankenschwester ein.

„Da habe ich schon nachgesehen!", gab Schlaus zornig zurück und blickte sich suchend um. Als er in den Spiegel sah, erkannte er ein Bein, welches leicht unter dem Bett hervorschaute. Er räusperte sich und seufzte. „Lisa", sagte er zu der Schwester.

„Ja?"

„Alexander soll duschen gehen, jetzt!"

Sie nickte, lächelte Alex an und griff nach seiner Hand. „Komm mit mir."

Verwirrt guckte Alexander sich um. *Nathan?*

„Und ich werde weitersuchen", erklärte Schlaus und gab vor, hinauszugehen.

„Puh", stöhnte Nathan im selben Moment erleichtert auf und kroch langsam unter dem Bett hervor. „Das war knapp."

„Aber nicht knapp genug", erschreckte Doktor Schlaus ihn augenblicklich.

Nathan erstarrte.

„Was zum Henker machst du unter Alexanders Bett?!"

„Ich, ähm …", stotterte Nathan.

„Hatte ich dir nicht gesagt, dass ich nicht möchte, dass du dich Alexander näherst?!"

Verstummt erinnerte sich Nathan an letzte Nacht, bis es plötzlich aus ihm herausplatzte: „Wissen Sie was?!", meckerte er. „Ich kann Sie nicht leiden!"

„Ach", meinte Schlaus unbeeindruckt.

„Sie und Ihre ganze Art. Ich hasse Sie!"

„Du hasst mich?", wiederholte der Arzt locker.

„Ja! Sie und diese ganze Klinik hier! Ich hasse Ihre Art! Wie Sie sprechen und Ihre dummen Bemerkungen … Ihre Art, wie Sie mit Ihren Patienten umgehen, und die Art wie Sie Alexander behandeln erst recht!"

„Wut ist immer gut – danach fühlt man sich viel besser, nicht?"

Böse sah Nathan ihn an. „Haben Sie vielleicht schon einmal daran gedacht, dass Alexander meine Nähe sucht, um sich nicht ganz so allein zu fühlen?!"

„Und du hast wahrscheinlich vergessen, dass dir nicht mehr viel Zeit auf diesem Planeten bleibt", warf Schlaus ein.

Grimmig blickte Nathan in das Gesicht, das er am liebsten zermatscht hätte. „Hören Sie Doktor", sagte er etwas ruhiger. „Es mag sein, dass ich nicht mehr lange zu leben habe, aber diese Momente mit Alexander geben mir …"

„Hoffnung?", beendete Schlaus den Satz.

„Ich möchte noch so viel erleben", gestand Nathan. „Ich möchte jede Sekunde, die mir noch bleibt, bewusst erleben. Alexander, er ist …"

„David?", unterbrach Schlaus ihn.

„Sie wissen nichts über David und mich! Also wagen Sie es nicht, sich auch nur ein Urteil über ihn oder mich zu bilden!"

„Ich weiß, dass er deine große Liebe gewesen ist und getötet wurde."

„Woher?!", stutzte Nathan.

„Dean", murmelte Schlaus. „Er hat mir alles erzählt."

Nathan war fassungslos und konnte es einfach nicht glauben. „Na super!", fluchte er leise.

„Dean hat mir alles über David und deine Vergangenheit berichtet."

„Was hat er Ihnen alles gesagt?!", wollte Nathan aufgebracht wissen.

„Wie ich schon sagte – alles."

„Und was heißt für Sie – alles?!"

„Eben alles. Ich weiß auch, dass ihr beide euch nähergekommen seid und Dean aus diesem Grund die Klinik für immer verlassen hat."

„Er ist meinetwegen gegangen?"

„Es war nicht das erste Mal, dass Dean einen Patienten", er stoppte kurz, „geliebt hat."

„Dean war nur ein Trost!", tönte Nathan plötzlich und überraschte damit Schlaus. „Dean interessiert mich schon lange nicht mehr."

„Wieso? Weil du die Nacht mit Alexander verbracht hast?"

„Alexander ist eine wunderbare Seele."

„Und er sieht aus wie David."

„Es mag sein, dass die Ähnlichkeit zwischen den beiden unglaublich ist, aber hören Sie … Alexander ist so viel mehr. … Ich möchte mit ihm am Strand spazieren gehen … mit ihm bei Kerzenschein kuscheln und ihm all meine Liebe geben, die ich zu geben habe. Bitte … bitte sagen Sie mir, wie viel Zeit ich noch habe."

„Du hast deine Spritze heute noch nicht bekommen, und wenn ich ehrlich sein soll, dann siehst du auch ziemlich blass aus."

„Das liegt am Schlafmangel, aber das spielt keine Rolle. Ich will wach bleiben und jeden Moment genießen, verstehen Sie? Und aus diesem Grund müssen Sie mir auch etwas geben, das mich wach hält."

„Etwas, was dich wach hält?"

„Ja, ich bitte darum. Und außerdem möchte ich, dass Sie mit der EKT-Behandlung Alexanders aufhören. Es bringt ihn nicht weiter."

„Und das weißt du, weil …?"

„Ich kann es spüren!"

„Nathan – ich werde dir sicherlich nichts geben, und mit der Behandlung von Alexander werde ich auch nicht aufhören. Ich bin hier der leitende Arzt, und ich kann nicht verantworten, dass du Alexander in den Abgrund stürzt."

„Ich stürze ihn nicht in den Abgrund", sagte Nathan den Tränen nahe. „Sie sind es, der Alexander am Leben hindert."

„Falls ich mich recht daran erinnere, dann warst du doch derjenige, der sich das Leben nehmen wollte, und jetzt klingst du fast so, als ob du es mehr als nur bereuen würdest."

Nathan schwieg.

„Versteh mich nicht falsch, Nathan. Ich freue mich, dass du deinen Lebenswillen wiedergefunden hast, doch es ist zu spät. Alexander wird wohl auf ewig hierbleiben … Du hingegen …“

„Na los!“, forderte Nathan. „Sagen Sie es schon!“

„Es wäre wirklich besser, wenn du dir dein Medikament spritzen lassen würdest.“

„Nein“, sagte Nathan entschlossen. „Lieber sterbe ich, anstatt weiter Ihre Visage ertragen zu müssen.“

„Und was ist mit Alexander?“

„Fahren Sie doch zur Hölle!“, schnauzte Nathan und rannte an ihm vorbei aus dem Zimmer.

Schlaus blieb wie angewurzelt stehen und atmete tief durch.

Bei seinem Zimmer angekommen, schlug Nathan aggressiv die Tür zu und kreischte laut herum. Erschöpft brach er schließlich heulend zusammen.

„So ist es gut“, sagte die Krankenschwester zu Alexander, der nackt unter der Dusche stand und sich gezwungenermaßen von ihr abseifen ließ. Schon hundertmal hatte er es über sich ergehen lassen müssen, doch noch nie hatte er sich so unwohl dabei gefühlt wie jetzt.

⊰•⊱

Gegen Mittag betrat Nathan den Gemeinschaftsraum und hielt Ausschau nach Alexander. Doch er war nicht zu finden. Suchend begab er sich nach draußen und erblickte ihn endlich auf den Knien vor einem Baum im Schnee sitzend.

„Hey“, hauchte Nathan erleichtert.

Alex erschrak und drehte sich geschwind um. Rasch sprang er hoch, umarmte Nathan und drückte ihn fest an sich.

„Ist ja alles gut“, flüsterte Nathan glücklich. „Alles wird gut.“

Keiner der beiden bemerkte Schlaus, der sie durch sein Fenster beobachtete.

„Was machst du denn hier draußen?“, wollte Nathan besorgt von Alex wissen. „Es ist doch viel zu kalt.“

Alexander blickte bekümmert zur Seite, als Nathans Hand seine Wange sanft streifte. „Lass uns reingehen“, sagte er und nahm Alex an der Hand.

Sie betraten die Klinik. Eine Krankenschwester bemerkte sie und lief hurtig zu ihnen. Kurz betrachtete sie Alexander und fragte: „Ist alles mit ihm in Ordnung?“

„Alles bestens“, gab Nathan freundlich zurück.

„Und wie geht es dir?“

„Bestens“, log er und ging mit Alexander einfach weiter. Er hatte keine Lust, sich mit der Schwester zu unterhalten. Stattdessen brachte er Alex in sein Zimmer und setzte sich neben ihn aufs Bett. Urplötzlich umarmte Alex ihn und begann zu schluchzen. Nathan war geschockt, denn mit einem Mal wurde ihm bewusst, dass Schlaus recht hatte. Er würde Alexander früher oder später ungewollt das Herz brechen und konnte rein nichts dagegen unternehmen.

„Ich … ich kann nicht.“ Nathan war den Tränen nahe und riss sich schlagartig aus der Umarmung los. Er sprang auf, warf einen kurzen Blick auf den Schluchzenden und rannte dann hinaus.

Heulend ließ Alexander sich auf sein Bett fallen.

⊰•⊱

„Für Alexander", nuschelte Nathan eine Stunde später, als Lisa, die Krankenschwester, ihm sein Medikament spritzte.

„Was?", fragte sie. „Haben Sie etwas gesagt?"

„Nein", lächelte Nathan, dem wieder einmal hastig schwindelig wurde. „Ich glaube", murmelte er und legte sich hin, „ich werde mich ein wenig ausruhen."

„Machen Sie das", sagte sie und begab sich aus dem Zimmer.

Nathan begann vor sich hin zu gähnen. Er wusste, dass Alexander allein in seinem Zimmer war, doch aus Liebe zu ihm musste er sich einfach von ihm fernhalten.

23. KAPITEL

Dieser unglaubliche Lärm, der von draußen in Nathans Zimmer hallte, riss ihn aus dem Schlaf.

„Was war das?" Schlaftrunken stand er auf. Er blickte zur Zimmertür und versuchte das Gerede der aufgebrachten Menge zu verstehen. Angespannt begab er sich hinaus und sah auf die Patienten, die völlig wirr umherliefen und irgendetwas murmelten.

„Was ist hier los?", fragte er leise.

„Da ist jemand bei einer EKT-Behandlung gestorben!", jammerte ein Mann völlig durcheinander.

Sofort dachte Nathan an Alexander. Panisch rannte er den Flur entlang, lief schnurstracks nach unten und blieb geschockt vor einer Menschenansammlung stehen, die auf zwei Ärzte starrte, die eine verhüllte Person davontrugen.

„Nein", wisperte Nathan. „Alexander!" Verzweifelt drängelte er sich heulend durch die Masse. Mit einem Satz riss er die Decke von der Leiche und blieb verstummt stehen.

„Das ist Jennifer", sagte Ebby im selben Moment dicht neben ihm. „Ich habe sie nicht umgebracht! Ich war die ganze Zeit weggesperrt!"

„Jetzt gehen alle zurück auf ihre Zimmer!", forderte eine Krankenschwester.

„Jennifer?" Nathan erinnerte sich an eines ihre letzten Worte, die sie zu ihm gesagt hatte: *Frieden*. Auch wenn er sie nicht leiden konnte, hätte er ihr niemals den Tod gewünscht. Aufgewühlt blickte er in die sich langsam auflösende Menschenmenge, als er unerwartet Alexander auf sich zukommen sah.

„Alex?", schluchzte er erleichtert und rannte auf ihn zu.

Dass Schlaus sie beobachtete, bekam keiner der beiden mit. Er beäugte sie, als sie sich umarmten und hoffnungsvoll ansahen. Wenige Minuten später zog er sich in sein Büro zurück und schien zu verzweifeln. Das mit Jennifer war alles andere als gewollt gewesen.

„Du lebst!", freute sich Nathan und drückte Alex noch fester an sich. „Ich werde dich nie wieder loslassen."

„Ich will hier weg", flüsterte Alexander auf einmal.

Erschrocken sah Nathan ihn an. „Du ... du ... sprichst?"

„Ich will hier weg", wiederholte Alexander. Seine Stimme klang vertrauensvoll, bekannt und doch so bekümmert. „Nathan – ich will hier weg."

Nathan war ohne Worte.

„Wir sollten die Chance nutzen. Komm." Er nahm Nathan an der Hand und lächelte.

Nathan nickte, noch immer völlig sprachlos, und folgte Alexander schließlich in dessen Zimmer.

Erfreut sah Bärbel ihnen nach. „Sie haben ihn endlich freigegeben. Alles Gute euch beiden."

᭜ᴥᨆ

Schlaus saß vor seinem Schreibtisch und verfasste einen Brief.

Lieber Doktor Gummersbach,
hiermit überlasse ich Ihnen mit sofortiger Wirkung meine Klinik. Für mich wird es
Zeit, ein neues Leben zu beginnen. Doch zuvor möchte ich Sie noch über meine letzte
Behandlungsmethode aufklären …

Alexander packte das Nötigste von sich in eine Sporttasche, während Nathan völlig
verwirrt an der Tür stand und ihm dabei zusah.
„Und jetzt deine Sachen", sagte Alexander und lief mit ihm in Nathans Zimmer, der
allerdings nur nach seiner Geldbörse schnappte. Alles andere war ihm egal.

Schlaus steckte den Brief in ein Kuvert und legte ihn auf seinen Schreibtisch. Kurz
sah er sich noch einmal um, bevor er nach seinen Autoschlüsseln griff und sich aus
der Klinik schlich.

„Bereit?", wollte Alexander von dem immer noch verblüfften Nathan wissen.
Nathan nickte. „Das bin ich."
„Dann komm." Alexander schnappte nach Nathans Hand. Gemeinsam rannten sie
den Flur entlang, stürmten die Treppe hinunter, verließen hastig die Klinik und düsten
durch den verschneiten Park.
„Wo wollen wir hin?", fragte Nathan unbekümmert.
„Wir verschwinden von hier", erklärte Alexander und sauste jubelnd mit ihm durch
einen kleinen leblosen Wald. „Komm." Alexander ließ Nathans Hand nicht für eine
Sekunde los. Er amüsierte sich, strahlte vor Freude. „Lass uns einfach von hier
verschwinden und nie wieder zurückkommen. Lass uns leben."
Sie erreichten eine lange Straße und erkannten aus der Ferne eine Bushaltestelle.
Ihre Mundwinkel gingen gleichzeitig nach oben.

„Doktor?", sagte Lisa, die in dessen Zimmer gekommen war. Sie blickte zum
Schreibtisch und sah den Brief. Mit Bedacht öffnete sie ihn und begann zu lesen.

Das DNA-Projekt: Dean, Nathan und Alexander … zwei Patienten und ein Arzt.
Dean Harris war ein guter Psychotherapeut und Internist, doch konnte und wollte
ich nicht länger mit ansehen, wie er sein Leben hier in dieser Klinik vergeudete. Da
kam Nathan, der einen Suizidversuch hinter sich hatte, gerade rechtzeitig, um gleich
drei Seelen auf einmal zu retten. Ich erzählte Nathan Schuster, der unter einer starken
Herzneurose leidet, dass sein Herz einen erheblichen Schaden davongetragen und er
nicht mehr lange zu leben hätte. Um das Ganze aufrechtzuerhalten, spritzte ich ihm
eine Mischung aus Schlaf- und Beruhigungsmitteln, damit er sich schwach und hilflos
fühlte. Hätte ich es nicht getan, so hätte er ein weiteres Mal versucht, sich das Leben
zu nehmen. Seine komplette Krankenakte können Sie jederzeit einsehen …

Alexander nahm eine Armbanduhr aus seiner Hosentasche. „Der Bus kommt
gleich." Verliebt sah Nathan ihm in die Augen. Dermaßen überrascht war er noch nie
zuvor gewesen.
„Lass uns leben – nur du und ich."
Nathan war den Tränen nahe. „Das werden wir." Rasch herzte er ihn.

… Nathan war die Schlüsselfigur. Der schweigende Alexander entwickelte Gefühle für ihn, genauso wie Dean. Dass sich Dean in Nathan verliebt, war keine Absicht und auch nicht gewollt. Ich wollte lediglich erreichen, dass sich Nathan ihm öffnet. Doch war es gut so, denn aus diesem Grund konnte ich Doktor Harris entlassen. Dean wird ein wenig Herzschmerz haben, doch er wird darüber hinwegkommen. Die erste Seele war gerettet, und Nathan wollte sich nicht mehr umbringen. Somit war auch die zweite gerettet.

Alexander, ein jahrelanger Patient, der auf keine Behandlung ansprach, zeigte in Nathans Gegenwart zum ersten Mal Gefühle, und da Nathan in ihm seine verstorbene Liebe sah, musste ich die beiden nur noch zusammenbringen. Und das ging nur, indem ich sie trennte. Ihr Verlangen nach dem anderen wurde somit immer größer …

„Da kommt er", freute sich Alexander und blickte in Richtung des Busses.
„Und du bist dir sicher?", hakte Nathan nach, als er sich an Alexander krallte.
„Zweifel?"
„Mit dir an meiner Seite?", wollte Nathan wissen und lächelte. „Niemals."
Der Bus hielt an, die Tür öffnete sich.
Tief sahen sie sich in die Augen und stiegen ein.

… Der tragische Unfall heute zeigte mir, dass nicht alles, was ich getan habe, immer richtig war. Es tut mir leid um Jennifer, doch kann ich es nicht ändern.

Bitte suchen Sie nicht nach mir. Ich schätze, dass Nathan und Alexander die Chance genutzt haben und schon über alle Berge sind. Ob Alexander jemals wieder sprechen wird, kann ich leider nicht beantworten. Doch ich weiß, dass er bei Nathan in guten Händen sein wird, und bis Nathan erfährt, dass er vollständig gesund ist, wird er jeden Tag so leben, als ob es der letzte wäre. Die Nebenwirkungen meiner Spritzen werden schnell nachlassen und er wird sich wieder komplett gesund fühlen. …

Nathan und Alexander setzten sich nach ganz hinten und kuschelten sich aneinander.
„Ich bin so froh", hauchte Nathan.
Der Bus fuhr los.
„Wir werden ein neues Leben beginnen."
„Ja, das werden wir", flüsterte Nathan überglücklich.

… Die Akte Dean, Nathan und Alexander – das DNA-Projekt – ist somit geschlossen. Was sie aus ihrem Leben machen werden, liegt fortan in ihren eigenen Händen. Doch werden sie jeden Augenblick genießen …

Tief blickte Nathan in Alexanders funkelnde Augen. „Ich liebe dich."
„Ich habe dich immer geliebt", gab Alexander mit einem Lächeln zurück. Ihre Lippen kamen sich näher. „Genießen wir die Augenblicke, die wir miteinander haben werden." Sie küssten sich.

… so, als sei es der letzte.

THX

Vor einem halben Jahr, da schrieb ich meine erste Danksagung und nun folgt
schon die zweite *-*

Als Erstes möchte ich all den Lesern von »Secret Love« danken! Die netten
Rezensionen, die lieben E-Mails und Geschenke, die ich bekommen habe,
zauberten mir alle ein fettes Grinsen in mein Gesicht!
Danke dafür ☺

»People Always Leave« ist von der Thematik definitiv anders als mein
Erstlingswerk. Die Idee zu der Geschichte bekam ich, als ich Ende 2005 in meine
erste eigene Wohnung zog und kurz darauf den Song »People Always Leave«
verfasste. Es ist eine etwas andere Version, wie die, die ihr im Buch findet.

Und nun möchte ich folgenden Personen danken:

Meiner „privaten" Lektorin, Astrid Pfister, die mein Manuskript vorkorrigiert hat!
Ohne dich wäre ich vollkommen verloren ^_^
Meiner Mom! Bleibe meinem Bro und mir ja noch lange erhalten!
Mrs. D! Für die schöne, aber auch kurze Zeit, die wir verbrachten. See ya!
Dem Verlag! Danke, dass ihr die Geschichte veröffentlicht habt!
Meinen Fans – ja, ich habe Fans – kaum zu glauben, aber es ist so ^_^

Sowie all den anderen, die ich jetzt vergessen habe :D

♥ from the bottom of my heart!

Greetz

Alec

YARA NACHT

Sündhafte Begierde der Verdammnis
Eine homoerotische Vampirserie

ISBN (Taschenbuch): 978-3-902885-00-5

ISBN PDF: 978-3-902885-01-2
ISBN ePub: 978-3-902885-02-9
ISBN PRC: 978-3-902885-03-6

Bei einem nächtlichen Friedhofsrundgang trifft der blutjunge Priester Valentin auf den geheimnisvollen Bastian. Der dunkelhaarige Schöne, der von den Dorfbewohnern vehement gemieden und gefürchtet wird, lebt mit seinem Freund inmitten einer bewaldeten Anhöhe in einer alten Wassermühle. Bastian übt sofort einen unwiderstehlichen Reiz auf Valentin aus, der zunächst versucht, sich gegen die neu entdeckten Gefühle aufzulehnen. Er merkt jedoch bald, dass der mysteriöse Fremde eine lodernde Leidenschaft in ihm weckt, die nicht nur im Dorf blankes Entsetzen auslöst …

YARA NACHT

Betrügerischer Katzenjammer

E-Book: Gegenwartsroman

ISBN PDF: 978-3-902885-04-3
ISBN ePub: 978-3-902885-05-0
ISBN PRC: 978-3-902885-06-7

Eigentlich liebt Robert seinen Freund Martin, einen erfolgreichen Anwalt, über alles – wären da nicht dessen zehn eifersüchtige Katzen. Als Robert versucht, Martin in ihrem eigenen Haus mit einem Krankenpfleger zu betrügen, wird die Situation erst so richtig turbulent …

www.HOMOLittera.com

YARA NACHT

Sehnsuchtsvolles Wiedersehen

E-Book: Gegenwartsroman

ISBN PDF: 978-3-902885-10-4
ISBN ePub: 978-3-902885-11-1
ISBN PRC: 978-3-902885-12-8

Nach der Trennung von Kai will Oliver sich auf einem Kreuzfahrtschiff auf andere Gedanken bringen. Doch wie es der Zufall möchte, entdeckt er auf dem Luxusliner ausgerechnet seinen Exfreund. Mithilfe von Tobias, einem weiteren Passagier, versucht Oliver nun, Kai eifersüchtig zu machen ...

YARA NACHT

One-Night-Stand mit Liebesfolgen

E-Book: Gegenwartsroman

ISBN PDF: 978-3-902885-07-4
ISBN ePub: 978-3-902885-08-1
ISBN PRC: 978-3-902885-09-8

Firmenboss Mark ist mit einer dominanten Frau verheiratet, obwohl er ausschließlich auf Männer steht. Als er für sich und seine Angetraute ein schickes Anwesen sucht, lernt er den jungen Immobilienmakler Fabian kennen und erlebt mit diesem ein berauschendes Abenteuer – mit unabsehbaren Folgen ...

www.HOMOLittera.com